기내서비스 지상운영

이인희 저

In-Flight Service

백산출판사

대한항공 Catering Center

LSG Sky Chefs

책을 펴내며

이 책은 저자가 35년간 항공사 Catering 분야에 근무하면서 현장에서 겪었던 객실, 기내식 각 부문의 실무업무를 체계화하고 정리한 책으로 승무업무의 확장 영역과 운영현장 직원이 기본적으로 숙지해야 하는 업무지식을 중심으로 구성하였으며, 신입 혹은 전입직원의 초기업무 파악을 위한 전 과정 및 지침서로 활용할 수 있도록 정리하였다. 또한 이 책은 현재까지 발간되어 온 기내서비스 중심의 여러 책자와는 달리 지상운영 부문의 업무내용을 중심으로 정리한 책자인 동시에 승무원의 비행업무를 수행함에 있어 보다 깊고 폭넓은 내용을 다룸으로써 업무를 원활히 수행토록 하는 데 중점을 두었다.

한편 본 책자는 객실 지상부문의 학업이나 Catering 분야의 취업을 목표로 하는 관련학과 학생들에게 필수지침서가 되는 내용을 담고 있어 학업 및 업무를 보다 쉽고 용이하게 접근시키고자 하는 데 그 목적을 두고 있다.

이 책은 모두 4Part로 구성되었는데 Part 1에서는 서비스 기획업무를 중심으로 하는 객실업무를, Part 2에서는 기내 판매업무를, Part 3에서는 지상 지원운영업무를, Part 4에서는 부록으로 항공용어와 Catering 약어를 정리하여 참고토록 하였다.

이 책을 발간하는 데 도움을 주신, 본인이 몸담았던 항공사, 함께 근무했던 동료와 후배 분들께 감사를 드린다. 미흡한 부문에 대해서는 너른 이해와 지도 편달을 바라 마지않는다.

저자

차 례

PART 1 기내서비스

PART 2 기내 판매서비스

PART 3 기용품 및 Catering 지상운영

PART

1

기내서비스

Chapter 1 기내 식음료서비스

01 기내서비스

기내서비스란 기내에서 일어나는 모든 유형 · 무형의 서비스로, 승객이 여행을 계획하기 시작한 후 항공사와 접촉하는 시간이 가장 길며 승객이 항공사의 평가를 내리는 중요하고 총체적인 마지막 서비스 단계이다.

여기에서의 객실서비스 기획업무는 기내에서 승객들에게 제공되는 제반 물적, 인적 서비스의 설계에서 생산 탑재에 이르기까지의 모든 업무를 총칭한다.

인적 서비스란 기내의 제한된 비행시간 내에 다양한 개인의 요구조건을 충족시키는 것을 말하고, 물적 서비스는 승객이 객실 내에서 필요로 하는 각종 시설물과 서비스물품을 기내에 장착 또는 탑재하여 승객에게 편의를 제공하는 업무를 말한다. 따라서 기내서비스 기획업무는 항공사 이미지와 고유한 특징적 서비스에 더하여 기내에서 승객에게 직접 서비스되는 기내 시설물, 식음료 및 소모품의 서비스 내용을 포함한다.

여기에서 지상업무의 좁은 의미는 승객들이 항공기에 탑승하는 시점부터 안전하게 하기하는 시점까지 승무원에 의해 이루어지는 제반업무로 한정지을 수 있지만 넓은 의미의 지상업무는 승객들이 탑승하기 이전부터 기내 시설물이나 기용품의 설지 및 탑재와 관련된 여러 순비과정을 의미한다.

〈그림 1-1〉 기내서비스 구성도

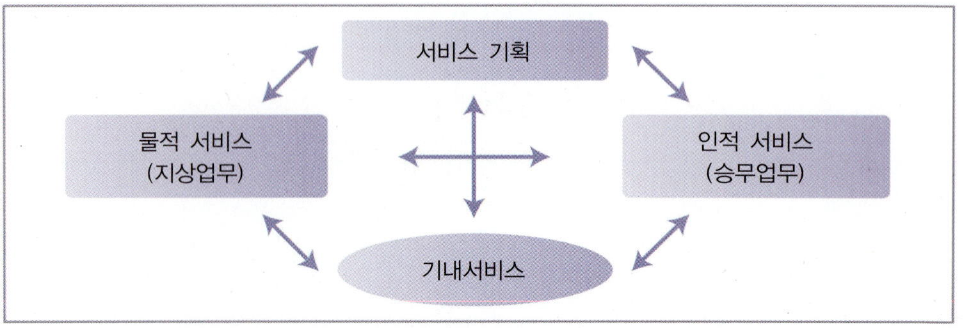

1) 기내식 일반 및 서비스 기준

(1) 기내식 일반

❶ 발전과정

오늘날 기내에 음식이 제공되기까지에는 몇 십, 몇 백 번의 시행착오를 거쳐 만들어지고 발전한 것으로, 기내식 서비스는 여러 항공서비스 상품 중의 하나가 되었다. 이러한 기내식이 어떠한 기준에 의해 제공되고 만들어졌는지 기내식의 정의와 함께 발전과정에 대해 알아본다.

일반적으로 기내식이란 비행기 안에서 승객에게 제공하는 식사와 음료수를 뜻하지만, 항공운수업 초기에는 기내에서 음식이 서비스되지 않았기 때문에 승객들이 중간 기착지에 있는 공항식당에서 식사를 하였다.

최초의 기내식은 1918년 8월 런던과 파리 노선에서 종이박스로 제공된 샌드위치, 과일 그리고 초콜릿이 전부였다. 이후 1940년대에 접어들면서 본격적인 기내식 산업의 일환으로 발전되어 오늘날과 같은 기내서비스로 정착되고 항공사의 주요 서비스 요소 중 하나로 자리 잡게 되었다.

생활수준의 향상과 더불어 항공여행의 기회와 여가를 즐기기 위한 다양한 계층의 승객 요구에 따라 서비스의 질적, 양적 수준도 함께 높아지고 있는 것이 최근의 추세이다. 한편 저비용 항공사의 출현은 항공여행의 대중화시대를 열어 누구나 항공여행을 할 수 있는 가격 경쟁력으로 최소한의 서비스를 도입, 기존 항공사와의 차별화를 통하여 고객의 만족도를 높이고 있다.

〈그림 1-2〉 기내식 발전과정

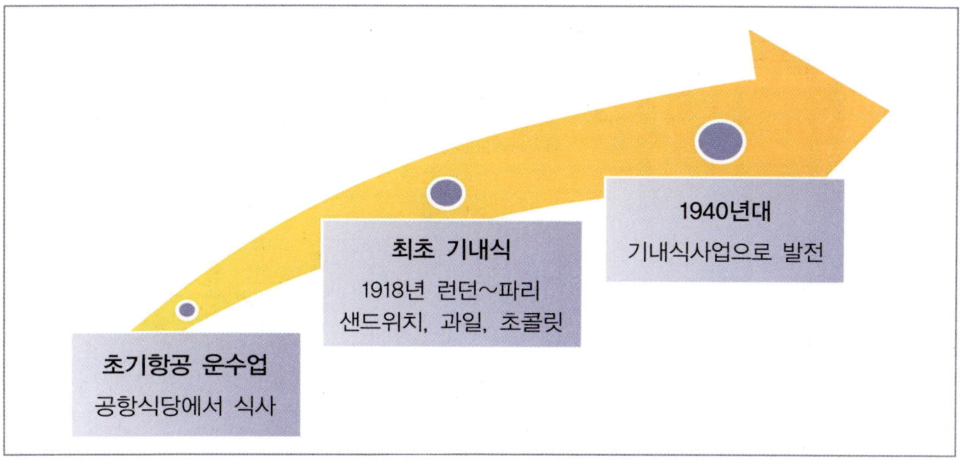

❷ 그림으로 보는 In-Flight Catering사업의 발전상

㉮ 1930년대

㉯ 1970년대

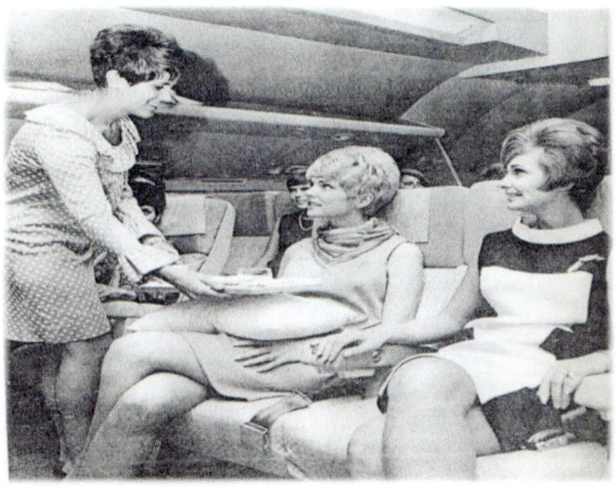

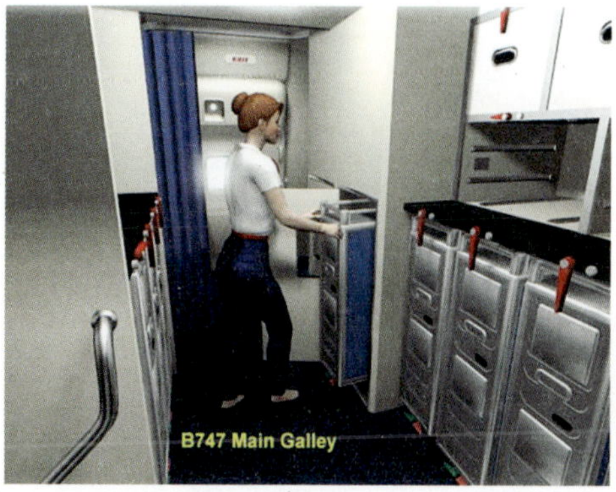

㉰ 2010년대

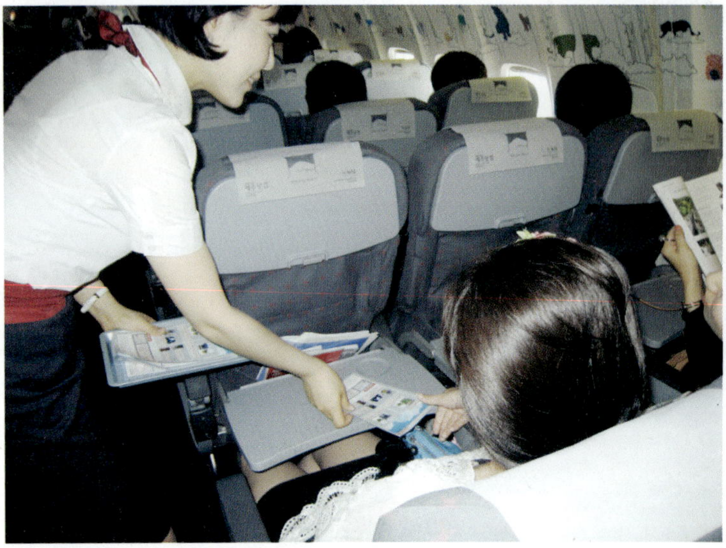

2) 기내식의 특징

세계 모든 항공사의 기내식은 제각기 독특한 특징을 지니고 있지만 기본적인 구성개념은 비슷하며 공통적으로 다음과 같은 특징이 있다.

기내식의 특징

- 한정된 기내 공간과 승무원의 서비스방법을 고려한 메뉴로 구성
- 기내서비스에 적합하게 제작된 식기류 및 운반구 사용
- 선조리 → 보관 → 기내 탑재 → 재조리 → 서비스

㉮ 한정된 기내 공간과 승무원의 서비스방법을 고려하여 메뉴가 구성된다.

㉯ 기내서비스에 적합하도록 고안된 식기류와 운반구를 사용한다.

㉰ 일반 레스토랑처럼 즉석에서 만들어 서비스되는 것이 아니라, 기내식 공급업체에서 선조리된 후 일정시간 냉장 · 보관되었다가 항공기 출발 2시간 전에 탑재된다. 이렇게 탑재된 기내식은 기내에 마련된 주방에서 재조리한 후 승객들에게 제공되는 것이 특징이라 할 수 있다.

3) Meal Type 선정기준

기내식의 서비스 기준은 일반 레스토랑과 마찬가지로 시간대별로 서비스되는 메뉴가 여러 가지 있지만, 특히 기내식은 더 많은 요인들에 따라 종류와 구성에 있어 차이가 있다. 즉 항공사에서 제공되는 기내식은 기내 특수성이 더해져 그 선정기준에서 일반 레스토랑과는 다른 차이점을 보인다.

❶ 기내식 Meal Type

기내식은 항공기 출발시간에 따라 각기 다른 메뉴가 제공되며 일반적인 기준은 아래와 같다.

〈표 1-1〉 출발시간대별 Meal Type

Departure Time	Meal Type	약어
04:00~09:00	Breakfast	BRF
09:00~11:00	Brunch	BRCH
11:00~14:00	Lunch	LCH
14:00~17:00	Light Meal	LML
17:00~22:00	Dinner	DNR
22:00~24:00	Supper	SPR
24:00~04:00	Refreshment	RFML

❷ Meal Type 선정기준

항공기 출발시간에 의해 선정된 Meal Type은 노선별 비행 소요시간에 따라 Hot Meal 또는 Cold Meal이 제공된다. 즉 비행시간이 2시간 이상일 경우 Hot Meal이 제공되며, 2시간 미만 비행 시 Cold Meal이 제공된다. 국제노선이라도 비행시간이 1시간 미만일 경우에는 음료만 제공된다.

〈표 1-2〉 비행시간별 Meal Type

구분	비행시간	비고
Hot Meal	2시간 이상	
Cold Meal	2시간 미만	1H30M~2H00M : 상위 Class만 Hot Meal 가능
Beverage Only	1시간 미만	

❸ 기내식 서비스 횟수

기내식 서비스 횟수는 항공기가 6시간 미만 운항 시 한 끼만 제공하며 주로 한·일, 한·중 노선과 같은 단거리노선이 여기에 속한다. 비행시간이 6시간에서 8시간 소요 시, 한 끼 식사 외 샌드위치와 같은 스낵을 제공하게 되는데 싱가포르, 자카르타와 같은 동남아노선 중에서도 먼 노선이 여기에 해당된다. 또한 미주노선과 구주노선처럼 8시간 이상 운항 시 기내식은 두 끼가 서비스된다.

〈표 1-3〉 기내식 제공 횟수

Flying Time	기내식 제공 횟수
6시간 미만	1st Meal Only
6~8시간	1st Meal + Snack or Refreshment
8시간 이상	1st and 2nd Meal

❹ Main Dish Choice 기준

기내식의 서비스 코스 중 주요리 또한 비행 소요시간에 따라 3Choice 메뉴 또는 2Choice 메뉴로 구분되어 탑재되며, 3시간 이상 운항할 경우 First와 Prestige Class는 각기 다른 3가지 메뉴가 탑재되며 Economy Class의 경우 각기 다른 2가지 메뉴가 탑재된다. 반면에 비행거리가 3시간 미만 소요 시 First와 Business Class는 2Choice 메뉴가 탑재되며, Economy Class는 1종의 메뉴만 제공된다.

〈표 1-4〉 Main Dish Choice 기준

구분	Main Dish Choice	
	First & Prestige Class	Economy Class
3시간 이상	3Choice	2Choice
3시간 미만	2Choice	1Choice

❺ Main Dish 탑재비율

Main Dish 탑재비율은 Flight별 특성에 따라 〈표 1-5〉와 다를 수 있지만, 주요리는 비행시간에 따라 상위 Class는 3Choice 또는 2Choice 메뉴가 탑재되며, Economy Class는 2Choice 또는 Mono Choice가 탑재된다.

〈표 1-5〉에서와 같이 각기 다른 메뉴는 일정비율에 따라 탑재되며 상위 Class 중 3Choice가 탑재되는 메뉴는 승객 선호도에 따라 탑재비율을 결정하게 되는데, 한국에서 내국인이 많이 탑승하는 편인 경우 한식비율을 높여 한식 50%, 양식 40%, 기타 메뉴가 30% 탑재된다. 2Choice인 경우 한식 70%, 기타 메뉴가 50% 탑재된다. 이처럼 기내식이 탑승객 대비 100%를 상회하여 탑재되는데, 이유는 상위 Class의 Cost에 맞게끔 승객이 원하는 메뉴를 서비스하기 위함이다.

Economy Class는 기내식이 2Choice로 탑재될 경우 한식 60%, 양식이 40% 탑재되어 탑승객 수에 맞게 100%만 탑재한다.

3시간 미만 운항하는 단거리노선의 경우는 1가지 메뉴만 탑재되지만 이러한 모든 탑재비율은 FLT별 특성에 따라 기준표와 다를 수 있으므로 일반적인 기준에 불과하며 탄력적으로 운영하면 된다.

〈표 1-5〉 Main Dish 탑재비율

Class	Main Dish	탑재비율
First & Business	3Choice	한식 50%, 양식 40%, 기타 30%
	2Choice	한식 70%, 기타 50%
Economy	2Choice	한식 60%, 기타 40%
	1Choice	동일 메뉴 제공

4) 메뉴서비스 코스

일반 서양 레스토랑에서 제공하는 메뉴 코스와 기내에서 서비스되는 메뉴 코스의 차이점에 관해 알아보자.

(1) 서양식 레스토랑

일반식당에서는 프랑스어로 전채요리를 뜻하는 Hors D'oeuvre에서부터 시작요리로 샐러드와 주요리가 제공된다.

주요리가 끝난 후 디저트로 치즈나 과일 또는 케이크가 서비스되며, 끝으로 커피나 차가 서비스된다.

〈그림 1-3〉 서양식 코스

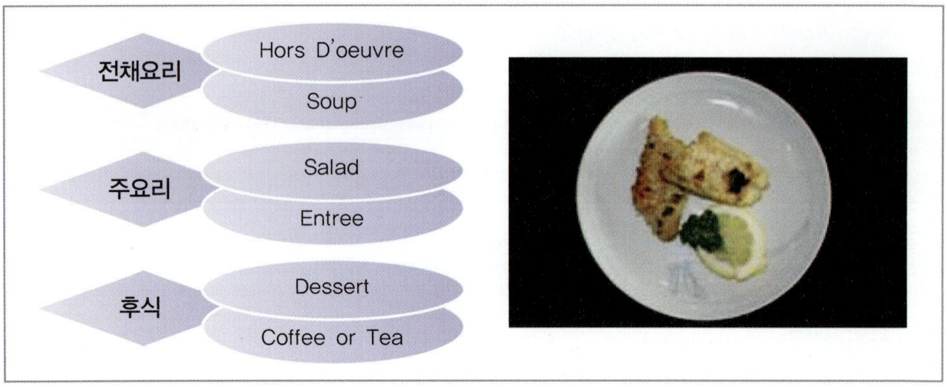

(2) 기내식(장거리 First Class 기준)

한편 기내에서 제공되는 메뉴 코스는 일반 레스토랑과 비슷하나 Pre-Drink 서비스라는 독특한 메뉴가 첫 번째 서비스 코스로 우선 제공되며, 후식코스가 Cheese, Fruit, Dessert, Tea & Coffee 등의 순으로 다양하게 서비스된다. Pre-drink 서비스는 식전에 입맛을 돋우기 위해 식전주와 함께 즐길 수 있도록 제공되는 코스이다.

〈그림 1-4〉 기내식 코스

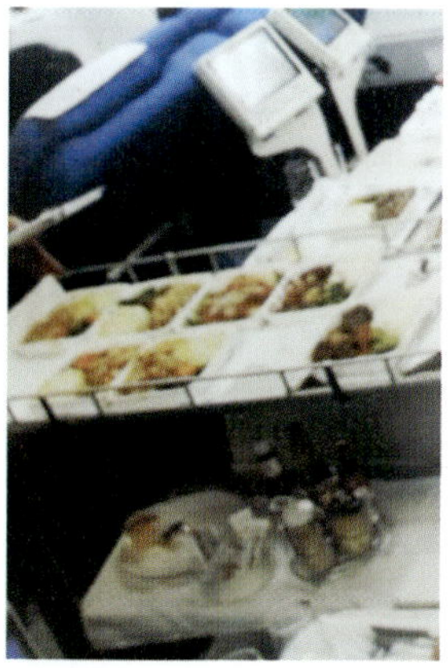

(3) Economy Class 기내식 및 기내식 Tray 구성

E/Y Class Entree

LCC 중거리 Cold Meal

㉮ 기내식은 서양식을 근간으로 하고 있으며 Dinner 정식 Course를 하나의 Tray에 Setting하여 서비스한다.

㉯ 한식으로는 비빔밥이 한상 차림으로 서비스된다.

㉰ 아침식사는 American Breakfast Menu로 구성된 식사가 서비스된다.

㉱ Bread는 Hard Roll, Croissant, Soft Roll, Muffin 등이 서비스된다.

㉲ Hors D'oeuvre의 종류

- 훈제연어(Smoked Salmon)
- 삶은 게의 집게발(Crab Claw)
- Shrimp
- 일식 초밥

㉥ Entree의 종류

- 다양한 비프요리
- 각종 생선류
- Chicken

㉦ Dessert의 종류

- Cheese : Cream Type Processed Cheese, Edam 등
- Sweet Dish : Mandarin Cream Cake, Pudding, 찹쌀떡 등
- Fruit : 신선한 계절과일 혹은 통조림 과일류가 서비스된다.

Cream Type Processed Cheese

여러 가지 Natural Cheese를 모아 만든 것으로 우유, 크림, 버터, 다양한 향신료를 첨가한다.

(4) 항공기 기내식의 종류

㉮ 서양 야채식(Western Vegetarian-코드 VLML) : 오보락토 야채식이라고도 한다.

㉯ 완전 서양 야채식(Strict Western Vegetarian-VGML) : 베간 야채식이라고도 하며 어떠한 종류의 고기, 생선 및 달걀이나 유제품, 꿀도 포함되지 않는다.

㉰ 동양 야채식(Oriental Vegetarian-코드 OVML) : 중국식으로 조리한 야채식으로 어떠한 종류의 고기, 생선도 포함되지 않으며 달걀이나 유제품, 꿀도 포함되지 않는다. 또한 마늘, 생강, 파, 감자, 당근, 양파 등 땅에서 생산되는 어떤 야채도 포함되지 않는다.

㉱ 인도 야채식(Indian Vegetarian-코드 IVML) : 인도식으로 조리한 야채식

으로 일체의 고기, 생선, 달걀, 해산물도 포함되지 않으며 우유, 크림, 요구르트는 포함한다.

㉶ 완전 인도 야채식(Strict Indian Vegetarian-코드 IVSML) : 인도식으로 조리한 야채식으로 어떠한 종류의 고기, 생선도 포함되지 않으며 달걀이나 유제품, 꿀, 그리고 마늘, 생강, 파, 감자, 당근, 양파 등 땅에서 생산되는 어떤 야채도 포함되지 않는다.

㉷ 유대식(Kosher Meal-코드 KSML) : 적어도 출발 48시간 전에 신청해야 하며 유대교식으로 조리하고, 이름 있는 회사의 제품으로 구입한다. 보통 Lanxner제 또는 그 지역의 상품으로 제공한다. Kedessia KSML 또는 KSML에서는 고기 종류를 선택할 수 없다. Kedessia KSML은 홍콩, 로마, 런던, 파리에서 출발하는 항공기의 모든 클래스에서 제공되며, 그 밖의 항공기에서 Kedessia KSML은 일등석과 이등석 승객에게만 제공된다.

㉸ 모슬렘식(Moslem Meal-코드 MOML) : 할라식이라고도 하며 모슬렘식으로 조리한 음식을 말한다. 돼지고기, 베이컨, 햄 또는 어떠한 종류의 술도 포함되지 않으며 젤라틴 대신 우무를 사용한다. 모든 종류의 고기를 사용하며, 할라의 규칙에 따라 조리한다.

EY Moslem Meal

㉹ 힌두식(Hindu Meal-코드 HNML) : 힌두 야채식과 힌두 비야채식으로 구별되며, 힌두 야채식을 신청했을 때에는 인도 야채식(IVML)이 제공된다.

- 힌두 비야채식(Hindu Non-Vegetarian-코드 HNML) : 인도식으로 조리되고, 보통 매운맛으로 쇠고기, 송아지고기, 돼지고기가 포함되지 않지만, 쇠고기, 송아지고기, 돼지고기를 제외한 고기, 생선, 해산물 등은 포함된다.

㉺ 비쇠고기음식(Non Beef Meal/No Beef Meal-NBML) : 쇠고기, 송아지고기 또는 두 가지가 섞인 어떤 종류의 음식도 포함되지 않는다. 힌두 비야채식과의 차이점은 어떤 식으로 조리해도 상관없다는 점이다.

㉶ 순하고 가벼운 저섬유질(Bland/Light Low Fibre-코드 BLML) : 약간의 식이섬유를 포함하며, 기름진 지방질 음식을 빼서 소화하기 쉬운 음식으로 위궤양을 포함하여 위장장애가 있는 분들에게 적합한 음식이다.

㉷ 당뇨식(Diabetic-DBML) : 설탕 함량을 줄인, 탄수화물이 풍부한 음식으로 인슐린에 의존하거나 그렇지 않은 승객 모두에게 적합한 음식이다.

EY Diabetic Meal

㉸ 비글루텐(Gluten Free Diet-코드 GFML) : 글루텐(부질 : 곡식 알 속에 있는 단백질)이 없는 음식이다.

㉹ 고식이섬유(High Fibre Diet-코드 HFML) : 빵, 밥, 파스타 등 식이섬유가 풍부한 음식이며 보통 강낭콩이나 Lentil Puses(렌즈콩)가 포함된다.

㉺ 유동식(Liquid Diet SPML/Liquid Diet-코드 LDML)) : 우유, 과일주스, 체에 거른 수프, 커피/차, 커스터드과자, 젤리 등 유동식만 제공된다.

㉻ 저칼로리(Low Calorie Diet-코드 LCML) : 지방질 음식, 설탕은 포함되지 않고 칼로리를 제한하는 다이어트를 하는 분에게 적당하다.

㉼ 저콜레스테롤(Low Cholesterol Diet SPML/Low Cholesterol Meal-코드 LCML) : 포화지방이 약간 또는 전혀 함유되지 않은 음식이지만 고불포화지방은 함유, 혈중콜레스테롤 수치가 높은 분들에게 적당한 음식이다.

㉽ 저지방(Low Fat Diet-코드 LFML) : 포화지방이 약간 또는 전혀 함유되지 않은 음식이다. 일반적으로 지방을 피해 조리하며 간이나 쓸개장애가 있는 분들에게 적당하다.

㉾ 저단백질(Low Protein-코드 LPML) : 소금을 넣지 않은 저단백질 음식으로 간이나 신장장애가 있는 분들에게 적당한 음식이다.

㉿ 저염(Low Sodium-코드 LSML) : 조리 시 소금을 사용하지 않으며, 소금을 첨가한 음식을 피해 준비한 음식으로 고혈압, 체액분비장애, 신장장애가 있는 분들에게 적당한 음식이다.

(버) 과일(Fruit Meal-코드 FPML) : 신선한 과일이나 설탕에 절인 과일 등 과

일만으로 만든 음식이다.

㉮ 이 밖에도 Infant Meal(코드 IFML) : 12개월 미만의 유아식(주로 우유)

- Baby Meal(BBML) : 12개월에서 24개월 정도의 유아식(우유, 이유식)
- Toddler Meal(TDML) : 2세에서 6세 정도의 아동을 위한 기내식으로 씹고 삼키기 쉽게 조리됨
- Child Meal(CHML) : 12세까지의 어린이용 식사로 어린이들이 선호하는 식사를 제공하며 최근에는 건강의 중요성이 높아지고 있어 건강식, 즉 SPML의 종류가 점차 증가하는 추세에 있다.

(5) Special Meal 서비스방법

㉮ Special Meal의 정의 : 승객의 건강, 종교 등의 이유 또는 축하를 위해 탑재되는 음식으로서 승객예약 시 주문에 의해 탑재된다.

㉯ Galley Duty 승무원이 S.H.R상의 Special Meal 주문내용을 확인한다.

㉰ 승객 탑승 후 각 Zone별 Galley 담당 승무원은 S.H.R을 참고하여 Special Meal 주문 승객에게 승객의 주문내용, 성명, 좌석번호를 확인한 후 Special Meal Tag에 승객의 성명과 좌석번호를 기입하여 승객의 Headrest Cover 위에 부착한다(Special Meal Tag은 일반 소모품과 함께 탑재된다).

㉱ Meal 서비스 시 일반 Meal보다 Special Meal 주문승객에게 우선 제공한다.

㉲ 서비스 전 승객에게 Special Meal 주문 여부를 확인한 후 제공한다.

5) 메뉴개발

(1) 메뉴 구성 시 주요 고려사항

기내식 메뉴를 개발할 경우에는 아래 사항을 고려하여 구성하는 것이 바람직하다.

㉮ 제철의 음식재료로 구성한다.

㉯ 항공기 출/도착시간에 부합하는 메뉴를 구성한다.

㉰ 현지에서 탑재되는 기내식은 신선도와 질적인 면을 고려하여 반드시 현지 음식재료를 사용해야 하며 Well-Being 음식과 같은 현재의 음식문화 Trend에 맞는 기내식을 가능한 개발하여 서비스되도록 해야 한다.

㉱ 장거리노선과 같이 기내식이 2번 제공될 시에는 메뉴가 중복되지 않도록 구성되어야 한다.

㉲ 기내의 한정된 공간, Tray 구성과 Galley 공간, 그리고 기물의 Balance는 반드시 고려되어야 할 요소이다.

㉳ 규격에 맞지 않는 기물을 사용하여 기내에 탑재되지 않거나 인천 출발편 기내식을 담은 기물과 현지에서 탑재되는 기내식의 기물이 서로 상이하면 기물관리 측면에서 혼란을 초래할 수 있다.

㉴ 또한 신규 메뉴를 개발할 시에는 비용적인 부분과 메뉴의 적정성 여부를 고려해야 한다.

〈그림 1-5〉 메뉴 구성 시 주요 고려사항

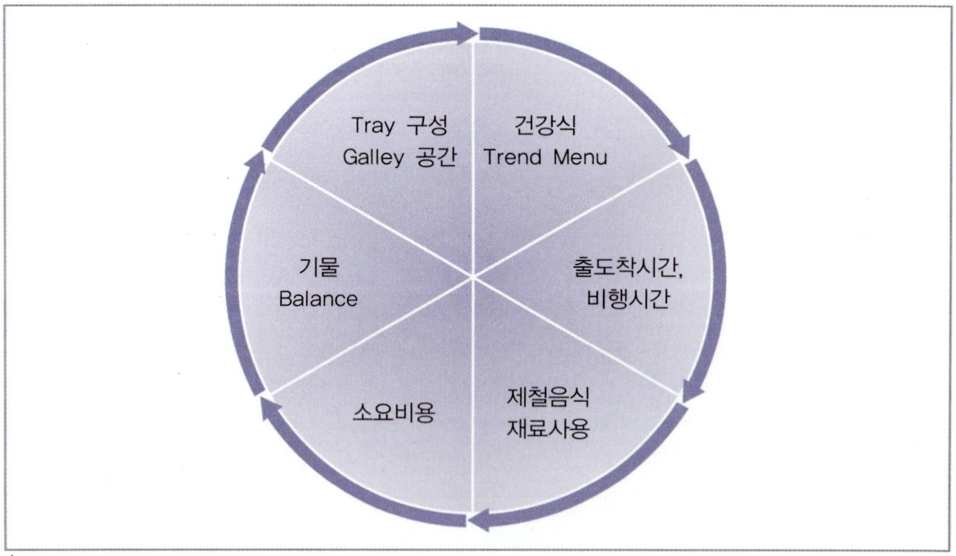

(2) 한식 메뉴

한식 메뉴는 주 고객층인 내국인 승객들의 선호도를 고려하고 앞으로도 다양한 메뉴의 개발이 필요하며 호응도 또한 높아지고 있다. 특히 최근에는 한류 열풍으로 인하여 전 세계적으로 한식에 대한 관심과 인기가 더해가고 있으며 기내에서의 한식 선호도 또한 높아지는 추세이다.

❶ 기내식으로 개발된 한식의 종류

기내식으로 개발된 한식의 종류는 표와 같이 현재까지 많은 종류가 개발되어 기내서비스로 적용되고 있지만, 앞으로도 건강식과 한식의 국제화에 힘입어 승객의 요구가 다양해질 것이며 이에 맞춰 다양한 한식이 개발될 것으로 전망하고 있다.

〈표 1-6〉 기내식 한식의 종류

First Class	비빔밥, 불갈비, 불고기, 갈비찜, 북엇국, 온면, 냉국수, 삼계탕, 쇠고기죽, 도가니탕, 조개관자죽
Business Class	비빔밥, 비빔국수, 한식죽, 불갈비, 불고기, 갈비찜, 잡채밥 등
Economy Class	비빔밥, 비빔국수, 불갈비, 불고기, 갈비찜, 잡채밥, 한식죽

＊ 일등석 한식 메뉴

육개장

완탕국수

북엇국

❷ 신메뉴 Set-Up Flow

새로운 노선이 개발되면 승객에게 서비스할 새로운 기내식 메뉴를 구성하게 되는데, 기내식이 개발되어 탑재되기까지의 일련의 과정은 다음과 같다.

〈그림 1-6〉 신메뉴 Set-Up 절차

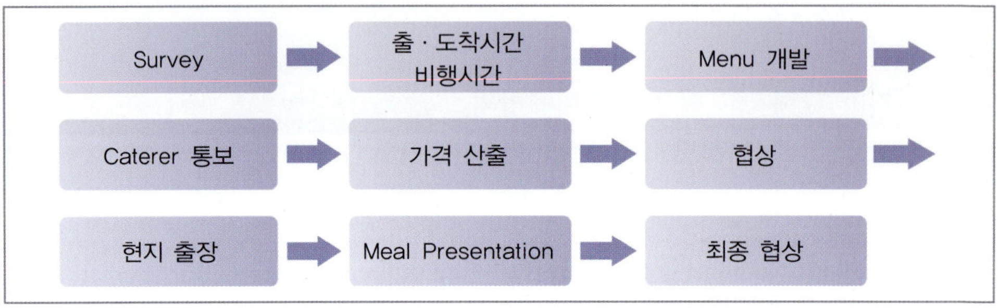

㉮ 해당노선을 운항하는 타 항공사의 서비스 메뉴와 탑승객들의 국적 분포도를 사전 분석하고 탑승객들에게 설문조사를 실시하여 기내식 선호도를 조사한다.

㉯ 조사자료들을 토대로 비행 출발시간과 해당 구간의 운항 소요시간을 고려하여 최상의 메뉴가 제공되도록 구성하여 새롭게 개발된 메뉴는 정해진 양식에 의거 Caterer에게 통보한다.

㉰ Caterer는 송부된 메뉴 리스트와 조리법에 의거 기내식을 준비하고 인건비를 포함하여 해당 메뉴 전체에 대한 가격을 산출한다.

㉱ 책정된 가격은 상호 만족할 만한 수준까지 협상이 계속된다.

㉲ 가격 협상이 완료되면 현지 출장을 통해 새롭게 구성된 기내식 품평회를 실시한다.

㉳ 이때 전체 메뉴를 점검해야 하며 필요시 메뉴 변경을 하기도 한다. 이렇게 가격을 포함해 최종적으로 점검된 메뉴는 별도 탑재일자 지침에 의거 탑재하게 된다.

❸ Menu Cycle 운영

외국 항공사의 경우 2~4Cycle 개념을 적용하는 곳도 있지만, 적용하지 않고 필요한 경우에 수시 메뉴를 변경하는 것이 일반적이다. 반면 국내 항공사의 경우 메뉴는 4Cycle로 운영되며, 각 Cycle은 3개월 주기로 계절감을 고려하여 탑승객들이 해당 계절의 변화를 다소나마 느끼게끔 구성함이 바람직하다. 예를 들어, 한식의 경우 아래와 같이 구성한다.

〈그림 1-7〉 계절별 Menu Cycle

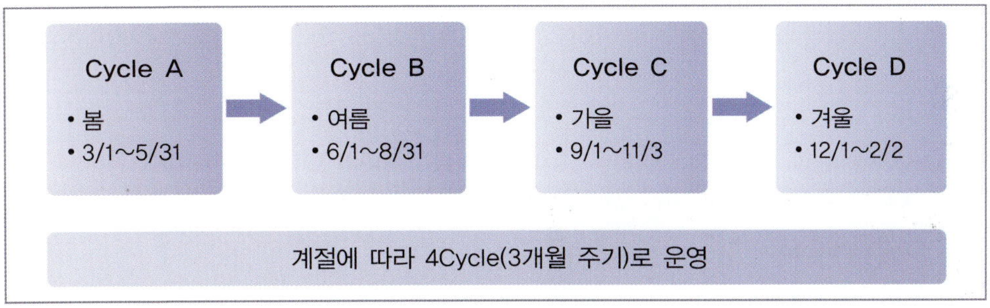

㉮ 3월부터 시작되는 Cycle A메뉴는 5월 31일까지 적용되므로 탑승객들이 봄이란 계절을 느낄 수 있도록 봄나물 비빔밥을 준비한다.

㉯ 여름에는 Cycle B메뉴가 더운 계절을 감안하여 냉국수 또는 삼계찜을 서비스한다.

㉰ 가을에는 견과류로 이루어진 메뉴를 제공함으로써 가을의 분위기를 느끼게끔 구성한다.

㉱ 또한 12월 1일부터 시작되는 Cycle D는 2월 말까지 서비스되며, 호박수프와 완탕수프 등을 제공하여 겨울을 느낄 수 있게 한다.

6) 메뉴북

(1) 메뉴 리스트와 안내지

탑승객들에게 어떠한 메뉴가 서비스되는지를 알려주는 메뉴북은 항공사의 정책과 Class 운영에 따라 다르지만 First Class와 Business Class에는 대부분 서비스되나 말레이시아항공과 같은 일부 항공사나 경쟁 혹은 중점 서비스노선을 제외하면 Economy Class에서는 메뉴북이 제공되지 않는다. 또한 메뉴북은 노선과 편명에 따라 내용이 다르므로 제작은 물론 재고관리에 각별한 주의가 요구된다.

메뉴북 외에 특별한 서비스 안내 혹은 홍보, 소개 등의 이유로 승객들에게 안내지가 제공되는 경우도 있으며, 와인이 소개되는 와인 리스트와 한식 정찬 안내지, 또는 비빔밥이 생소한 외국인들에게 제공되는 비빔밥 안내지 등은 그 좋은 예라 할 수 있다. 그러나 저비용 항공사의 유료판매서비스의 경우에는 기내식의 종류가 승객에게 안내되어야 하므로 제공되는 종류의 메뉴를 서비스하는 경우가 있다.

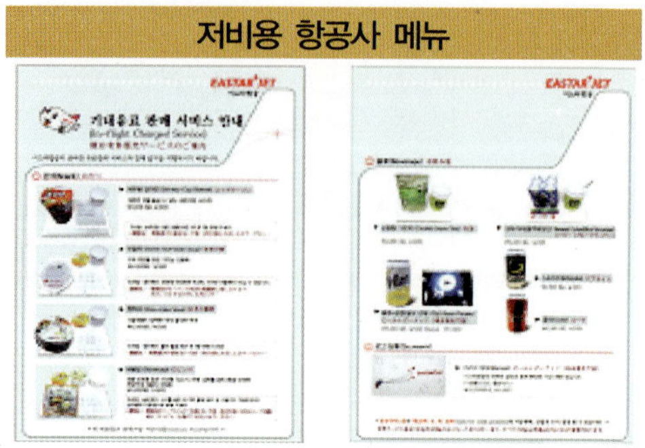

(2) 메뉴북 제작

메뉴북은 기내에 서비스되는 메뉴가 확정되면 메뉴북의 국문과 영문 원고가 메뉴 Check List에 의거 작성되며, 이렇게 작성된 원고는 편집업체와의 작업을 거쳐 인쇄업체에 넘겨져 필요한 수량만큼 인쇄하게 된다.

〈그림 1-8〉 메뉴북 제작과정

메뉴 확정 → 원고 작성 → 편집작업 → 메뉴북 인쇄

(3) 메뉴북 탑재 절차

인쇄된 메뉴북은 Menu Cycle 변경시점 3~4일 전에 입고되고 항공기 출발 1일 전에 해당편 메뉴북의 세팅이 완료되어 당일 출발하기 직전에 탑재되어 승객에게 서비스된다.

02 주류 및 음료 서비스

1) 주류 및 음료의 정의

(1) 주류(Non-Alcoholic Beverage)

알코올의 함유 여부에 따라 주류 혹은 음료로 구분되며 주류, 즉 Alcoholic Beverage란 마시면 취하는 음료로서 알코올을 함유한 음료류를 말하며 우리가 '술'이라고 부르는 종류들이 모두 포함된다.

(2) Non-Alcoholic Beverage

Non-Alcoholic Beverage란 Alcohol이 함유되지 않은 모든 음료를 총칭한다. 대표적으로 주스류와 청량음료류가 여기에 속하지만, 최근에는 건강 또는 기호성 음료들의 개발로 그 종류가 더욱 다양화되고 있다.

2) 주류

(1) 주류 일반

❶ 술의 역사

술의 역사는 곧 인류의 역사와 같다고 볼 수 있다. 다시 말하면 『술의 역사』(피에르 푸케, 마르틴 드 보르드 공저)에는 천의 얼굴을 지닌 알코올과 인류문명의 함수관계가 잘 정리돼 있다.

술은 오랫동안 제사장들의 전유물이었다가 제사의식이 민중 속으로 확산되면서 부족행사와 성인식 등에 쓰였으며 치료용으로도 사용됐다. 술은 많은 사람에게 기쁨과 만족을 안겨주지만 어떤 경우에는 파멸과 죽음을 가져다주기도 하였다. 문학과 예술을 꽃피우고 외관용이나 내복약으로 쓰이기도 하지만 노예와 피지배자들에게는 무기로 작용해 '술 식민주의'라는 말을 낳기도 했다.

술에는 엄청난 경제적 이해관계까지 걸려 있다는 것은 85% 이상이 마시기 위해 생산하지만 나머지는 화장품이나 의약품, 식초나 용매제로 쓰이기 때문이다.

❷ 술의 생성

인류가 목축과 농경을 영위하기 이전인 수렵, 채취시대에는 과일주가 있었을 것으로 추정된다. 즉 과실이나 벌꿀과 같은 당분을 함유한 액체에 공기 중의 효모가 들어가면 자연적으로 발효하여 알코올을 함유하는 액체가 된다.

당분 + 효모 + 발효 = 술

❸ 술의 변천

술은 시대의 특성에 따라 달라지며 또한 시대에 따라 구분할 수 있다. 술의 원료는 그 나라의 주식이나 종교와 밀접하게 관련되어 있는데, 이는 어류를 주식으로 하는 에스키모에게는 술이 없음이 그 예라 할 수 있다.

㉮ 원시시대 : 자연에서 생성된 당분이 공기 중 효모와 합쳐져 만들어진 과일주

㉯ 유목시대 : 가축의 젖으로 젖술(유주)

㉰ 농경시대 : 곡물을 원료로 하는 곡주가 탄생했으며 청주나 맥주와 같은 곡류 양조주는 정착농경이 시작되어 녹말을 당화시키는 기법이 개발된 후에 만들어졌다. 소주나 위스키 같은 증류주는 가장 후대에 제조된 술이다.

❹ 술의 성분

술은 에틸알코올 1% 이상의 음료를 말하며 약이나 음료와는 구분된다. 따라서 술의 성분은 당연히 물과 에틸알코올로 구성되어 있다.

알코올은 무색, 무미이며 휘발성이 강한 것이 특징이다.

〈표 1-7〉 술의 성분과 농도

- 물 + 에틸알코올
- 알코올 : 무색, 무미, 휘발성이 강함
  13% 농도 : 미생물 활동 정지
  20% 농도 : 미생물 사멸
  70% 이상 : 상처 소독 가능

(2) 주류의 분류

주류는 발효주, 증류주, 혼성주로 크게 분류할 수 있다. 곡물을 발효해서 만든 와인, 맥주, 막걸리 등이 발효주에 속하며, 이러한 발효주를 증류한 술을 증류주

라 하는데 위스키, 브랜디, 고량주, 보드카 등이 대표적인 증류주이다. 또한 보통 증류주에 약초, 향을 첨가한 인삼주, 진 등이 혼성주에 속한다.

〈표 1-8〉 주류의 분류

분류	생성과정	종류
발효주	곡물/과일을 발효한 술	와인, 맥주, 막걸리, 청주
증류주	발효주를 증류한 술	위스키, 브랜디, 고량주, 보드카, 럼
혼성주	증류주에 약초, 향을 첨가한 술	진, 인삼주, 각종 Liqueur

(3) 주류와 음식과의 조화

아래의 표와 같이 주류는 보통 그 자체를 즐기기도 하지만, 대개 식사와 함께 하면 보다 더욱 어울려 음식의 맛을 돋우어주는 데 큰 역할을 한다. 이러한 주류는 크게 식전주, 식중주, 식후주로 나뉜다.

〈표 1-9〉 주류와 음식의 조화

음식	주류	효과	품목
전채요리	식전주	소량의 알코올로 식욕을 돋움	Cocktail, Champagne, Campari, Sherry 등
주요리	식중주	소화를 돕는 역할 알코올 농도가 낮은 것이 적합	Wine, Beer 등
후식	식후주	알코올 농도가 높은 것이 적합	Liqueur, Brandy 등

㉮ 식전주란 주요리 코스를 먹기 전에 전채요리와 함께 즐기는 주류로써, 소량의 알코올을 마시면 위산분비가 활발해져 식욕을 돋워준다. 이때 신맛과 쓴맛이 있으면 더욱 효과적이며, Cocktail, Champagne 등이 식전주에 적합한 주류로 분류된다.

㉯ 식중주란 주요리와 함께 먹는 주류로써, Meal Course 사이에 입맛을 새롭게 하고 소화를 돕는 역할을 하는 것으로 알코올 농도가 높지 않아 혀

나 위에 자극을 주지 않는 종류가 적합하다. Wine 또는 맥주가 여기에 어울리는 주류라 볼 수 있다.

㉰ 식후주란 식후 소화를 돕는 역할을 하는 것으로 알코올 농도가 높고 감미로운 종류의 술을 애용하는 것이 좋다. 식후주로 어울리는 주류로는 Brandy를 꼽을 수 있다.

(4) 주요 기내서비스, 주류

각 항공사의 각 노선별, Class별 주류서비스의 종류가 각기 달라 특별히 기내에서 서비스되는 주류의 종류를 일괄적으로 말할 수는 없으나, 대표적인 기내주류의 종류로는 승객의 선호도가 높은 품목을 선정하게 되는데 위스키, 브랜디, 기타 증류주, 와인, 맥주 등으로 구성할 수 있다.

㉮ 증류주 중 스코틀랜드산 위스키와 미국산 위스키는 승객들의 선호도가 높은 주류에 속한다. 또한 브랜디로는 코냑, 기타 증류주는 주로 칵테일에 사용되는 Liqueur 종류로 구성하는 것이 일반적인데 주요한 술로는 진, 보드카, 럼 등이 있다.

1등석 주류키트

㉯ 와인은 승객이 가장 많이 찾는 술로 샴페인, 화이트 와인, 레드 와인, 강화 와인 등도 선정되는 경우가 있다.

㉰ 맥주는 거의 모든 항공사 및 전 Class에서 서비스되고 특히 노선별 그 지역 대표 맥주 혹은 와인을 탑재 서비스하여 노선 특화서비스의 개념을 도입하는 항공사도 있다.

3) 음료

(1) 음료(Non-Alcoholic Beverage)의 종류

❶ 구분

음료는 주변에서 흔히 마실 수 있는 콜라, 사이다 등의 청량음료, 우유와 같은 영양음료, 그리고 커피와 같은 차 종류의 기호음료로 나눌 수 있다.

〈표 1-10〉 음료의 분류

대분류	제조과정	종류
청량음료	Soft Drink-탄산수 삽입	무탄산 & 탄산음료
영양음료	Nutritious Drink-과일 등 영양소 첨가	주스류, 우유
기호음료	Fancy Taste Beverage-향, 색소 첨가	커피, 차류, 코코아, 화채

❷ 종류

㉮ Water : 자연수와 인공수(Evian, Perrier 등)

㉯ Coffee : Roasted Coffee, Decaffeinated Coffee, Instant Coffee 등

㉰ 차류 : 홍차, 녹차, 우롱차, 재스민차, 둥굴레차, 작설차, 보이차 등

㉱ Milk류 : Natural Milk, Skim Milk, Fortified Milk 등

㉲ Juice류 : Lemon, Lime, Grape, Grapefruit, Orange, Pine, Tomato, Guava, Apple Juice

㉳ 탄산음료 : Coke, Diet Coke, Sprite, Diet Sprite, Soda Water, Tonic Water, Ginger Ale

(2) 주요 기내서비스, 음료

주류와 마찬가지로 음료 역시 각 항공사의 서비스정책에 따라 다르기 때문에 획일적으로 종류를 나열하기는 어려우나 서비스의 질을 높이기 위해서는 당연히 승객의 선호도가 높은 음료류를 선정하는 것이 일반적이다. 거의 대부분의 항공사가 Orange Juice, Tomato Juice 등을 서비스하고 있으며, 그 외 Pineapple Juice, Apple Juice, Guava Juice 등을 서비스한다. 탄산음료로는 Cola, Sprite, Ginger Ale, Soda, Tonic, Perrier 등이 대표적인 품목이라 할 수 있다.

〈표 1-11〉 대표적인 서비스 음료

구분	품목	비고
주스	Orange, Tomato, Apple, Pineapple, Guava Juice	
탄산음료	Cola, Sprite, Ginger Ale, Soda, Tonic, Perrier	

4) 주류 및 음료 선정 절차

기내서비스에서 주류는 〈그림 1-9〉와 같은 절차에 의해 선정되며 와인의 선정 절차를 예로 들면, 그 시점은 재고량이 어느 정도 확보된(약 3개월 전) 시점에서 이루어지게 되는데, 와인의 모든 샘플을 요청하고 와인 선정을 위한 시음회 실시계획을 세운다.

확보된 샘플을 가지고 시음회를 개최한 뒤, 최상의 적정 와인을 선정하며 이렇게 선정된 와인은 구매를 통하여 기내에 탑승한 승객들에게 제공된다.

〈그림 1-9〉 주류 및 음료 선정 절차

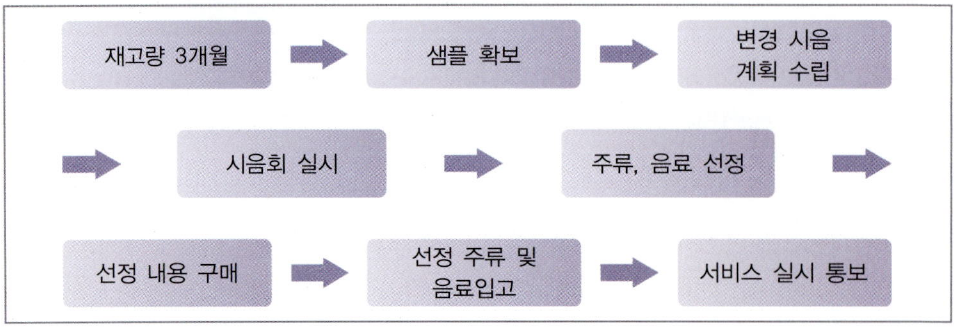

03 | 노선 기내식 & 해외 Caterer 관리

1) Caterer 선정 및 관리

(1) Caterer 선정기준

해외 Caterer는 가장 일반적인 공개경쟁 입찰을 통해 선정하거나 Business Reciprocity 또는 Global Partnership Agreement에 의해 선정한다.

㉮ Business Reciprocity란 예를 들어 A항공사가 B항공사 케이터링에서 기내식을 공급받는 대신 B항공사는 A항공사가 출자한 케이터링에서 공급받는 것이 대표적인 예라고 할 수 있다.

㉯ Global Partnership Agreement란 A항공사가 B Caterer로부터 연간 총 구매액에 대해서 Discount를 받는 조건에 따라 유리하게 선정되는 예라 할 수 있다.

Catering 계약은 계약 당사자 쌍방 또는 일방에 의한 계약해지 통고가 없을 시 연간 단위로 자동 연장된다.

(2) 해외 Caterer 관리(노선 운영)

해외 Caterer 주요 관리업무로 기내식이 현지에서 탑재될 경우, 해당 지점의 공항지점장은 매주 1회 기내식 공급업체를 직접 방문하여 Catering을 점검해야 한다.

㉮ 주무팀에서 송부한 Check List에 의거 기내식 품질, 위생상태, 자산실태를 점검하는 등 절차를 만들어 기내식을 철저히 관리하게 하는 것이 보편적인 지점관리의 업무라 하겠다.

㉯ 정규편의 Menu 또는 Menu Cycle 변경 시, 각 Caterer에 사전 통보하여 준비할 수 있게끔 하며 부정기편 운항 시에도 세부스케줄을 포함, 기내

식 서비스 계획을 해당 Caterer에게 통보해야 한다.

㉰ 기내식이 현지에서 탑재될 경우 발생되는 Catering 비용은 지속적으로 확인하고 물가상승폭에 따라 가격변동 상황 등을 상호 협의하여 결과를 얻어낸다.

㉱ 또한 기내식 업체를 직접 방문하여 기내식의 품질과 송부된 기용품의 자산(재고)관리되고 있는 상태를 점검한다.

〈표 1-12〉 해외 Caterer 관리

Catering 점검
주 1회 지점 점검 → 결과 송부 → 주무팀 종합보고

↓

Menu Cycle 관리
Menu 혹은 Cycle 변경 → Caterer에 사전 통보

↓

Caterer Info
부정기편 SKD/메뉴서비스 계획 통보

↓

Catering 비용 관리
기내식 생산, Handling Charge 등 가격 관리

↓

자산실태 점검
현지 배치된 기용품 확인 및 점검

(3) 신규노선 기내식 탑재 Flow

〈그림 1-10〉은 한 케이터링 업체를 조사한 후 선정 이후까지의 과정을 보여주고 있다. 큰 공항일수록 신뢰할 만한 기내식 공급업체가 있으나 국제항공편이 활발하게 운항되는 나라가 아닐수록 기내식 공급업체 부재 또는 시설이 매우 열악

한 경우가 종종 있다. 따라서 반드시 해당지역의 케이터링 업체를 조사해야 한다.

조사 시에는 공급업체 내 · 외부 시설의 위생상태와 Hot Kitchen, Cold Kitchen, Bakery의 생산여건, 냉장과 냉동시설, 항공기에 기내식과 기물을 탑재 또는 하기할 수 있는 Food Car 보유 및 대 · 소형기용 저 · 고상형 보유 등의 여부를 반드시 확인해야 한다.

기본적인 Survey가 끝났다면 해당 공급업체를 대상으로 공개입찰해야 하며 각 업체에서 송부한 견적서를 접수한 후 해당업체를 직접 방문하여 Meal Presentation을 통해 가격 협상을 진행한다.

적합한 공급사를 최종 선정하여 현지에서 기내식 탑재 시 필요한 용품을 송부하고 Caterer의 사전교육을 통해 기내식이 원활하게 탑재되어 서비스될 수 있도록 한다.

〈그림 1-10〉 신규노선 기내식 탑재 절차

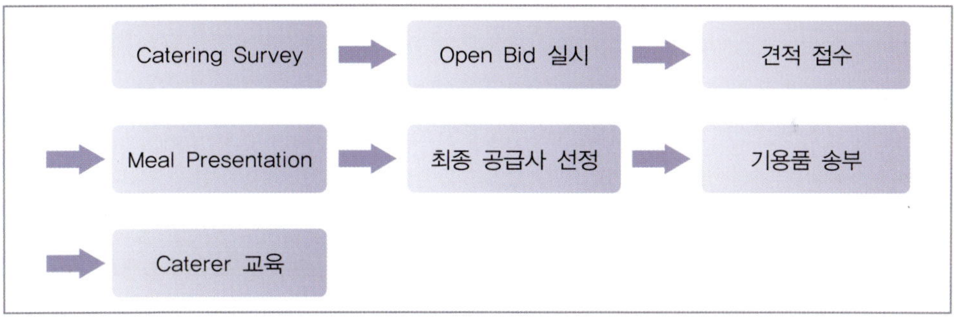

2) 해외 Caterer 평가

해외 기내식 현지 탑재를 담당하는 해외 Caterer의 운영능력을 평가하는 Caterer 평가제도와 이의 중요한 평가항목 중 하나인 Audit 절차 및 Check 방법을 살펴보자.

(1) 해외 Caterer 평가제도의 개요

해외 Caterer 평가제도인 'Caterer Assessment Program(CAP)'은 해외 출발편 Meal의 위생 및 Quality 확보를 위하여 현지 탑재 Caterer의 Performance를 주기적으로 종합평가, In-flight Service 품질향상을 도모하는 평가제도로서 매년 기준월까지 결과를 종합 집계하여 'Best Caterer'를 선정 · 시상한다. 평가결과는 향후 Bidding 시 주요 참고자료로 하는데 해외 기내식 품질관리의 주요 Management Tool로써 활용할 수 있다.

(2) Monthly Audit Score 및 Follow-up

Monthly Audit은 각 지점 계약 Caterer Unit을 방문, Caterer의 위생 및 기물관리 Performance를 Monthly Checklist를 통해 점검하는 것으로 매월 각 지점 객실담당에 의해 수행된다.

❶ Audit 항목

Audit 항목에는 6가지 점검항목이 있으며 각각의 주요 점검 포인트에 대해서는 다음 화면내용으로 확인할 수 있다.

〈그림 1-11〉 Audit 항목

Inventory	Cart Checking	Meal Tasting & Weighing
Hygiene	Customer Feedback	Follow-up Summary

〈표 1-13〉은 Audit 결과의 종합 요약표로서 각 관련 Sheet의 점수 종합 내용을 보여준다.

〈표 1-13〉 **Monthly Check List의 구성**

"Monthly" Audit Summary

Station	JFKKK	Auditor	
Caterer	LSG SKYCHEFS	Participants of Caterer	
Audit Date	Year Month Day	Participants of Korean Air	KKU

⬇

Score Summary		Total Points	Current Month	Previous Audit 1	Previous Audit 2	Previous Audit 3
1. Inventory		50	47	47	45	
2. Cart and Carrier Box Checking		50	44	44	43	
3. Meal Tasting		50	46	48	43	
4. Hygiene		50	45	44	43	
5. Customer Feedback		20	10	5	11	
6. ISP Handling		50	45	40	40	
Audit	Total Score	270	237	228	225	0
	% Score	100%	88%	84%	83%	0%
	Grade		*Tolerable*	*Tolerable*	*Tolerable*	
Follow-up	Total Score(%)	100%	80%	85%	85%	
	Grade		*Tolerable*	*Tolerable*	*Tolerable*	

❷ Inventory

기물 및 Dry Item에 대한 재고관리의 정확성을 평가하는 항목으로서 Inventory Card에 기재된 수량과 실재 남아 있는 수량을 세어 비교함으로써 정확성을 평가한다.

〈표 1-14〉 Inventory Card

Inventory Card

Item	Quantity (In)	Quantity (Out)	Current Total
Udon Bowl	200	250	×××
Tumbler	200	48	××
Steamed Rice	1,000	256	××

Caterer의 Warehouse를 방문, 자사의 기물 및 Dry Item의 실제 보유량을 세어 Caterer에서 작성한 Inventory Document(Bin Card)와 비교하여 수량관리의 정확성을 평가하는 Quantity Check(〈표 1-14〉) 부분과 기물의 보관상태 및 유효기간 관리, 선입선출 원칙 준수여부를 주어진 가이드라인에 의거하여 작성하는 Checklist(〈표 1-15〉)로 구성되어 있다.

〈표 1-15〉 Inventory Check List 1

Korean Air

1-1. Inventory Checking

	Item Name	Standard Stock	Inventory Document	Actual Count: Float	Actual Count: Back-up	Actual Count: Total	Div. (%)	I	II	III	IV
Equipment	FC. FORK	420	72	50	60	110	52.8%		x		
	FC. KNIFE	420	92	50	50	100	8.7%		x		
	FC. SOUP SPOON	240	55	25	30	55	0.0%	x			
	PR Tumbler Glass	120	26	13	30	43	65.4%				x
	STD FULL CART(BLUE)	74	72	25	30	55	-23.6%			x	
	STD HALF CART(BLUE)	26	24	24	0	24	0.0%		x		
Grade	III (Below Standard)			Score		58%		1	3	1	1

	Item Name	Inventory Document	Actual Count: Float	Actual Count: Back-up	Actual Count: Total	Div. (%)	I	II	III	IV
Dry Item	EY INDV. SEAWEED SOUP	4,608	350	4,000	4350	-5.6%	x			
	STEAMED RICE	3,456	350	4,000	4350	25.9%			x	
	SESAME OIL	7,250	250	7,000	7250	0.0%	x			
	CUP TYPE MINERAL WATER	45,888	300	40,000	40300	-12.2%		x		
	HOT PEPPER PASTE	6,000	0	6,000	6000	0.0%	x			
Grade	II (Tolerable)		Score		82%		3	1	1	0

Indicator : I = Dev. 0~±9.9% II = Dev. ±10~19.9%, III = Dev. ±20~29.99%, IV= Dev. ±30%~
Grade : 90-100% = I (Assured), 80-89% = II (Tolerable), 70-79 = III (Below standard), 0-69 = IV (Not assured)

Total Minus Score 3

〈표 1-16〉 Inventory Check List 2

Monthly Audit Report Checklist (1. Inventory)

Check Items	Guidelines	Rating	Minus points	Remarks
1. Inventory	**All or Nothing rule applied**			
1. No misuse of KE equipment				
a. KE equipments not misused in the operation	(ex) Carts, drawers are used for storage or transportation. *Auditor should check in any place	5	5	KE Cart was used for OAL's storage
2. Inventory available/updated				
a. Updated inventory maintained and available	*This check item numbered 1.2.a is the only item which the "All or Nothing" rule is not applied to. Its relevant minus point will be transferred from the next sheet named "Inventory checking"	10	3	
b. Label per item attached and quantities written on that	Guidelines included in the left	3	3	Found some items no label attached
c. First in, first out system in use	Guidelines included in the left	3		
d. Expiry date controlled well	*Expiry dates and Quantities should be documented when received from KE	3		
Total		**50**	**11**	
% Score		**100%**	**78**	

• **Safe** : 90 ~100% : Assured(I), 80-89% : Tolerable(II) • **Fail** : 70-79% : Below standard(III), 0-69% : Not assured(IV)

❸ Cart Checking

Cart Checking의 목적은 항공사의 Loading Ratio 및 Manual대로 Cart 내에 탑재되었는지 평가하는 것으로 Holding Room에 보관되어 있는 Cart를 직접 열어 보고 확인함으로써 Meal 및 서빙기물의 Tag 부착여부와 세척상태를 점검하고 승객 수와 연동하여 해당 항공사의 Spec대로 Meal 수 및 기물, 기타 서비스 Item이 정량 실렸는지 실제 수량을 세어보고 기록하는 과정이다.

Manual대로 Tray Setting 및 Cart Loading 여부 Cross Check

❹ Meal Weighing & Tasting

Meal의 중량 및 맛이 항공사의 Spec대로 조리되었는지 평가하는 것으로서 Dish-up 완료된 Meal을 각 Class별로 3개씩 Random Pick-up하여 2개는 Heating 없이 Spec과 비교하며 중량점검을 실시하고, 1개의 Meal은 Heating 후 실제 시식을 통하여 맛을 평가, 각 Dish별로 맛과 중량에 대한 종합평가를 기록한다.

〈표 1-17〉 중량 및 맛 점검기록표

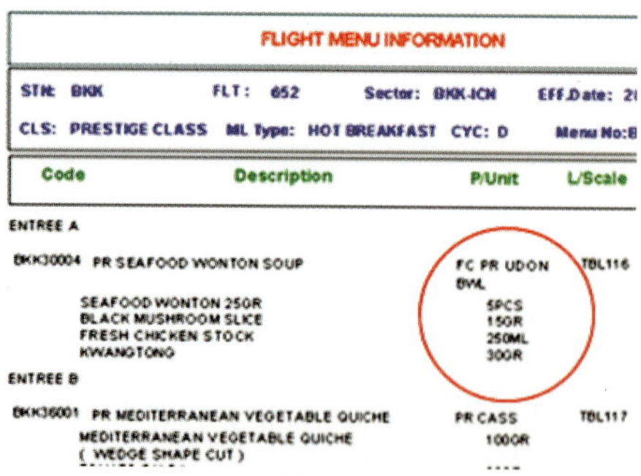

FLIGHT MENU INFORMATION

STN: BKK FLT: 652 Sector: BKK-ICN Eff.Date: 2[illegible]

CLS: PRESTIGE CLASS ML Type: HOT BREAKFAST CYC: D Menu No:[illegible]

Code	Description	P/Unit	L/Scale
ENTREE A			
BKK30004	PR SEAFOOD WONTON SOUP	FC PR UDON BWL	TBL116
	SEAFOOD WONTON 25GR	5PCS	
	BLACK MUSHROOM SLICE	15GR	
	FRESH CHICKEN STOCK	250ML	
	KWANGTONG	300R	
ENTREE B			
BKK36001	PR MEDITERRANEAN VEGETABLE QUICHE	PR CASS	TBL117
	MEDITERRANEAN VEGETABLE QUICHE (WEDGE SHAPE CUT)	100GR	

Flight Menu Info상의 중량 및 Ingredient와 일치하는 중량 및 맛 점검

〈표 1-18〉 Meal Tasting Score Summary

Meal Tasting Cover

Score Summary

	Max Point	Score	Total Check #	I	II	III	IV
1. Tray Set	0	0	0				
2. Appetizer	0	0	0				
3. Soup	10	10	1	1			
4. Salad	10	8	1		1		
5. Side Dish	0	0	0				
6. Main Dish	100	94	10	7	3		
7. Cheese	0	0	0				
8. Fruit	10	8	1		1		
9. Dessert	0	0	0				
Total	130	120	13	8	5	0	0
% Score	100	92	26				

❺ Hygiene

작업 종사자의 개인위생 및 시설과 Meal의 규정온도 점검 등의 준수사항을 점검하는 Hygiene 관리상황 평가로서 각 공정별 시설 및 Meal의 온도를 확인, Checklist상의 Guideline과 비교하여 점검하면 된다.

〈표 1-19〉 Meal의 규정온도

① Meal Temperature : Below than 15°C

② Temperature Record

Item	Cooking	Blast Chiller(out)	Dish-up
PR Steak	8°C	5°C	15°C

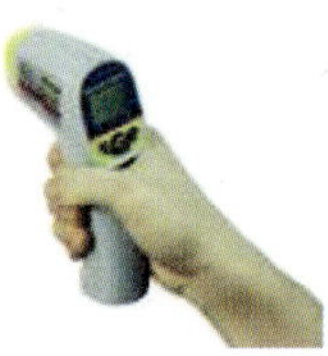

❻ Dry Item Handling

동 점검 항목은 Dry item의 Checklist를 바탕으로 점검하는 것으로 FC 및 PR 등 상위 클래스 기물의 정교한 처리 및 가이드라인 준수를 점검하게 된다.

❼ Customer Feedback

고객불만 발생여부에 대한 정확한 Follow-up 조치를 확인하는 고객불만 관리 항목으로서 고객불만이 발생했을 경우 원칙적으로 Audit Score 내 감점조치를 하여 고객불만을 최소화하는 것이다.

❽ Follow-up & Summary

마지막으로 Audit 지적사항 종합 및 Caterer의 Action Plan을 확인하는 Wrap-up단계로는 다음과 같은 것이 있다.

㉮ Audit 지적사항 종합 및 Caterer의 Action Plan 확인 : Audit에서 지적된 사항을 정확하게 기입 후 Caterer에 이송(또는 Debriefing), Caterer의 Action plan을 접수하고 전월 지적사항이 개선되었는지의 여부를 현장 확인하여 결과를 기입한다.

㉯ Audit 시 참조 Manual 보유 확인 : 참고로 Audit 시 참조하게 되는 주요 8가지 Manual 보유 여부를 반드시 확인하여 평가에 반영한다.

- Cutlery Setting Method
- Loading Manual
- Chinaware Setting
- Linen Method
- Glassware Setting
- Dry Ice Loading
- Wet Ice Loading
- Flight Menu Information

Chapter

2 기용품서비스

01 기내설비

항공기의 운항거리가 늘어남에 따라 식음료서비스는 탑승 승객에게는 매우 중요한 요소로서 기내식의 양적 · 질적 증가와 발전을 가져왔다. 즉 목적지에 도달하는 기본 개념에서 기내식을 즐기고 서비스를 향유하는 개념으로 발전하여 기내식과 기내서비스는 항공사를 평가하는 주요 요소가 되었다.

기내식을 담아 운반하고 보관하여 서비스되기까지 필요한 기물과 장비의 개발, 기내설비는 항공사업의 중요한 Factor가 되어 항공기 기내에는 Galley라는 주방공간이 필요하게 되었고, 이러한 주방공간에는 오븐, 냉장고, 워머(Warmer), 커피메이커, 기내식 카트 보관장소, 서비스 기물 및 음료보관 장소 등이 필요하게 되었다.

1) 기내설비

(1) 정의 및 목적

기내설비란 신규 도입 항공기나 개조 예정 항공기를 대상으로 Galley와 Stowage, Closet 등의 기내식, 기용품 탑재에 관련된 공간을 중심으로 Galley Inserts, Carrying Equipment, Bulk 품목의 효율적인 운영을 목적으로 하는 전 업무를 말한다.

(2) 제작 시 고려사항

기내설비 제작 시 몇 가지 고려해야 할 요소는 다음과 같다.

㉮ 기내 승무원들의 작업 편의성을 고려하여 승객에게 보다 효율적인 서비스가 이루어지도록 고려해야 한다.

㉯ 기내작업 시 소음, 조명 등으로 인해 발생할 수 있는 고객불만 요소를 최대한 억제할 수 있도록 제작해야 한다.

㉰ 기내의 협소한 공간을 최대한 이용하여 최적의 편의설비가 완비되도록 설계되어야 함은 물론이다.

2) Galley 제작 진행업무 절차

(1) 전담 Team 구성

항공기 도입 및 Galley 제작과 관련하여 관련 부서, 즉 영업, 자재, 기술, 객실, 승무 담당자들로 전담 Team이 구성되며, 각 본부의 의견을 종합하여 항공기 및 Galley 제작사와의 정보교환과 상호 Meeting을 통하여 자사정책 방향과 특성에 맞게 Galley 제작이 진행된다.

(2) Meeting 시 진행업무

Galley 제작 진행과정에 단계별로 몇 차례에 걸친 Meeting이 개최되는데, 각각의 Meeting에서 상호 협의 내용이 구체화된다.

㉮ ITCM(Initial Technical Coordination Meeting) : 가장 초기 미팅으로 전반적인 관련사항 및 요구사항을 협의하게 된다.

㉯ PDR(Preliminary Design Review) : 두 번째 Meeting으로 초기 미팅 시 언급된 내용과 신규 추가사항의 실현 가능 여부를 검토한다.

㉰ CDR(Critical Design Review) : 3번째 Meeting은 관련 부분에 대한 Issue를 확정하고 미팅 후 Galley 제작사는 제작을 하게 된다.

㉱ FAI(First Article Inspection) : 마지막 4차 Meeting으로 실물로 제작된 Monument에 대한 점검과 적정성 여부를 최종 확인한다.

이러한 모든 과정과 절차를 거쳐 최적의 기내설비가 제작되도록 처리하는 것이 기내설비업무이다.

3) Galley Inserts의 종류

Galley Inserts란 기내 Galley Compartment에 장착될 수 있는 일정 규격의 운반용구의 종류를 칭하며, 기내에 탑재되는 Carrier Box, Meal Cart와 기내에 장착되는 오븐, 커피메이커 등을 말한다. 이러한 Galley Inserts는 크게 2가지로 분류되며 〈표 1-20〉에서 보는 바와 같이 KSSU와 ATLAS로 구분됨을 알 수 있다.

〈표 1-20〉 Galley Inserts의 종류

구분	KSSU		ATLAS	
Cart	길이	840mm	길이	810mm
	높이	1,030mm	높이	1,030mm
	폭	304mm	폭	300mm
Carrier Box	길이	425mm	길이	410mm
	높이	429mm	높이	278mm
	폭	292mm	폭	293mm
Oven	28Casserole		32Casserole	
비고	항공사의 50% ATLAS 타입 사용, 20% KSSU 타입 사용, 30% 혼용(Hybrid Type)			

주) KSSU : KLM, SAS, SWISS AIR, UA
ATLAS : AF, TAP, LH, AZ, SAB

(1) KSSU & ATLAS의 의미

KSSU Type은 KLM, SAS, SWISS AIR, United Air 등 항공사의 상호 표준화된 Inserts Item을 말하며, ATLAS Type은 AF, TAP, 루프트한자, 알리탈리아, SAB항공사의 상호 표준화된 Inserts Item을 말한다.

(2) 특징

특징은 외형에서 발견할 수 있는데, Cart는 ATLAS Type이 작기는 하나 크게 차이가 없는 데 반해, Carrier box의 경우 ATLAS Type이 KSSU Type의 60% 수준으로 작아 지상 및 기내 Handling 시 Weight 면에서 수월할 것으로 예상하고 있다. 또 Oven의 경우 오븐당 EY 기준 KSSU Type이 28Casserole 세팅할 수 있는 데 반해, ATLAS Type은 32Casserole을 세팅할 수 있는 특징이 있다.

전 세계 항공사들 중 ATLAS 50%, KSSU 20%, Hybrid Type은 30% 정도를 사용하고 있으며 점차 Hybrid 및 ATLAS Type으로 바뀌는 추세에 있다.

4) 기용품 개발 Flow

기용품은 서비스 개선 혹은 편의성에 따라 관련 부서의 요청사항 접수 또는 자체적인 의견에 의한 새로운 기용품 개발을 계획하게 된다. 신 기용품 개발 시 우선적으로 각 노선별, Class별 특성을 최대한 분석한 후, 각 해당 서비스에 적합한 기용품을 개발해야 한다. 이때 Flight별 소요량을 산정하여 필요량만큼 주문, 제작하여 재고비용이 높아지지 않도록 업무를 추진해야 한다.

주문, 제작 완료된 기용품은 기내서비스 절차에 의거 대 고객서비스를 실시하며, 이때 고객들의 반응을 세밀하게 점검해야 한다. 의견 중 개선사항이 있으면 차후 재제작 시 최대한 반영하여 최상의 서비스가 제공될 수 있도록 만전을 기해야 한다. 이렇게 완성된 제품은 품질유지 여부를 지속적으로 점검하고 연간 소요되는 비용의 적정성에 대한 평가도 병행되어야 한다.

〈그림 1-12〉 기용품 개발 Flow

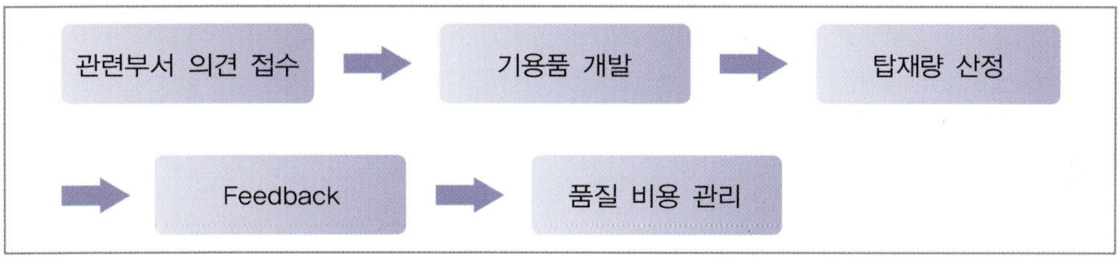

02 기내용품

1) 기용품(기내용품)

(1) 기용품의 정의

효율적인 재활용을 위해 항공사마다 각 고유의 이미지를 살려 별도의 전용기물을 디자인, 제작하여 사용하고 있다. 그리고 이러한 기물은 음식을 담는 일인용 식기류에서부터 서빙용 쟁반(Tray), 이동식 Cart, 서비스되거나 서비스에 필요한 보조용품들이 있다. 기용품이란 기내용품의 준말로써 기내서비스를 위해 승객에게 제공되거나 운반 또는 보관되는 모든 종류의 물품으로 포괄적인 의미로 사용된다. 이러한 기용품은 크게 기물과 소모품으로 구분할 수 있다.

(2) 기용품의 구분

❶ 기물

기내식 용기 및 서비스 집기류로 세척 또는 세탁 등을 거쳐 재사용이 가능한 품목이며, Dish-Up된 음식을 운반할 수 있는 Full Cart, Half Cart, Serving Trolley 등의 운반용 기물을 비롯하여, 식사 Service 시 사용하는 각종 집기류와 Tea Spoon과 같이 조그마한 Item에 이르기까지 수백여 Item이 있다.

❷ 소모품

주류, 음료수 및 기타 일회용품으로 먹거나 사용됨으로써 소비되거나 없어지는 품목을 말하며 비빔밥 Service Item인 햇반, 고추장, 참기름 및 Paper Cup, Napkin, 슬리퍼, 화장실용품 등 서비스되거나 서비스 보조용품으로 사용되는 모든 품목이 여기에 해당한다.

2) 기물

(1) 기물의 종류

기내서비스에 사용되는 기물은 Carrier Box, Oven Pan, Oven Rack, Cart류 등에 해당하는 Carrying Equipment, 기내식을 담아 승객에게 서비스되는 각종 식기류의 Chinaware류, 각종 음료수를 서비스하는 Glassware류, 서비스에 필요한 용기나 집기류를 총칭하는 Serving Tool류, 그리고 Linen류(Cloth류) & Cutlery류 등 크게 6가지로 구분하는데, 먼저 Carrying Equipment에 대해 살펴보자.

❶ Carrying Equipment

Carrying Equipment란 Catering에서 생산된 음식물을 운반하는 용도로 쓰이며 Carrying Equipment 중 대표적인 Item으로 Cart류를 들 수 있는데, Cart는 Meal Tray, Liquor, Beverage를 Setting하여 운반하는 기물로서 이는 항공사마다 모양이 상이하나 Standard Cart, Liquor Cart, Sales Cart, Chiller Cart, Serving Cart 등 용도별로 구분하여 사용하고 있다.

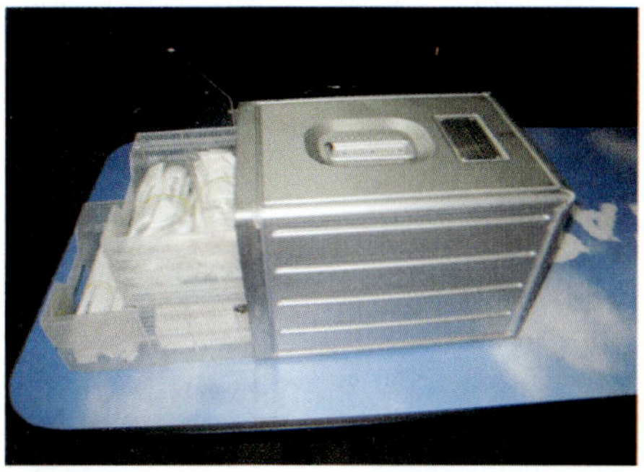

Carrier Box

Oven Rack/Pan

Full & Half Cart

Sales Cart(기판)

Serving Cart

❷ Chinaware류 & Tableware류

Chinaware류는 기내식이 생산되어 승객에게 서비스될 수 있도록 기내식을 용도에 맞는 그릇에 담아 서비스하게 되는데, 주로 First Class와 Business Class는 사용하는 사기그릇들을 Chinaware류라고 하며 Plate류와 Bowl류가 있다. 그 종류로는 10 & 8Inch Plate, 6Inch Plate, 3Inch Plate, Udon Bowl, Soup Bowl류,

Casserole류 등이 있는데, 항공사 서비스 정책과 고유한 Image 창출을 위해 다양한 식기류를 개발 사용하고 있다. 한편 Economy Class에는 한상차림으로 서비스가 가능하고 용도에 맞게 Design된 Plastic 재질을 사용하는데, 이들을 Tableware라고 하며 Bowl, Plate, Coffee Cup, Casserole 등이 있다.

Chinaware

Tableware

❸ Glassware류

음료 · 주류 서비스 시 사용하는 기물로 Glass 종류는 FC, BC, EY/CLS로 구분하여 FC/CLS에는 Tumbler Glass, Wine Glass, Champagne Glass, Brandy Glass, Liquor Glass 등 항공사 정책에 맞는 고급스럽고 다양한 제품으로 운영 서비스하고 있다. BC/CLS에는 Tumbler Glass, Wine Glass, Brandy Glass, Liquor Glass 등이 여기에 속하며 서비스 수준에 맞게 개발 운영하고 있다. 그러나 EY/CLS에는 Wine Glass 1종만 Glass 혹은 Plastic잔으로 운영하는 항공사가 대부분이다.

Wine Glass

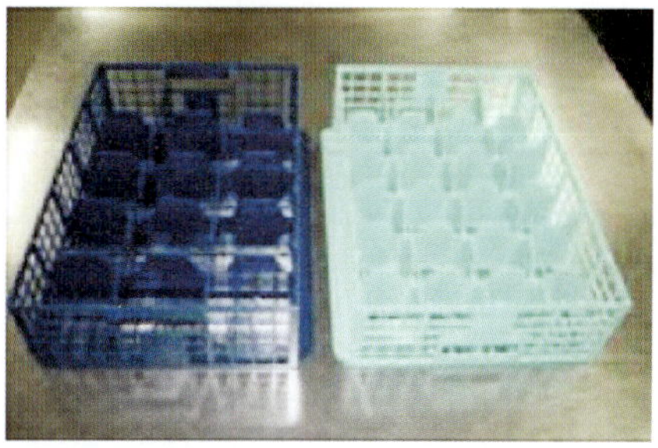

Glass Holder

❹ Serving Tool류

기내식 및 음료 서비스 시 사용되는 집기류 및 도구로 Serving Tool류는 Coffee, Pot, Mixing Salad Set, Wine Basket, Bread Basket, Soup Tureen 등 일반적으로 항공사 사양으로 사용되는 수십여 종이 있다. 비용과 분실 등으로 해외지점에는 배치하지 않고 Home Base에서 왕복분을 탑재/하기하여 운영하는 것이 일반적이다.

Coffee Pot

Bread Basket

❺ Linen(Cloth류) & Cutlery(기내식 서비스에 사용되는 Fork, Knife, Spoon)류

Linen 및 Cutlery류는 퍼스트 클래스, 비즈니스 클래스용으로 구분되며, 퍼스트 클래스 및 비즈니스 Class 공히 Table Cloth 외에도 항공사 특성에 맞게 다양하고 적절한 Linen류를 사용하고 있다.

(2) 기물의 특징과 운영

기물은 위에서 보는 바와 같이 세척 및 세탁하여 반복 사용하는 것이 원칙이다. 기물의 운영은 Home Base인 ICN과 해외지점 간의 효과적인 Stock 관리를 위해 해당편 1편에 필요한 기본 탑재량을 기준으로 하여 운영량을 산정, 해당지점에 배치하고 매 Flight마다 메뉴가 상이하더라도 해당 기물별로 동일한 수량을 탑재하여 Balance를 유지하도록 Loading Manual에 지침을 명시하고 있다.

① 세척 및 세탁하여 반복 사용이 원칙
② 운영 → Loading Manual에 의거 기본 운영량 산정 및 해외 배치

(3) 기물관리 및 유의사항

해외 Station에 배치, 운용되고 있는 기물의 원활한 운영을 도모하기 위하여 파손방지, 회수철저, 혼용방지, 요수리품 및 사장방지 등 다음과 같은 유의사항에 대해 관심을 가져야 한다.

〈표 1-21〉 기물관리 시 유의사항

해외 STN에 배치 운용되고 있는 기물의 원활한 운영 도모	
파손방지	깨지기 쉬운 물품은 세척, 세팅 및 운반 시 수시 점검
회수철저	기내 하기작업 및 세척 시 Trash Can에 투입방지
혼용방지	KE물품이 타 항공사에서 사용되지 않도록 주의
요수리품	사용 불가한 물품은 별도의 Tag을 부착하여 반송조치
사장방지	사용 중지 물품 반송조치

㉮ Glass, Chinaware 등 깨지기 쉬운 물품은 Setting, 세척 및 운반 시 Handling 과정을 수시로 점검한다.

㉯ Cutlery, 식기류, Hand Towel 등에 대해서는 회수를 철저히 한다.

㉰ Hot Jug, Oven Rack 등은 타 항공사에도 사용 가능한 물품이 혼재되는 경우가 발생할 수 있으므로 타 항공사에서 사용되지 않도록 주의해야 한다.

㉱ Meal Cart 등 파손품 발생 시 별도의 Tag을 부착하여 즉시 반송 조치한다.

㉲ 기종 변경, Meal SVC Pattern 변경, Item의 사양 변경, 현재 사용품이 아닌 물품을 발견 시 즉시 반송조치될 수 있도록 수시로 Caterer에게 주지시키고 점검해야 한다.

3) 소모품

(1) 소모품의 정의

소모품이란 세척 및 세탁하여 재사용이 가능한 기물과는 반대로 한 번 사용하거나 서비스하면 없어지거나 재사용이 불가한 일회성 품목을 말한다.

(2) 소모품의 특성

소모품은 선입선출의 원칙을 준수해야 하고, 재고관리 소홀 시 재고소진으로 인하여 서비스에 지장을 초래하는 것이 특성이라 할 수 있다.

소모품은 항공사 Logo가 삽입되어 있거나 항공사 Image 또는 CI(Company Identity)와 조화되는 디자인으로 개발되고 있으며 프리미엄 항공사의 경우 소모품은 몇 백여 종에 이른다.

선입선출이라 함은 본사에서 직접 배치되는 Item이나 해당 Caterer에서 제공되는 물품 중 먼저 수령, 입고된 품목을 순서대로 사용함이 원칙이나 비록 늦게 입고된 품목일지라도 유효기간이 임박한 품목에 대해서는 빨리 소진하는 게 올바른 선입선출 개념이라고 할 수 있겠다.

(3) 소모품 점검 및 운영

❶ 소모품의 중점 점검사항

소모품 관리 시 중점 점검사항은 과다 또는 부족 재고품, 사장품이 있는지 여부를 먼저 확인하고, 선입선출이 제대로 이행되었는지 또는 유효기간 경과품목이 있는지 여부를 확인, 각종 물품의 입고 및 반송 관련기록 유지가 철저히 이루어졌는지 확인해야 한다.

❷ 소모품의 운영

이러한 소모품 운영은 국내지점을 비롯하여 해외 각 지점에서 기물이나 소모품을 직접 운영하는 체계로 관리하고 있다.

〈표 1-22〉 주요 소모품의 유효기간 및 관리 대상품목

Description	Expiry date	Description	Expiry date
Rice Porridge	6Month	Refreshing Towel	7Month
EY Seaweed Soup	6Month	Steamed Rice	6Month
Sesame Oil	1Year	Hot Pepper Paste	1Year
Instant Pollack Soup	18Month	Soy Sauce	1Year
Instant Noodle Soup (Dosirag)	5Month	Bottle M/Water	2Year
Cup M/Water	2Year	Green Tea	2Year

❸ 기용품 관리

기용품의 탑재 및 사용은 세관의 허가를 얻어야 하므로 기용품의 외부유출 및 기타 목적에 사용되는 것을 철저히 금지하고 있다.

기용품 중 일부 Item이 본사의 공급지연으로 인해 해당품목의 Stock Out 현상이 발생될 경우에는 현지 Caterer로부터 물품을 지원받아 Service에 지장이 없도록 해야 한다. 일회용 Cup, Napkin처럼 현지에서 쉽게 구할 수 있는 품목이 있는 반면 햇반, 미역국, 고추장, 라면 등 현지에서 구하지 못하는 특정품목들도 있다. 또한, 현지 Caterer에서 구할 수 있는 품목이라도 외항사 Logo의 삽입여부 제품의 Quality가 기준에 부합되는지 등을 확인 후 공급받아야 함을 재강조한다.

03 | 기용품의 재고관리

1) 재고조사

재고조사란 기용품에 대한 일정시점의 실물 수량을 확인하는 것으로 Home Base와 해외지점 간의 Balance를 유지하고 Over Stock 방지와 재고비용 감소에 그 주목적이 있다. 이러한 재고조사는 MIR(Monthly Inventory Report) 접수와 주간점검 결과보고를 통해 파악할 수 있다.

〈표 1-23〉 지점 재고조사

의미 →	해외지점에 배치된 기용품에 대한 일정시점의 실물 수량 확인을 의미
목적 →	Home Base와 해외지점 간의 Balance 유지, Over Stock 방지, 재고비용 감소
방법 →	Monthly Inventory Report 접수, 주간점검 결과 보고 (Weekly Check List)

2) 재고조사 시기

재고조사 시기는 크게 정기조사와 비정기조사의 두 가지로 나눌 수 있다.

(1) 정기 재고조사

정기 재고조사의 방법은 일정한 기간을 두고 정기적으로 실시하는 반복조사로 M.I.R과 Weekly Check List의 두 가지 방법이 있으며, M.I.R 조사시기는 매월 또는 월 2회 실시하지만 탄력적으로 운영할 수 있다.

Weekly Check List는 주 1회 해당지점에서 직접 Caterer를 방문, 실사하여 보고하도록 하여 지점 자산관리를 강화하는 방안으로 시행되고 있다.

(2) 비정기 재고조사

비정기 재고조사는 Irregular 발생 시 또는 본사 요청 혹은 필요시에 한해 실시하고 있다.

3) 기용품 송부

기용품의 해외지점 송부 목적은 해외지점의 기내식 서비스에 필요한 적정재고 수준을 유지하는 데 있으며 〈그림 1-13〉의 송부 절차를 보면서 알아본다.

Equipment Controller Duty는 각 지점별 적정재고 수준 유지를 위해 해외지점에서 송부해 주는 Inventory Report를 접수하여 각 지점의 현 재고, 사용량 등을 파악, 익월 송부량을 산정하여 송부하는데, 이는 해외지점의 기내식 서비스에 필요한 적정 재고수준을 유지하여 서비스에 차질이 없도록 하기 위함이다.

송부 절차는 〈그림 1-13〉의 화살표 방향과 같이 M.I.R 접수, 운영량과 대조하여 부족분을 산정하고 항공편 또는 선박편의 이용을 결정하게 되며 각 지점별 몇 건에 걸쳐 Cargo로 발송되고 있다.

송부방법은 크게 항공편과 선박편을 이용하며 항공편은 자사 항공편을 이용하고 선박의 경우는 이용 후 월비용을 정산한다.

〈그림 1-13〉 기용품 송부 절차

4) Cabin 송부/반송 절차

(1) Cabin 송부 절차

Cabin 송부란 해외지점에서 일부 과부족 품목 발생 시 기내 탑재공간을 활용하여 필요품목을 전달하는 방법을 말한다. 예를 들어, 해외지점에서 특정 Item의 초과보유 발생 시 해당 Item의 수량, 탑재편명(스케줄), 위치 등에 대한 내용을 사전 통보하고, 해당 Item의 도착/수취 여부를 절차에 따라 확인하는 것이다. 초과 보유기물이 다양하거나 다량일 경우에는 Cargo로 반송될 수 있도록 조치를 취해야 한다.

Equipment Controller Duty는 M.I.R을 매월 접수하여 각 지점별 Balance 유지를 위한 자료로 활용한다.

(2) 중요 점검사항

Stock Received란에 매월 각 지점별로 Cargo 또는 Cabin-load로 송부한 특정 Item의 접수된 내역을 기록, 유지하는지의 여부를 확인한다.

Breakage 사항으로 해당지점으로부터 매월 파손 Item의 수량, 빈도수를 파악하여 기물보충 시 활용한다.

Excess Stock 사항으로 초과되는 특정 Item을 확인하여 반송 조치하도록 Caterer 및 해당지점 Catering업무 담당자에게 통보, Feedback조치를 하고 있다.

(3) 용어정리

㉮ M.I.R(Monthly Inventory Report) : 매월 2회 접수

- 1회(기물부문), 2회(기물 + 소모품)

㉯ STD Stock(Standard Stock) : 1개 지점의 운항에 필요한 기물의 적정 보유량을 정해놓은 것

㉰ MIN Stock(Minimum Stock) : 1개 지점의 운항에 필요한 기물의 최소 보유량을 정해놓은 것

㉣ MAX Stock(Maximum Stock) : 1개 지점의 운항에 필요한 기물의 최대 보유량을 정해놓은 것

(4) 기물 배치기준

㉮ Carrying Equipment : STD - 1.2SET, MIN - 1SET, MAX - 1.4SET

㉯ Chinaware & Glassware : STD - 2.5SET, MIN - 2SET, MAX - 3SET

㉰ Linen(FC/BC/EY) : STD - 4SET, MIN - 3SET, MAX - 5SET

㉣ Cutlery(FC/BC CLS) : STD - 2.5SET, MIN - 2SET, MAX - 3SET

㉤ EY/CLS 연동제 품목 : STD - 3SET, MIN - 2SET, MAX - 4SET

5) 기용품 점검

(1) 해외지점 주간점검 및 List 운영

주간점검 결과보고 내용 중 기용품 관리부문은 Equipment Controller Duty가 매주 Report를 접수, 각 지점 간 Balance 유지의 자료로 활용하고 있으며, 유효기간 관리대상의 전 품목을 List-Up하여 해당품목에 대해 지점에서 Caterer를 직접 방문하여 실재고 확인 후 보고토록 함으로써 실질적인 관리가 되도록 하고 있다.

(2) 기용품업무 절차

〈그림 1-14〉는 기용품업무의 전체 흐름도를 보여주고 있다. 기용품 업무의 첫 걸음은 회사의 사업계획에 의거 기내식 및 기용품 서비스기준을 수립하고 기획파트에서 작성된 Loading Plan Master를 근거로 소요량을 산정, 구매하고, 탑재량을 결정하는 기본자료를 제공하고 있다.

구매 소요량은 정확한 구매절차와 산정된 수량을 발주, 업체 생산 후 통관 절차를 거쳐 Main 창고로 입고되며 국내 및 해외지점에 필요한 기용품을 송부하게 된다.

세팅장은 Load Plan Master의 표준 탑재량에 의거 세팅, 항공기 탑재, 기내서비스 및 하기과정 등 일련의 운영 Process를 거치게 된다.

해외지점의 경우 ICN에서 탑재한 기용품을 항공기 도착 후 하기(기물)하여 세척 및 세탁 후 재탑재하고 과잉재고에 대해서는 반송조치를 하며, 과소재고에 대해서는 송부 요청하여 지점별 적정재고를 유지해야 한다.

〈그림 1-14〉 기용품 업무 흐름도

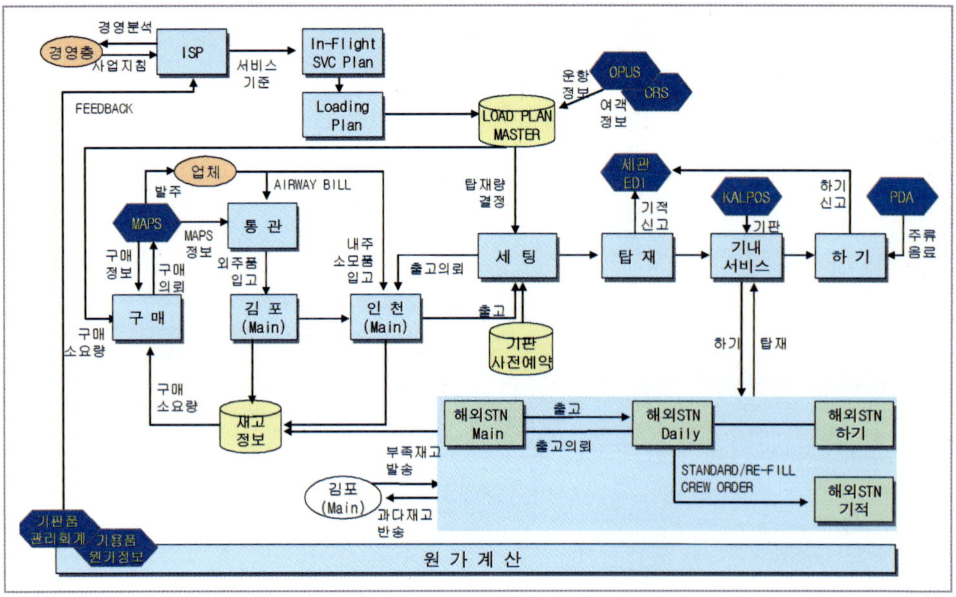

04 구매관리

1) 구매관리의 흐름

〈그림 1-15〉를 참고하여 구매관리업무의 주요 부문인 소요량 산정, 계약, 입불출 관리에 대한 업무내용을 알아보자.

구매행위는 먼저 자재 선정 및 소요량 산정 후 재고보유 및 On-order 수량을 파악하여 구매량을 결정하고 자재부에 구매의뢰를 하게 되며 자재부에서 공급업체와 구매계약이 체결된 후 물품이 납품된다.

수입자재의 경우 통관업무를 거치고 국내물품은 일일 발주를 통해 납품하게 되며 납품된 물품에 대한 검수절차와 Sampling에 의한 원재료 위생검사를 실시한다. 검수 후 자재부에서 공급업체에 대금을 지급하고, 창고 및 해당 Work Shop으로 입고 및 불출이 이뤄진다.

〈그림 1-15〉 구매관리 업무 흐름도

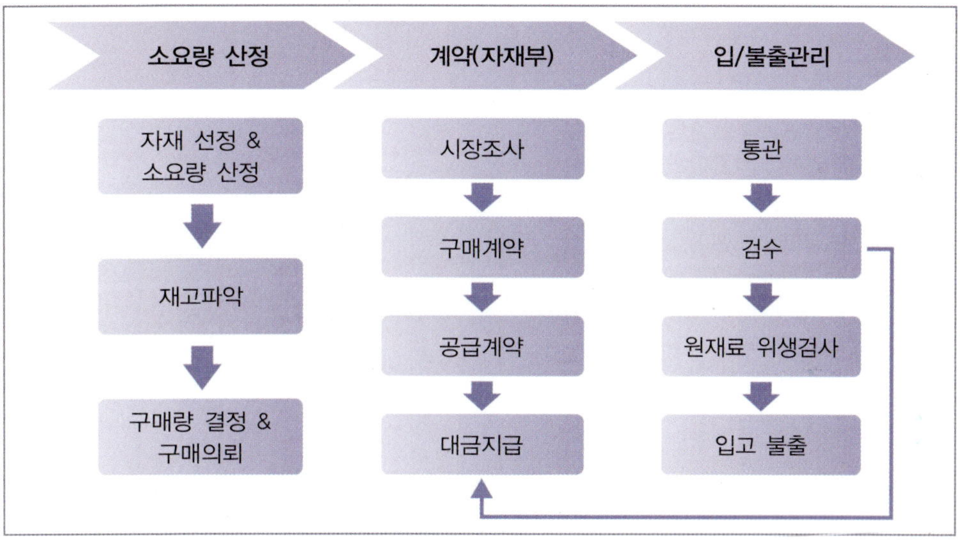

2) 식자재, 기용품 구매 이해

식자재 구매업무가 일반적인 구매흐름과 달라질 수는 없으며 단지 식자재라는 특징을 고려하여 사전에 필요한 기준 혹은 계약에 의해 진행되는 것으로 그 절차는 〈그림 1-15〉와 같다.

(1) 구매업무 절차

메뉴 선정 후 자재 및 소요량을 산정하기 위해 식자재의 재고를 파악한 다음

구매량을 결정하고 구매를 의뢰하게 된다.

외주 식자재의 경우는 통관 절차를 거치게 되며 납품된 물품에 대한 검수 후 입고 및 불출, 보관이 이루어진다. 그러면 〈그림 1-16〉의 흐름도를 참고하면서 첫 단계인 Menu 선정단계부터 자재의 기능을 알아보도록 하겠다.

〈그림 1-16〉 구매업무 절차

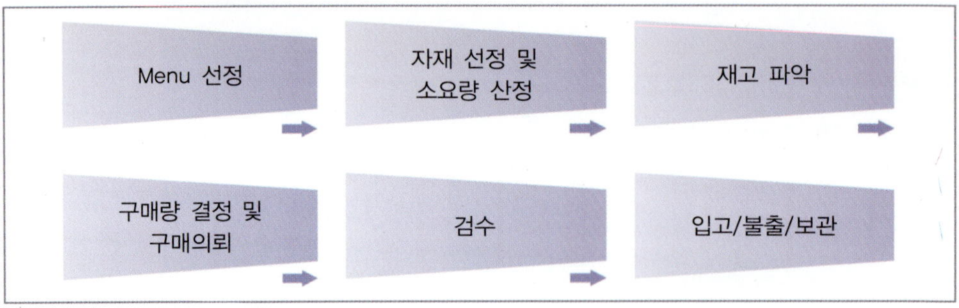

(2) Menu 선정

Menu 선정은 영업정책, Meal Type 등을 고려하여 적합한 기내식 메뉴를 계획하고 Meal Presentation 및 경영층 재가를 거쳐 기내식 메뉴를 선정하게 된다. 확정된 메뉴에 대해 생산부서에서 식자재 세부내역을 위한 재료 양목작업을 거치면 사용 식자재에 대한 1차적인 전산작업이 완료된다.

(3) 자재 선정 및 소요량 산정

선정된 메뉴에 사용될 자재 및 소요량을 산정하는 단계로 메뉴별 비용 대비 자재가격 동향 및 해당 식자재의 안전현황, 메뉴와의 적합성, 계절별 식자재 Availability, 공급물량 등을 고려하여 선정 메뉴의 자재를 선정하게 되며 또한 항공사 및 Class별 예상 소요량을 산정한다.

〈그림 1-17〉 자재 선정과 소요량 산정

자재 선정 및 예상 소요량 산정 단계

메뉴별 비용 대비 ➡ 자재 가격 동향 ➡ 식자재 안전현황 ➡ 메뉴와의 적합성 ➡ 공급물량

Sauteed Beef Tenderloin
with Rosemary Sauce

(4) 재고파악

불필요한 비용지출을 방지하고, 선입선출 및 유효기간 준수를 위하여 재고를 파악하는 단계이며 재고파악은 다음과 같은 단계로 정리해 볼 수 있다.

〈표 1-24〉 재고파악 단계

구분	내용
업무내용	• 자재별 적정재고 유지 여부 • 월평균 및 최근 자재 소모량 파악
관련 System	• 재고 입, 출고 현황
수집(입력) Data	• 일자별 입고, 불출, 재고실적
Check Point	• 자재별 보유재고 적정성 검토 • 메뉴와 연계하여 주요품목 실적관리 • 유효기간 관리 강화

재고는 현재 보유하고 있는 On-Hand Stock과 구매 후 입고를 앞둔 On-Order Stock으로 구분된다. 물품부족으로 인한 생산계획의 차질을 방지하고 유지비용 감소를 위해 자재별 적정재고 유지 여부를 확인한다. 적정재고 수준 결정 및 유효기간 준수를 위해 월평균 및 최근 자재 소모량, 일자별 입고, 불출, 재고실적을 지속적으로 파악하면서 재고회전율을 주요지표로 관리한다.

재고 관리업무는 자재별 보유재고 적정성 검토, 메뉴변경에 따른 주요 식자재의 소모량 변화관리 및 유효기간 철저관리에 주안점을 두고 있다.

❶ 품목별 재고현황

품목별 재고현황을 파악하기 위하여 데이터, 즉 품목별 전월 불출, 이월, 입고, 불출, 현 재고를 파악한다.

❷ 세부 자재별 입, 불출 현황

자재별 입 · 불출 이력은 입고, 불출 및 잔고를 파악하여 구매량 결정에 반영한다.

❸ 유효기간별 재고파악

유효기간 및 선입선출 관리는 재고업무의 중요관리 대상이며 입고, 반입 일자, 유효기간 만료일 및 불출순위를 확인하여 품목별로 관리한다.

❹ 구매량 결정 및 구매의뢰

구매량 결정 및 구매의뢰 단계는 구매 소요시간, 구매지역, 수송조건, Minimum Order Quantity, 즉 최소주문 가능 수량 및 창고 Space, 포장단위 등의 자재별 특성을 고려하여 구매량을 산정하게 되는데 구매의뢰 절차는 다음과 같이 구분해 볼 수 있다.

㉮ 품목별 예상 소요량 확인 : 향후 4~5개월간의 여러 예측요소를 통하여 예상 소요량을 파악하게 되는데 Vessel Lead Time이 평균 3.5개월 정도

소요되므로 품목별로 향후 4개월 예상 소요량을 파악해야 한다.

㉯ 자재별 사용계획 확인 : 특정 식자재에 대한 사용 항공사별, 소요량 등을 확인하기 위해서는 항공사별 메뉴 변경시기, 사용량이 많은 식자재 등을 숙지하여 지속적으로 모니터링하고 특정 메뉴에 대한 재료로 양목을 확인한다.

㉰ 품목별 구매량 산정 : 해당 식자재의 전월 소모, 현 재고, On-Order 수량과 향후 4개월 예상 소요량, MOQ, Lead Time, 과거 3개월간의 불출실적, 안전재고 등의 Data를 바탕으로 입고시기, 선적시기, 분할입고 등을 정하고 물품의 원활한 공급을 위하여 품목별 적정 안전재고 수준을 설정하며 일정량의 재고량을 확보할 수 있도록 반영하여 최종 구매량이 결정되면 내부 결재단계를 거치게 된다.

㉱ 내부 결정 및 구매 요청서 발송 : 구매량이 결정되면 내부 결재를 거쳐 업체에 직접 발주통보를 하거나(발주통보서) 전문 통합 구매부서로 구매 의뢰서를 송부하는 절차를 거치게 된다.

3) 검수

검수는 납품된 물품의 품질, 선도, 위생, 수량, 규격이 주문내용과 일치하는지 검사하여 수령여부를 결정하는 단계이다. 특히 식자재의 신선도와 품질은 기내식 메뉴의 질과 위생 및 안전성 확보와 직결되므로, 식자재 구입 시 해당 식자재에 대한 규격기준을 분명하게 제시하고 이에 따라 검수를 철저히 실시해야 한다.

검수 담당자는 검수 기준표 및 주문 List에 의해 물품의 수량, 중량, 제품 표시기준, 신선도 및 유통기한, 포장상태, 제품상태, 관련서류 등을 확인한다. 확인이 필요한 관련서류에는 거래명세표, 원산지증명서, 수입식품 등에 의한 신고필증, 시험성적서, 자가품질검사서 등이 있다.

검수기준에 미달된 품목은 검수 결과를 절차에 따라 보고한 후 반품 조치하게 되며 내/외주 식자재의 경우는 요리현장팀 검사자에 의해 외관, 맛, 냄새, 조직감 등의 품질검사가 2차적으로 진행된다.

〈표 1-25〉 검수업무

구분	내용
업무내용	• 납품 수량, 제품 표시기준 적합성 확인 • 신선도 및 유통기한 확인 • 배송상태(온도, 포장), 증빙서류 확인 • 검수이상 조치(반품), 검수결과 기록 유지
관련 System	• 검수기준 조회, 검수결과 입력
수집(입력) Data	• 유통기한, 배송온도, 법적 서류
Check Point	• 거래명세표, 원산지증명서 • 수입식품 등에 의한 신고필증 • 시험성적서, 자가품질검사서

(1) 식자재 검수기준

식자재 검수기준표는 HACCP에 의거하여 설정하는데 검수 시 필수 점검사항은 다음과 같다.

㉮ 냉장, 냉동, 일반 등의 보관조건 확인
㉯ 제품별 유효기간 확인
㉰ 필요한 법적 서류 등을 확인하고 미첨부 시 반품조치하게 된다.

또한 검수기준사항은 다음과 같다.

㉮ 제품 및 배송온도 준수 여부 확인
㉯ 포장상태 확인(교차오염에 주의)
㉰ 라벨 부착과 식품표기사항 준수 여부 확인
㉱ 중량, 규격미달, 절단규격 미흡 시 반품조치를 하게 된다.

〈그림 1-18〉 식자재 검수기준사항

필수 점검사항

1. 보관조건(냉장, 냉동, 일반)
2. 유효기간
3. 법적 서류

기본 점검사항

1. 제품 및 배송온도
2. 포장상태 확인
3. 식품 표기사항 준수
4. 중량, 규격 확인

(2) 식품 표기사항

❶ 단순 가공식품

자연상태의 농림축산물을 자르거나 씻는 등 원래 상태에서 큰 변화 없이 단순 가공한 제품을 말한다. 예를 들어 배추, 양파, 미역, 냉동수산물 및 육류 등이 여기에 속하며 단순 가공식품의 제품명, 제조연월일, 업소명, 보관 및 취급방법, 내용량 등의 제품 표기 여부를 확인해야 한다.

〈그림 1-19〉「식품위생법」 제10조(표시기준) 및 식품 등의 표시기준-1

기본 표시사항(5가지)

- 제품명(내용물의 명칭 또는 품목)
- 내용량(포장제품의 중량)
- 제조연월일(포장일 또는 생산연도)
- 업소명(생산자 또는 생산자단체명)
- 보관 및 취급 방법(보관온도 등)

❷ 기타 가공식품

기타 가공식품으로 우유 및 유제품, 햄, 어묵, 통조림, 밀가루, 조미료, 라면, 김치 등이 여기에 속하는데 제품명을 확인해야 하고 내용량, 원재료명, 제조연월일 또는 유통기한, 업소명 및 소재지 표기 여부를 확인해야 한다.

검수 결과 품목별 검수이상 관리를 위해 수량이상, 이물질 내역을 유지하여 사후관리 및 통계에 활용할 수 있다. 또한 검수품목관리를 위하여 온도, 유효기간, 포장상태, 관능검사, 규격 및 적부판정 내역도 사후관리에 필요한 자료이다.

〈그림 1-20〉「식품위생법」 제10조(표시기준) 및 식품 등의 표시기준-2

공통 표시사항(5가지)

- 제품명(내용물의 명칭 또는 품목)
- 내용량(포장제품의 중량)
- 제조연월일(포장일 또는 생산연도)
- 업소명(생산자 또는 생산자단체명)
- 원재료명

4) 입고 및 불출

물품은 보관 온도별 냉장, 냉동, 상온창고로 구분하여 입고시키며 야채, 육류, 공산품 등 품목별로 분류 저장하게 된다. 특히 교차오염의 방지 및 제품의 신선도, 청결유지 보관에 유의해야 한다.

한편 입고차수, 유통기한, 재고회전, 진열위치, 사용빈도를 고려하여 분류, 저장하되 선입선출원칙에 의하여 나중에 구입한 물품을 보관 중인 물품과 입고일자 등을 표시하여 구분 저장한다. 물품의 부정유출을 방지하고 저장물품의 안전성을 확보하기 위해 고가물품들은 중점 관리토록 한다.

〈표 1-26〉 입고 및 불출 업무

구분	내용
업무내용	• EDI System을 통한 세관 수입신고 • 보관온도별 구분 입고-냉장, 냉동, 상온 • 신선도, 청결 유지 보관 • 입고차수별/유통기간별 구분 관리 • 선입, 선출에 의한 불출 • 유통기한 및 미사용 재고 집중관리
관련 System	• 세관 수입신고, 결과 조회 • 입/불출기능, 재고현황 파악
수집(입력) Data	• 입/출고 수량, 유통기한, 품목별 재고현황
Check Point	• 선입선출 및 유효기간 관리 • 현장 재고 적정화
EDI : Electronic Data Interchange	

(1) 세관 수입신고(EDI)

EDI란 Electronic Data Interchange를 뜻하며 EDI시스템을 통해 24시간 이내에 세관 수입신고를 해야 한다.

〈그림 1-21〉 EDI시스템 초기화면

❶ 세관 수입신고 절차

EDI 전송시스템에 수입국, 화물내역, 입항내역, 반입일자 등을 입력하여 세관 수입신고를 완료한다.

〈그림 1-22〉 세관신고 EDI 화면

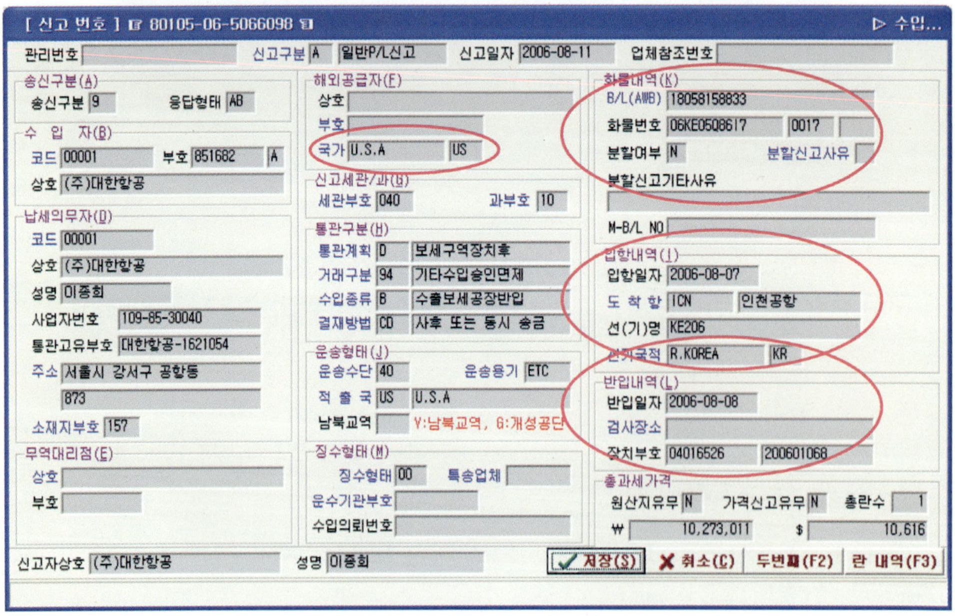

❷ 입고작업

Air Way Bill, Bill of Lading, Invoice 정보를 관리하여 수송비 Data, 항공/수송 물동량 파악에 활용할 수 있으며 항공운송 시에는 Air Way Bill의 Data를, 해상운송 시에는 Bill of Lading의 Data를 활용, 관리한다. Invoice No별 물품과 P/O No와 수량, 단가, 총금액, 유통기한 등의 자료관리를 통하여 재고관리를 하게 된다.

〈그림 1-23〉 운송장

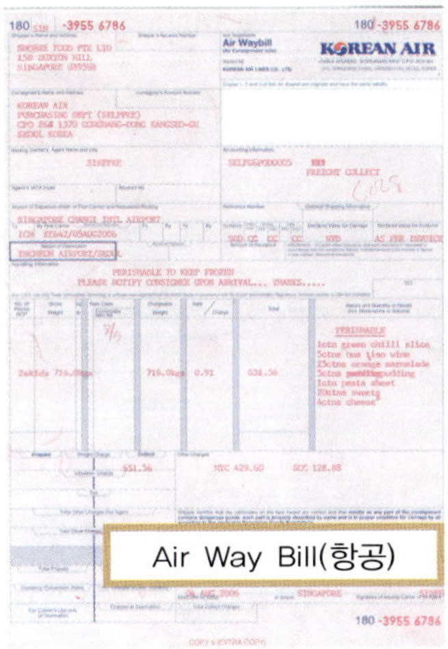

항공운송장

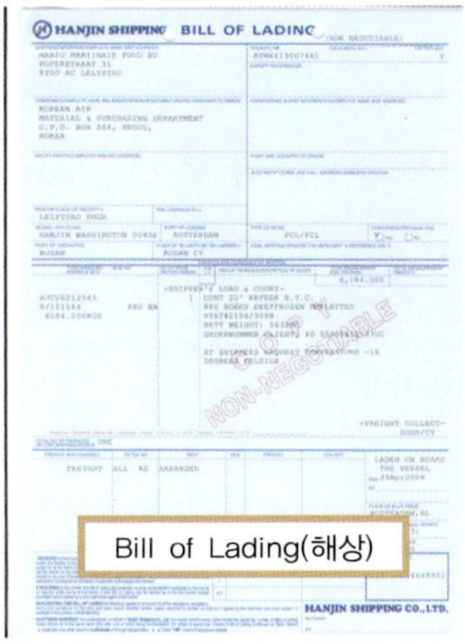

해상운송장

❸ AWB 등록

AWB 등록을 위하여 AWB상에 필요한 아래 항목의 내용을 확인한다.

㉮ AWB No : AWB 맨 뒷면에 기재되어 있는 입항날짜, 반입된 순서를 뜻하는 반입번호, 수송방법(항공운송 시에는 A/W를 입력하며 수송방법을 AIR로 표기), 반입일자, 운송선/기명, Pallet 및 Carton 수량, 수송구간 등의 항목을 확인한다.

㉯ 송부형태는 AWB에 기재되어 있으며 육류 · 채소류의 경우 냉동, 치즈 · 과일류의 경우 냉장, 일반 공산품 · 잡화류의 경우 일반으로 표기하고 수송비용을 입력할 때에는 Currency를 필히 입력해야 한다. HKD 이외에 USD, HKD, AUD, JPY 등이 있다.

㉰ 또한 기타 수송비를 입력해야 하는데 이것은 포장 및 선적과정에서 발생하는 부대비용을 말하며 해상운송 시에는 Bill of Lading을 입력하고 수송방법은 VES로 표기하며 컨테이너 규격을 입력하면 등록이 완료된다.

❹ Invoice 등록 및 식자재 재고등록 생성

㉮ Invoice번호, Vendor명 표시, Invoice 발행날짜, Invoice에 기재된 가격의 Currency, Invoice금액을 입력하여 생성을 완료한다.

㉯ 식자재 재고를 등록하기 위해서 Invoice No를 확인한 후 Invoice상 물품의 입력과 P/O No를 확인한 후 수량, 단가, 총금액, 검수 List를 확인하여 유통기한을 입력하면 재고관리를 위한 AWB(B/L) 및 Invoice 등록작업이 완료된다.

❺ 외주 식자재 검수

외주 식자재의 경우 별도의 양식을 작성하여 유효기간, 포장상태, 구비서류 확인 및 검수 적부판정 후 내부관리를 할 수 있다.

❻ 불출

각 해당 Work Shop에서는 당일 사용계획에 따라 필요 식자재를 불출의뢰하게 되는데, 불출의뢰된 식자재는 식자재 창고에서 요청된 품목 및 수량을 요청 Work Shop으로 당일 불출하게 되며, 불출과 동시에 재고에 반영한다.

5) 식자재 공급업체의 품질관리

(1) 목적

식자재 공급업체의 품질관리 목적은 첫째, 필수요건인 법적 구비서류 및 법적 검사 이행여부에 대한 정기적 검증 실시로 법적 문제를 사전에 예방하는 데 있으며, 둘째, 식자재 공급업체에 대한 사전 · 사후관리 강화를 통해 기내식 안전성을 높이는 데 있다.

(2) 관리대상

관리대상으로는 법적 구비서류, 식품별 표시기준, 공급업체 위생점검, 입고되는 원재료에 대한 미생물검사 등이 있다.

〈그림 1-24〉 품질관리대상

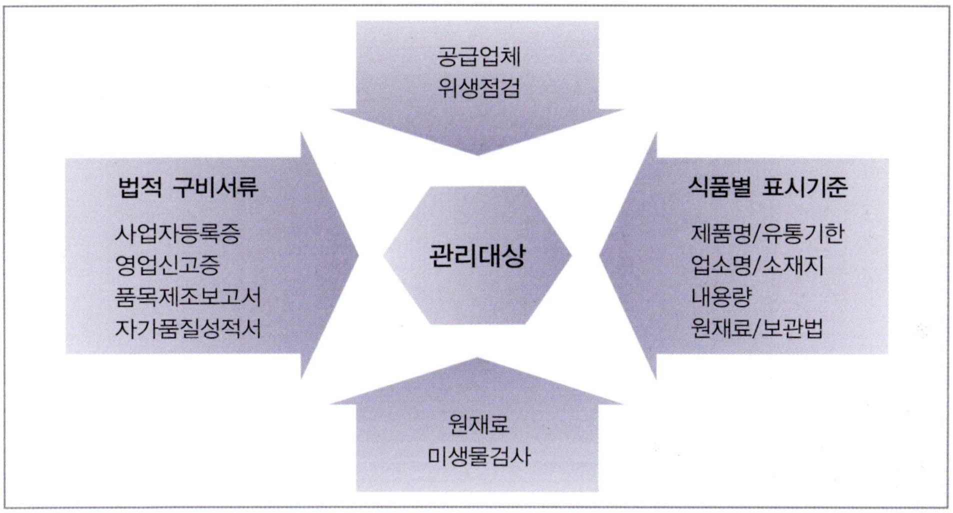

❶ 법적 구비서류

법적 구비서류 검토사항으로는 사업자등록증, 영업신고증, 품목제조보고서, 법적 주기에 맞춰 생산되는 제품에 대한 자가품질검사성적서, 식품제조 시 지하수 사용 여부에 따라 지하수 준공증 및 정기 수질검사 시험성적서를 확인한다.

❷ 식품별 표시기준

식품별 표시기준은 생산되는 제품의 종류에 따라 상이하나 기본적으로 제품명, 업소명 및 소재지, 유통기한, 제품의 내용량, 원재료명 및 보관방법 등이 기본적으로 표기될 사항이다.

❸ 공급업체 위생점검(위생점검용 Check List)

공급업체 위생점검은 기내식 원재료로 사용되는 제품이 위생적으로 생산되고 있는지, 품질에 문제가 없는지를 점검 · 개선함으로써 기내식의 안전성을 제고하는 데 목적이 있다.

업체별 점검은 정기적 계획서에 의거하여 실시되며 점검내용으로는 법적 구비서류, 개인위생, 식품위생, 시설 · 장비위생 및 환경위생 등 점검 CHK LIST에 의거 점검을 실시하고 있다.

점검결과 기준에 미달한 업체로 판정된 경우에는 개선조치 공문을 통하여 개선토록 조치를 취하여 차기점검 시 개선상태를 확인하거나 업체변경 등을 조치 · 의뢰한다.

〈표 1-27〉 현장 위생점검표

협력(생산)업체 위생점검 결과표

협력업체명:
점검 일자: 년 월 일
현장확인자: (서명)

식품 분류	예. 육가공

구분	세부점검사항 및 결과						합계	시정조치사항
	세부점검사항	중요도	상(3)	중(2)	하(1)	무(0)		
개인위생관리	1. 정기 건강진단 실시 및 기록유지(법적의무)	5						
	2. 위생장갑 철저 착용 및 수시 교체여부	5						
	3. 손 상처에 대한 완전한 차단 및 작업변경 실시	5						
	4. 장신구 및 매니큐어 사용자 여부	4						
	5. 청결한 위생복, 위생화 올바른 착용	4						
	6. 작업 현장에 [illegible] 비치 및 관리	3						
	7. 청결한 모발 및 위생모 착용	3						
	8. 올바른 손 세척방법 실행	3						
	9. 수세 비품구비 및 청결관리 (비누, 소독액, 페이퍼타올, 휴지통, 손톱브러시)	2						
	10. 작업장과 구분된 탈의실, 휴게실 설치	2						
검수공정관리	11. 식재 차량 점검(청결상태, 온도 게이지 등) 및 온도 확인 기록여부(검수일지 포함) - 온도기준 : 냉장 10° 이하, 냉동 -15~-18° 이하	5						
	12. 조리현장 외에서 외포장지 제거	2						
	13. 검수장 청결유지(해충, 녹발생, 먼지퇴적 등)	1						
	14. 검수를 위한 측정기구 보유 (검수대, 탐침또는 레이저 온도계)	1						

❹ 원재료 미생물검사

원재료에 대한 미생물검사의 목적은 기내식 제조 시 사용되는 원재료에 대한 안전성 검증 및 원재료의 위생, 품질상태에 대한 지속적인 개선관리에 있다.

원재료별 검사주기는 제품에 대한 위해성 및 사용량 등을 고려하여 월별 또는 검사 스케줄에 의거하여 실시한다. 검사결과 부적합 판정된 원재료에 대해서는 사용중지 및 관련팀에 개선토록 통보하고 있으며 개선 후 재검사 결과 적합판정 시 사용토록 관리한다.

05 Catering 운영 Manual

1) Catering 운영 Manual 일반

(1) 정의

Catering Manual이란 기내서비스에 필요한 각종 기물과 소모품, 기내 판매품, 기내식 등을 비행기에 탑재하기 위하여 탑재 가능공간을 파악하고, 제반 탑재기준에 따라 탑재위치를 정하고 각 Item별 Setting Method를 작성하여 Catering 운영관련 업무지침으로 활용하는 것을 통칭하여 이르는 말이다.

(2) Manual 작성 시 고려사항

Catering 운영 Manual 작성 시 고려해야 할 사항으로는 Menu, 기종별 좌석 수 및 Class 운영현황, 활용 가능한 Galley Space 파악, 기내서비스 절차 등이 있다.

〈그림 1-25〉 Manual 작성 시 고려사항

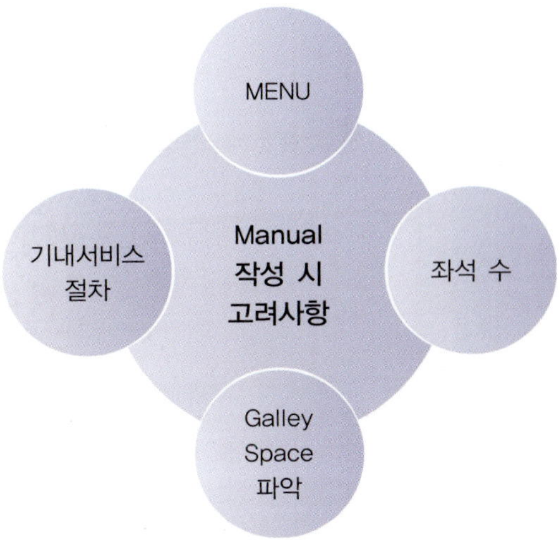

(3) Catering 운영 Manual 관리업무

Catering 운영 Manual 관리업무란 Home Base를 포함해서 해외 각 Station에 관련 Manual을 배포하고, 변경사항 발생 시 이에 대한 Manual을 수정, 보완하여 Caterer가 항상 Update된 Manual을 보유할 수 있도록 작업하여 배포하는 업무를 하게 된다.

〈표 1-28〉 Manual 관리업무

Manual 관리업무
1. 인천 포함 해외 각 해당지점에 Manual 배포
2. Manual Update
3. Caterer가 항상 최신 Manual을 유지토록 관리

(4) Catering Operation Manual 구성

Catering Operation Manual은 크게 Packing Manual과 Loading Manual로 구분된다.

〈그림 1-26〉 Catering Operation Manual 구성

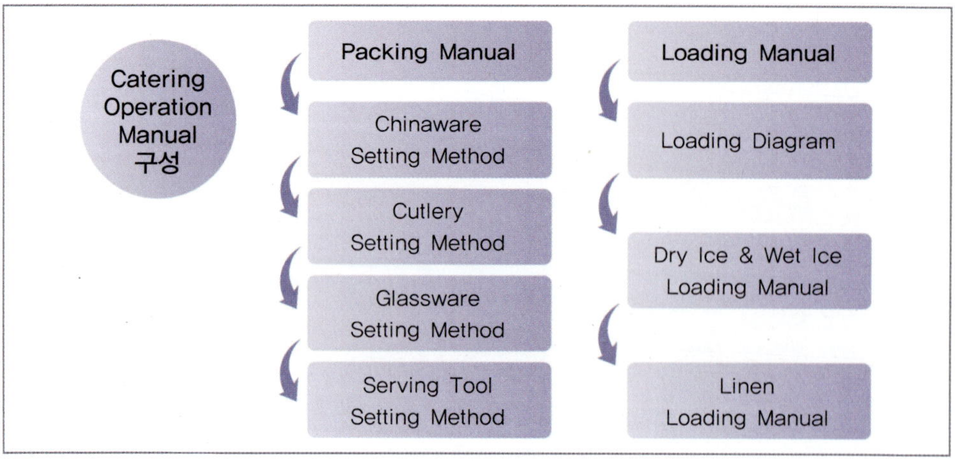

❶ Packing Manual

Packing Manual은 세팅현장에서 사용하는 Manual로서 Chinaware Setting Method, Cutlery Setting Method, Glassware Setting Method, Serving Tool Setting Method 등이 있다.

❷ Loading Manual

Loading Manual은 승무원이나 탑재조업원들이 주로 사용하는 Manual로서 Loading Diagram, Dry Ice & Wet Ice Loading Manual, Linen Loading Manual 등으로 구성되어 있다.

2) Packing Manual

(1) Chinaware Setting Method

❶ 효율화작업

〈표 1-29〉 Chinaware Setting Method

1	Drawer에 Setting할 수 있는 Space 파악
2	유휴공간이 없도록 Space 최대 활용
3	가능한 동일품목 Setting 원칙

Chinaware의 Setting방법은 다음과 같다.

㉮ Chinaware Cart에 최대한 탑재하기 위하여 탑재용기로 8cm와 11cm Drawer를 사용하고 있다.

㉯ Drawer에 넣을 때 유휴공간이 없도록 공간을 최대 활용한다.

㉰ Drawer당 가능한 동일품목의 Setting을 원칙으로 Chinaware를 세팅하고 있다. 세팅된 Chinaware는 파손방지를 위해 Vinyl Wrapping하여 Setting

하고 있다. 또한 Chinaware는 해외 Station과 인천 간의 기물수량 Balance를 위하여 승객 Load Factor에 관계없이 Station 간 동일수량이 Relay되어야 한다.

❷ Chinaware Setting Method 도표이해

〈그림 1-27〉은 Chinaware Setting 시 Drawer에 Setting할 수 있는 수량과 세팅 방법을 Code화하여 만든 것으로서 Chinaware Setting업무 기준으로 사용하고 있다. 하단의 확대그림은 Code에 대한 설명으로 첫 번째 알파벳 F는 서비스 Class

〈그림 1-27〉 Chinaware Setting Method

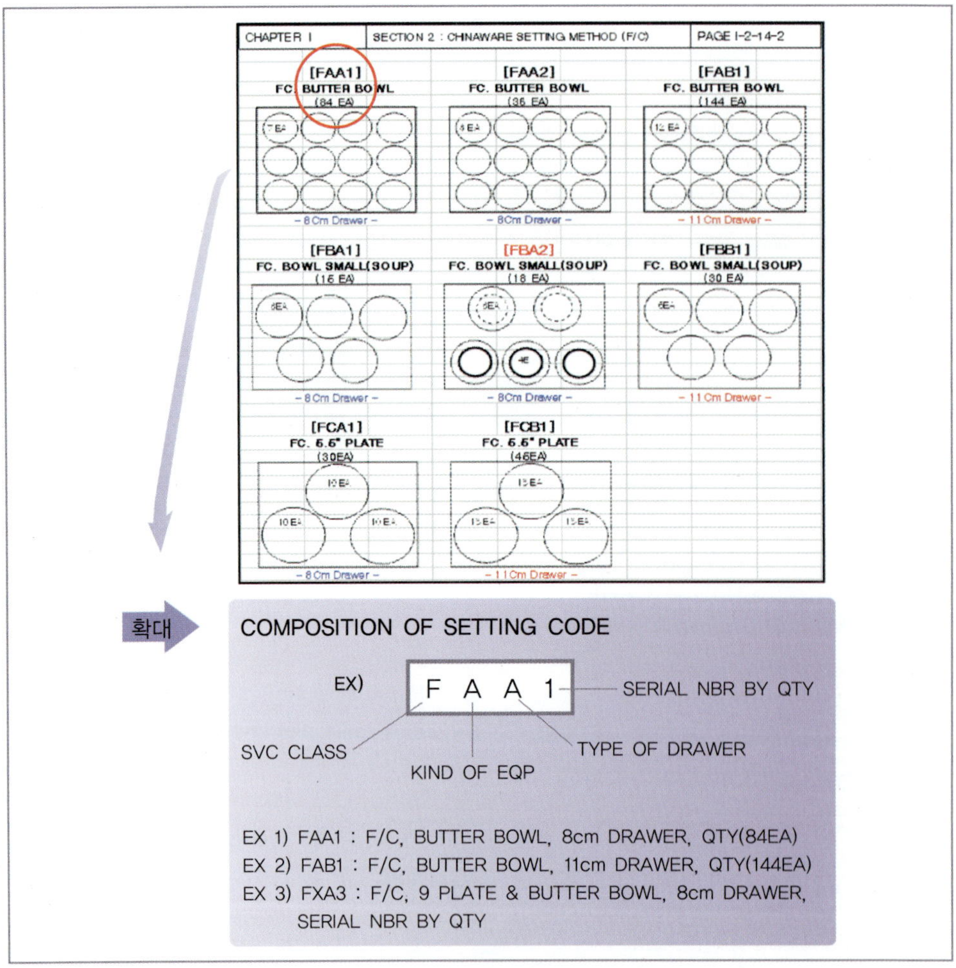

를 나타내며 두 번째 A는 기물의 종류를 나타낸다. 그 다음 A는 Drawer의 Type을 의미하는데 A는 8cm Drawer를, B는 11cm Drawer를 뜻한다. 마지막 숫자 1은 기물 세팅량에 따른 일련번호를 나타낸다.

(2) Cutlery Setting Method

Cutlery를 세팅하는 방법은 장거리노선 First Class의 경우 Bulk Setting하여 탑재하며 장거리 Prestige Class와 중·단거리 노선의 First 및 Prestige Class는 Cotton Napkin으로 Packing한 후, Cutlery Clip으로 고정하여 탑재한다.

Economy Class 전 노선은 Cutlery Vinyl Bag으로 Packing하여 Tray 위에 Setting하여 탑재하고 있다.

❶ FR/CL Cutlery Setting Method

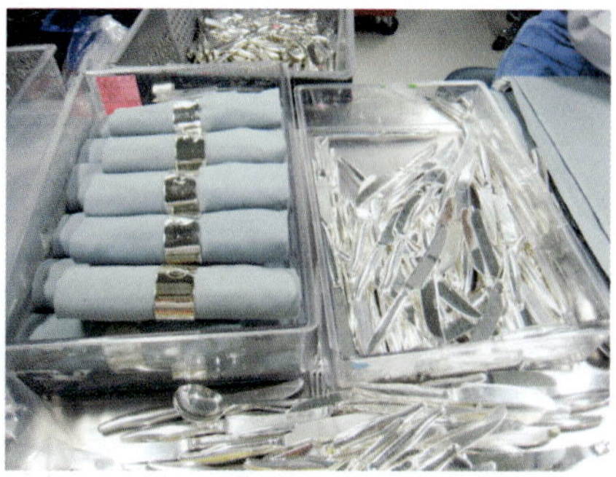

First Class Cutlery는 Bulk 탑재되어 승무원이 기내에서 용도에 맞게 Service하고 있으며, Menu의 종류에 따라 사용 종류 및 수량이 다르게 탑재되고 있다. 또한 Extra 수량을 좌석 수에 비례하여 탑재하고 있는데 Fork, Knife, Tea Spoon은 승객 수의 2배, Soup Spoon은 1배수 등 1회 사용 수량과 해당노선의 서비스 횟수에 따라 탑재량을 달리 운영하고 있다.

❷ PR/CL Cutlery Setting Method

Prestige Class Cutlery는 Linen으로 Roll-up하여 한식과 양식에 따라 Setting 내용이 다르므로 각각의 클립으로 구분, 표시하여 탑재하고 있다. Menu의 종류에 따라 사용 종류 및 수량이 다르게 탑재되고 있으며 Setting방식을 Code화하여 한식 Type 2가지와 양식 Type 3가지로 나누어 사용하고 있다.

그 외 Extra로 좌석 수에 비례하여 Fork는 승객 수의 4배, Knife는 3배, Tea Spoon은 2배, Soup Spoon은 1배수를 여유분으로 탑재하고 있다.

〈표 1-30〉 PR/CL Cutlery Setting Method

1. Linen으로 Roll-up하여 한식과 양식 구분 탑재
2. Menu의 종류에 따라 수량 다르게 탑재
3. 세팅방식을 Code화하여 구분 탑재
4. Extra Cutlery 좌석 수에 비례하여 추가 탑재

Extra Cutlery 추가 탑재

- Fork → 승객 수의 4배
- Knife → 승객 수의 3배
- Tea Spoon → 승객 수의 2배
- Soup Spoon → 승객 수의 1배

❸ EY/CL Cutlery Setting Method

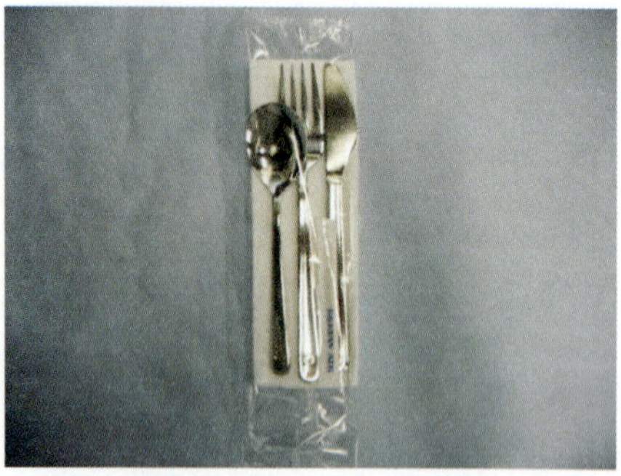

Economy Class Cutlery는 많은 수량을 Setting함을 고려하여 비닐 Bag에 포장되어 한식과 양식으로 구분하여 탑재하고 있으며, Toothpick과 Dinner Napkin이 함께 포장되고 있다.

E/Y Cutlery Type은 3가지가 있으며, 오른쪽 Cutlery 사진은 일반적으로 가장 많이 서비스되는 것으로 한식과 양식이 Choice Service되는 노선에 사용된다. 구성된 기물을 보면 Fork & Knife 각 1개, Spoon 1개, 이쑤시개 1개, Napkin 1매로 Vinyl Bag에 포장되어 있다.

(3) Glassware Setting Method

❶ Glassware Class별 종류

Glassware는 Class별 종류와 용도에 따라 사용을 달리한다.

First Class는 Tumbler, Wine, Champagne, Brandy, Liqueur Glass 등 5종의 Glass류를 사용하는 것이 일반적이지만 용도에 따라 1~2종을 추가하는 경우도 있다.

Prestige Class는 Tumbler, Wine, Brandy, Liqueur Glass 등이, Economy Class는 일반적으로 Plastic Cup을 사용하나 강화유리재질인 Tempered Wine Glass를 사용하여 고급화하는 항공사도 있다.

❷ 세팅방법

Glassware 수량은 기종에 따라 다르며 Class별로 혼선을 줄이기 위해 색상이나 용기를 달리하여 Cart 또는 Carrier Box를 이용 기내에 탑재하고 있다.

단거리 한 · 일, 한 · 중 노선의 Prestige Class는 Meal Tray에 Wine Glass 1개를 Setting한다. Economy Class의 Tempered Wine Glass는 장거리노선에 한하여 Tray에 Setting되어 탑재한다.

Glassware

Serving Tool

(4) Serving Tool

Serving Tool 탑재량 산정 시 고려해야 할 주요 요소부터 살펴보자. Serving Tool 탑재량 산정 시에는 항공기별 Galley구조, 노선별 메뉴를 확인해야 하며, 기내서비스 절차, 품목별 용도, 부피 등을 감안하여 산정한다. Serving Tool의 Setting방법은 기종에 따라 다르며 Cart 또는 Carrier Box를 사용하여 탑재하며, 부피가 큰 Mixing Salad Bowl Set 등은 Bulk 탑재한다.

일반적으로 Serving Tool은 소량운영, 관리상의 어려움으로 전량 Home Base에서 탑재 · 하기하므로 해외 Station에서 하기하거나 분실되지 않도록 관리에 유의해야 한다.

3) Loading Manual

Loading Manual은 크게 Loading Diagram, Dry Ice & Wet Ice Loading Manual 그리고 Linen Loading Manual로 구분된다.(〈그림 1-26〉 Catering Operation Manual 구성 참조)

(1) Loading Diagram

Loading Diagram이란 기내서비스 품목을 일정한 탑재용기에 담아 항공기의 각 해당위치에 탑재하는 방식을 항공기별, Galley별로 도해화한 것을 말한다.

〈그림 1-28〉 A/C & Galley Lay-Out

B747-400(Class와 Zone)

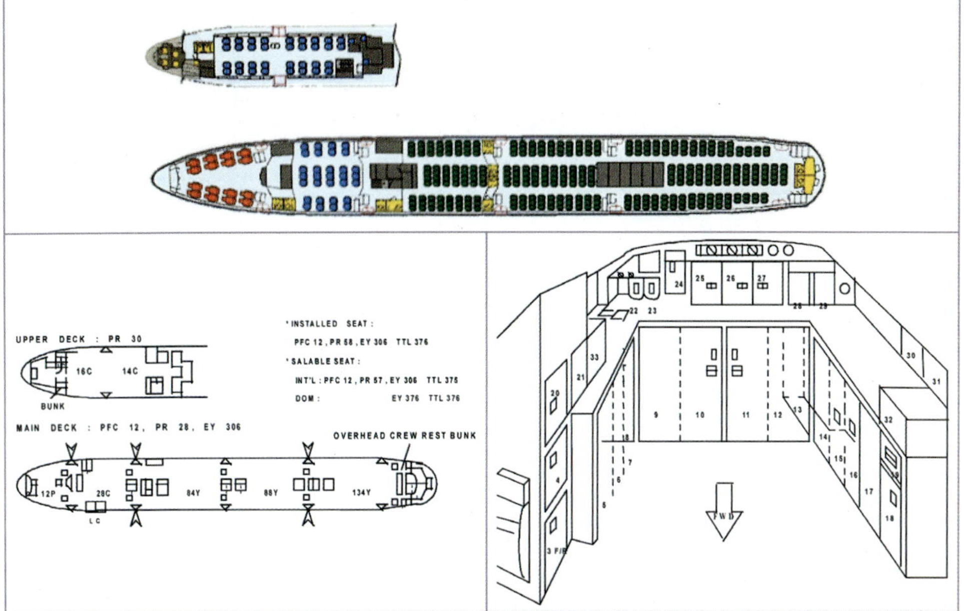

전체 A/C Lay-Out	특정 Galley Lay-Out

(2) Dry Ice & Wet Ice Loading Diagram

기내에 탑재되는 Wet Ice의 용도는 식용과 Chilling용으로 나누어진다. 식용으로는 On The Rocks, Cocktail, Ice Water, 탄산음료, Juice 등에 사용되고, Chilling용으로는 White Wine, Beer, Champagne, Coke, 7UP 등을 Chilling하는 데 사용한다.

탑재방법은 항공기에 장착된 Ice Drawer에 Ice Cube 5~10kg씩 탑재하며 장거리노선에는 Extra Ice Cube를 필요에 따라 추가로 탑재한다.

Dry Ice의 용도는 주로 Meal Tray Cart와 Entree Cart에 Setting 시 사용된다. Dry Ice 탑재량은 Dry Ice Setting Method에 의거 계절별, 노선별 탑재량이 다르며 1Piece는 450~500g의 적정무게로 운영된다.

〈그림 1-29〉 Dry Ice & Wet Ice Loading Diagram

Wet Ice 용도

- 식용 : On The Rock, Cocktail, 탄산음료, Juice 등
- Chilling용 : White Wine, Beer, Champagne 등

※ 탑재방법 : 항공기에 장착된 Ice Drawer에 Ice Cube 5~10kg 탑재

Dry Ice 용도/탑재 수량

- 용도 : Meal Tray Cart/Entree Cart에 Setting
- 1st Meal 탑재수량 : 6~8월 → 4개, 12~2월 → 불요
- 2nd Meal 탑재수량 : 6~8월 → 4개, 12~2월 →2개

Cart 내 Dry Ice Setting 예시

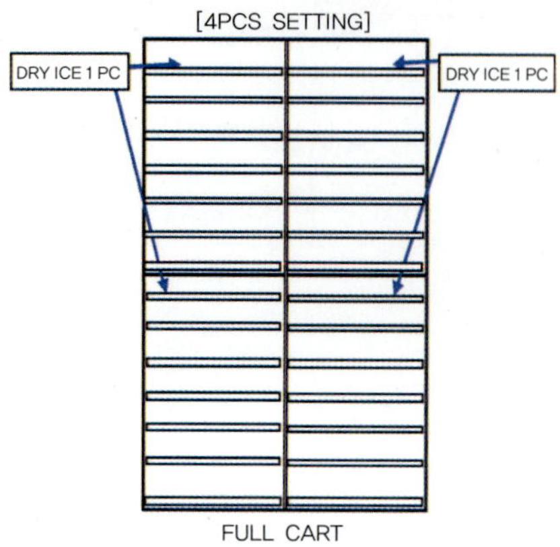

〈그림 1-29〉의 오른쪽 예시 그림에서 보는 바와 같이 Standard Meal Cart 내 Dry Ice 탑재량은 1st Service Meal Cart의 경우 여름인 6월에서 8월까지는 4개, 겨울인 12월부터 2월까지는 탑재하지 않으며, 봄, 가을에는 2개씩 탑재하여 외부온도에 탄력적으로 운영하고 있다.

2nd Service Meal Cart와 Entree Cart 내 Dry Ice 탑재량은 1st Meal Cart와 동일하나 겨울철에도 2개씩 탑재하고 있다. 그 외 Oven Rack과 Standard Carrier Box에는 계절에 상관없이 1개씩 탑재하여 운영하고 있다.

(3) Linen Loading Diagram

〈표 1-31〉은 K사 미주 Bound의 Linen 탑재량에 대한 Manual이다. Linen은 노선, 기종, Class에 따라 비닐 Pack당 10매씩 Setting하고 있는데 10매씩 소단위 포장을 하는 이유는 기내에서 낭비요소를 줄이고 미사용 후 남은 것을 재활용하기 위함이다.

〈표 1-31〉 Linen Loading Diagram

A/C	Cls	Cotton Hand Towl	Tray Mat	Cotton Napkin	Cart Mat	Table Cloth	Vinyl Bag
744P 744S	F	90	20	20	Top 5/Bottom 10	40	2
	C	130	20	20	Top 10/Bottom 20	70	3
	Y	320	×	20	×	×	2
744A (744B)	F	60(90)	20	20	Top 5/Bottom 10	30(40)	2
	C	130 (U/D50, M/D80)	20	20	Top 15/Bottom 30	70	3
	Y	270	×	20	×	×	2
773P	F	70	20	20	Top 5/Bottom 10	40	2
	C	70	20	20	Top 5/Bottom 10	40	2
	Y	350	×	20	×	×	2
772P 333P	F	70	20	20	Top 5/Bottom 10	40	2
	C	70	20	20	Top 5/Bottom 10	40	2
	Y	280	×	20	×	×	2

4) Loading Manual업무 절차

Catering Operation Manual업무 중 핵심부분인 Loading Manual 작성방법에 대해 알아보자.

먼저 Out과 In Bound Meal Checklist를 이용하여 FLT별 Menu를 파악해야 하며 이때 음식별로 담겨야 하는 기물과 기내서비스용 Chinaware를 구분하여 서비스 용도에 따른 탑재수량을 파악해야 한다.

승객 수에 따른 한식과 양식 Meal 탑재수량을 산정하고 Out-Bound와 In-Bound의 기물수량을 비교하여 Station 간 수량차이 분량에 대한 기물을 Dead Head수량으로 산정하여 기물 Balance를 유지한다.

〈표 1-32〉 Loading Manual업무 절차

1	Out/In Bound Meal Checklist Print-Out
2	FLT별 Menu 파악
3	Menu별 사용기물 수량 분리 파악
4	승객 수에 따른 Meal 탑재수량 산정
5	Out-Bound와 In-Bound의 기물수량 비교
6	STN 간 기물 차이 Dead Head 수량으로 산정
7	FLT별 Loading Manual 작성

(1) FLT별 기물소요량 산출표

Catering Operation Manual 작성 시 첫 번째 단계인 기물소요량 산출에 관한 내용을 알아보자.

〈표 1-33〉은 ICN/LAX Out-Bound의 기물 탑재량을 나타내며 식사가 2번 Service 되는 장거리노선임을 알 수 있고 1st Dinner 왼쪽의 파란색 부분은 음식이 담겨 탑재되는 수량이며, 오른쪽은 Chinaware Cart 내에 탑재되는 기물을 나타낸다. In-Bound 역시 같은 방법으로 작성하며 Out Bound와 In-Bound의 기물수량을 비교하여 부족부분에 대하여 기물을 Dead Head로 발송토록 하여 기물의 Balance를 유지한다.

예를 들면, 인천에서 8"Plate가 50개 사용되고 LAX에서 같은 8"Plate가 60개 필요하다면 ICN에서 LAX로 Dead Head로 10개를 탑재하여 보내주어야 기물 Balance가 유지된다.

〈표 1-34〉는 First Class의 Service용 기물, 즉 음식이 담기지 않은 기물을 Chinaware Cart 내에 탑재하는 것을 나타낸 것이다. 이는 Chinaware를 담는 용기에 최대한 탑재될 수 있는 수량을 직접 Test하여 Manual화한 것이다.

〈표 1-33〉 FLT별 기물소요량 산출표

KE017/018	ICN/LAX								
ITEM	DINNER		BREAKFAST		FOOD	SVC EQI	TTL	D/H	TTL + D/H
	한정식	5 한 5 SEAF 4 BEEF	도가니 탕, 죽	5 탕 4 닭죽 4 OMT					
BUTTER BOWL(3")	6 버터 12 라G 10 PD	10 OLIVE	6 버터 15 다대기		49	10	59	3	62
6"		10 빵		10 빵	0	20	20		20
7"		10 치즈 10 과일 5 한E		10 과일	0	35	35		35
9"		9 ENT		4 ENT	0	13	13	4	17
CUP		10		10	0	20	20		20
SAUCER		10		10	0	20	20		20
BOWL(L)	4 나물	6 라S		5 도가 4 죽	4	15	19		19
BOWL(M)		10 SOUP 10 샐			0	20	20	11	31
BOWL(S)	10 샐G 1 치즈 1 한G	5 대추 3 ICE	6 스낵	6 시리얼	18	14	32		32

〈표 1-34〉 Service Chinaware Setting Code

KE017/018	ICN/LAX			
ITEM	SVC EQI	D/H	TTL	SETTING CODE
BUTTER BOWL(3")	10	3	13	13
6"	20		20	*FXB1(9"9, 6"10), FXB1(9"9, 6"10)
7"	35		35	*FEB1(24), 11
9"	13	4	17	6"+9"
CUP	20		20	FGA1(12), 8

SVC EQI	Service용 기물 → 음식이 담기지 않은 기물수량
D/H	In/Out Bound 간의 기물 사용량 차이에 의한 탑재기물
TTL	Chinaware Cart 내 탑재할 총 수량
Setting Code	Chinaware를 Cart 내에 탑재하는 것을 Code화한 것

(2) 탑재 Cart/기물수량

〈표 1-35〉는 기물수량의 파악 또는 기물구매 시 참고자료로도 사용되는 First Class의 일부 기물 소요량으로 Standard Full Meal Cart가 5개 탑재되고, Half Cart는 탑재되지 않고 Meal Carrier Box는 1개가 탑재됨을 보여주고 있다.

〈표 1-35〉 탑재 Cart/기물수량

FIRST CLASS EQUIPMENT QUANTITY	
ITEM	QUANTITY
STD FULL MEAL CART	5
HALF MEAL CART	
MEAL CARRIER BOX	1
GLASS CART	
GLASS CARRIER BOX	3
LIQUEUR CART(STD CART)	1
LIQUEUR CART(HALF)	
SVG TOOL(STD CART)	1
FC BUTTER BOWL	62
FC 6" PLATE	20
FC 7" PLATE	35
FC 9" PLATE	17
FC COFFEE CUP	20
FC SAUCER	20
FC BOWL LARGE	19
FC BOWL MEDIUM	31
FC BOWL SMALL	32

Item
→ 기내탑재 사용기물

Quantity
→ 기내탑재 총 기물수량

(3) Cart Arrangement

❶ 용어 의미

〈표 1-36〉의 좌측 상단에 표기된 FC는 First Class를 나타낸다. COMP'T NBR은 Compartment Number의 약어로 기내에 탑재되는 Cart나 Carrier Box의 탑재 위

치를 나타내는 번호이다. Equipment는 기내 탑재기물이 Cart인지 또는 Carrier Box인지를 나타낸다. STD Cart는 Standard Cart, H/F Cart는 Half Cart, C/Box는 Carrier Box, Content는 Cart나 Carrier Box 내에 있는 내용물을 나타낸다.

〈표 1-36〉 Cart Setting과 용어

CALSS	COMP'T NBR	EQUIPMENT	CONTENT
FC	1A-3	STD CART	FC LIQUOR
	1A-4	STD CART	FC SVG TOOL
	1A-5	STD CART	FC CHINAWARE
	1B-1	STD CART	FC MEAL
	1B-2	STD CART	FC MEAL
	1B-3	STD CART	FC GLASS
	1B-4	STD CART	FC CHINAWARE
	2C-3	STD CART	FC MEAL
	2B-3	STD CART	F/C G/AWAY
	1A-11	C/BOX	F/C CAVIAR

Class	First Class
COMP'T NBR	기내 탑재되는 Cart/Carrier Box 탑재위치 표시 번호
Equipment	Cart 또는 Carrier Box를 뜻함
Content	Cart나 Carrier Box 내 탑재 내용물

❷ Cart/Carrier Box 탑재위치 도표의 이해

Cart Arrangement는 기내에 탑재되는 Cart와 Carrier Box 등의 탑재위치를 나타내며 Cart의 내용물을 확인할 수 있는 도표이다.

〈표 1-37〉은 First Class, 〈표 1-38〉은 Business Class의 탑재위치를 보여준다. 탑재위치 표기는 비행기 Galley 내에 '1A-B'식으로 표기되어, 탑재 시 해당 Compartment에 NBR을 확인 후 Cart를 탑재한다.

〈표 1-37〉 Cart/Carrier Box 탑재위치(F/C)

CALSS	COMP'T NBR	EQUIPMENT	CONTENT
FC	1A-3	STD CART	FC LIQUOR
	1A-4	STD CART	FC SVG TOOL
	1A-5	STD CART	FC CHINAWARE
	1B-1	STD CART	FC MEAL
	1B-2	STD CART	FC MEAL
	1B-3	STD CART	FC GLASS
	1B-4	STD CART	FC CHINAWARE
	2C-3	STD CART	FC MEAL
	2B-3	STD CART	F/C G/AWAY
	1A-11	C/BOX	F/C CAVIAR

〈표 1-38〉 Cart/Carrier Box 탑재위치(B/C)

CALSS	COMP'T NBR	EQUIPMENT	CONTENT
PR	2A-1F, R	STD CART	PR MEAL
	2A-2	STD CART	PR MEAL
	2A-3	STD CART	PR GLASS
	2B-13	C/BOX	PR SVG TOOL
	2B-4F, R	STD CART	PR MEAL
	2C-1	STD CART	PR CHINAWARE
	2C-2	STD CART	PR MEAL(ENTREE)
	2C-6F	C/BOX	PR SVG TOOL
	2D-1	STD CART	PR LIQUOR
	2D-2	STD CART	PR CHINAWARE
	2D-3F, R	STD CART	PR MEAL
	2D-4	STD CART	PR MEAL
	2D-5F, R	STD CART	PR MEAL
	U/D-10	STD CART	PR MEAL(ENTREE)
	U/D-11	STD CART	PR CHINAWARE
	U/D-3F	C/BOX	PR SVG TOOL
	U/D-5	STD CART	PR GLASS
	U/D-6F, R	STD CART	PR MEAL
	U/D-7	STD CART	PR MEAL
	U/D-9F, R	STD CART	PR MEAL
	U-17	STD CART	PR LIQUOR

(4) Tray Setting Method

다음은 각 Class별로 기내식이 어떻게 세팅되어 탑재되는지 알아보자.

❶ First Class의 Meal Setting

First Class는 Course Service를 하므로 기내식이 담긴 기물을 Tray 위에 한상차림으로 Setting하지 않고 Cart에 Bulk Setting하여 항공기에 탑재된다. 이는 기내에서 승무원이 지정된 위치에 탑재된 기내식을 Meal Table에 Setting하여 서비스하기 때문이다.

❷ Prestige Class Tray Setting

Prestige Class는 First Class와는 달리 기내식이 담긴 기물을 한상차림으로 세팅한 후 탑재한다. 이러한 Setting방법은 유관부서 및 해외에 배포되는데, 이는 〈그림 1-30〉과 같다.

〈그림 1-30〉은 Prestige Class의 기본 Tray 구성을 도해화한 것인데, 여기서 기본 Tray란 승객에게 Service되는 Tray로 장거리구간에서는 한식 Tray와 양식 Tray로 나누어지며 장거리구간 Prestige Class Meal Tray는 Bread Plate, Appetizer, Condiment Set, Cutlery Side Dish 등이 기본 Tray를 구성하고 있음을 알 수 있다.

〈그림 1-30〉 Prestige Class Tray Setting

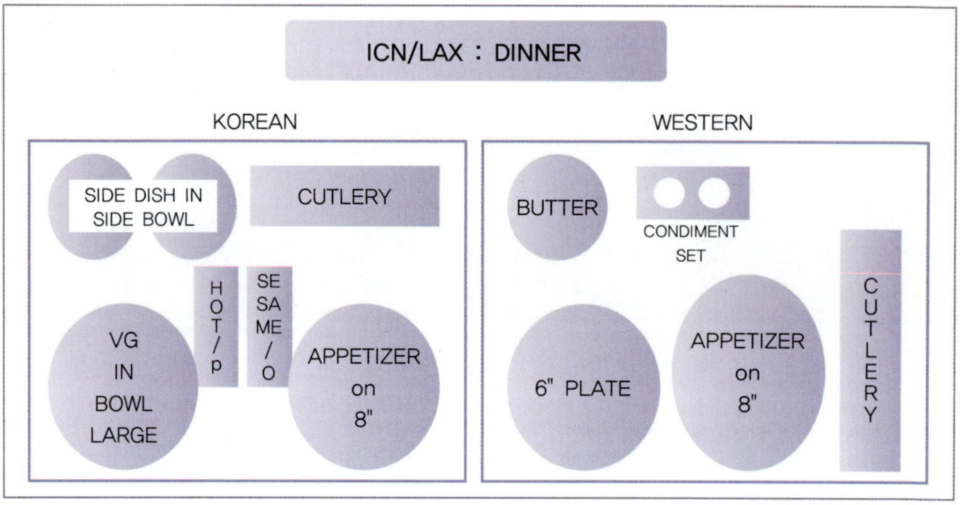

❸ EY Class Tray Setting

Economy Class는 기본적으로 Entree를 제외한 전 코스 메뉴가 한상차림으로 세팅된다.

Economy Class에 사용되는 Tray를 살펴보면, 우선 아래 좌측 Full Tray는 장거리 첫 번째 식사와 동남아노선 비빔밥서비스 시 사용된다. 중앙의 2/3Tray는 Economy Class의 비빔밥서비스가 없는 동남아노선에 사용된다. 우측의 Half Tray는 장거리 두 번째 식사와 단거리노선인 일본 · 중국 노선에 사용하고 있다.

참고로 Loading Manual 작성 시 반드시 EY Meal Tray Setting방법과 Entree의 Oven Rack 탑재위치를 명시해야 한다.

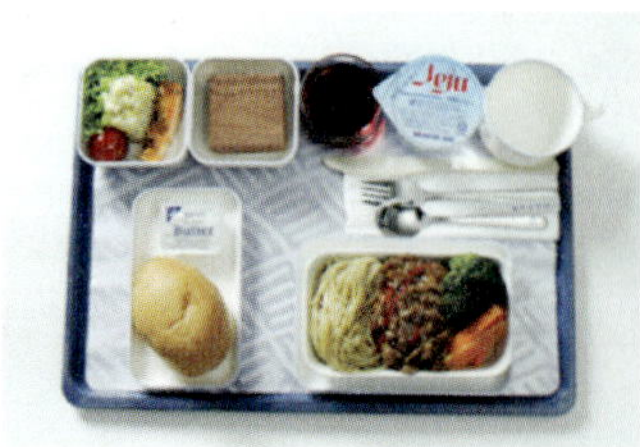

Full Tray(장거리서비스)

2/3Tray(중거리/동남아)

1/2Tray(장거리 2nd & 단거리)

(5) Cart Loading Diagram

❶ FR/CL Digram

Cart Loading Diagram이란 Meal, Glass, Chinaware, Linen 등을 각각의 Manual에 의거 Cart 내에 정해진 위치에 Setting하는 것을 나타내는 Diagram이다. 〈표 1-39〉의 좌측 표, 1A-5는 Chinaware Setting을 나타내며 오른쪽 표, 1B-1은 Meal Cart에 Meal이 배분되어 탑재된 것을 보여주고 있다.

〈표 1-39〉 First Class Cart Loading Diagram

<table>
<tr><td>Location</td><td colspan="2">Galley No. 1</td></tr>
<tr><td>Cart No</td><td colspan="2">1A-5</td></tr>
<tr><td>Usage</td><td colspan="2">Chinaware Cart(Std)</td></tr>
<tr><td>1st</td><td>Fc Butter Bowl×10 & Fc Saucer×20</td><td>Fc Snack Plate×5 & Fc Bowl Small×14</td></tr>
<tr><td>2nd</td><td rowspan="2">COMBO PLATE_A (Fc Combo Plate×8)</td><td rowspan="2">Fc Bowl Medium×3</td></tr>
<tr><td>3rd</td></tr>
<tr><td>4th</td><td rowspan="2">COMBO PLATE_B (Fc Combo Plate×12)</td><td rowspan="2">FIB1(Fc Bowl Large×6)</td></tr>
<tr><td>5th</td></tr>
<tr><td>6th</td><td rowspan="2">FXB1(Fc 6" Plate×10 & Fc 9" Plate×9)</td><td rowspan="2">FEB1(Fc 7" Plate×24)</td></tr>
<tr><td>7th</td></tr>
<tr><td>8th</td><td rowspan="2">Fc Coffee Cup×8</td><td rowspan="2">FGA1(Fc Coffee Cup×12)</td></tr>
<tr><td>9th</td></tr>
<tr><td>10th</td><td>Fc 7" Plate×11</td><td>FIA1(Fc Bowl Large×4)</td></tr>
<tr><td>11th</td><td rowspan="2">FIA1(Fc Bowl Large×4)</td><td rowspan="2">Fc Bowl Large×1</td></tr>
<tr><td>12th</td></tr>
<tr><td>13th</td><td rowspan="2">FJB1(Fc Bowl Medium×14)</td><td rowspan="2">FXB1(Fc 6" Plate×10 & Fc 9" Plate×9)</td></tr>
<tr><td>14th</td></tr>
</table>

Location	Galley No. 1	
Cart No	1B-1	
Usage	Meal Cart(Std)	
1st	Dry Ice	Dry Ice
2nd	Fish Plate(Canape) ×4	Side Bowl(Beef Knuckle Soup Side Dish)×10
3rd	Fish Plate(Canape) ×4	
4th	Fish Plate(Canape) ×2	Side Bowl(Porridge Side Dish)×8
5th	Caviar Garnish in Alu Foil	
6th	Combo Plate(Appetizer) ×2	
7th	Dressing in Plastic Container	Butter Bowl(Ramyeon Garnish)×12
8th	Dry Ice	Dry Ice
9th	Empty Mixing Salad Bowl×1/ Bulk Salad In Oven Bag×2	Ramyeon Garnish In Alu Foil
10th		
11th	Bowl Small(Salad Garnish)×5	
12th	Bowl Small(Salad Garnish)×5	
13th	Salad Dressing In 8oz Jar×3	Fresh Orange In Plastic Bottle
14th	Bar Fruit & Milk In Alu Foil	

❷ EY/CL Digram

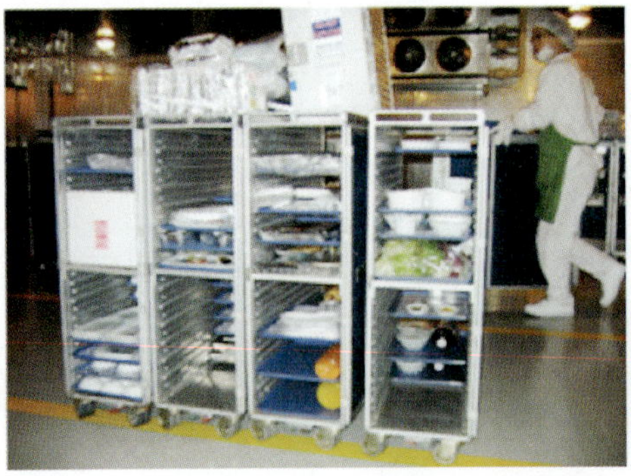

<표 1-40>은 대형기 기종의 장거리 구간 EY Class에 탑재되는 Cart를 나타낸 것이다.

<표 1-40> EY/CL Loading Digram

Economy Class Meal Cart →→				
4A-3(Std)	**4A-4(Std)**	**4A-5(Std)**	**4A-6(Std)**	**4B-4(Std)**
E/Y Preset Full Tray 12 & Cabin Crew Full Tray 16 (Dinner)	E/Y Preset Full Tray 28 (Dinner)	E/Y Preset Full Tray 28 (Dinner)	E/Y Preset Full Tray 28 (Dinner)	E/Y Preset Full Tray 14 (Dinner)
4D-4(Std)	**4D-5(Std)**	**4D-6(Std)**	**U/D-12(Std)**	**U/D-13(Std)**
E/Y Preset Full Tray 28 (Dinner)	E/Y Preset Full Tray 28 (Dinner)	E/Y Preset Full Tray 26(Dinner) & Bar Fruit/Milk	E/Y Preset Half Tray 56 (Breakfast)	E/Y Preset Half Tray 56 (Breakfast)
4C-4(Std)	**2D-7R(Half)**	**2C-7F(C/Box)**	**4B-18(C/Box)**	**4C-18(C/Box)**
E/Y 2nd Entree 168 (Breakfast)	E/Y 2nd Entree 84 (Breakfast)	E/Y 2nd Roll	E/Y 2nd Roll	E/Y Snack SVC

〈표 1-40〉의 좌측 4A-3(Std)는 Standard Cart로 4A-3 탑재위치를 나타내며 EY Full Tray 12개와 Cabin Crew용 Full Tray 16개가 탑재됨을 의미한다.

First, Prestige Class와 달리 EY Class는 Tray 위에 모든 Service Item이 세팅되어 Cart 내에 탑재하며, 주요리가 담긴 Casserole은 Oven Rack에 Bulk로 탑재하여 기내에서 승무원이 Heating 후 승객에게 Service하고 있으며 그 외 Bread, Snack은 Carrier Box에 탑재되고 있다.

(6) Oven Setting Diagram

다음은 기내 장착된 Oven에 대해 알아보자. Oven은 승객의 Meal Service 시 Entree를 데우는 데 사용되며, Galley별로 나뉘어 분포되어 있는데 Oven 안에는 7칸의 Oven Pan이 있다. Economy Class의 경우 한 Pan에 Entree 4개를 넣어 28개가 들어가는데 〈그림 1-31〉의 첫 번째 U/D-25는 Upper deck-25Oven에 Business Meal Steamed Rice 14개를 탑재하라는 의미가 된다.

〈그림 1-31〉 Oven Setting Diagram

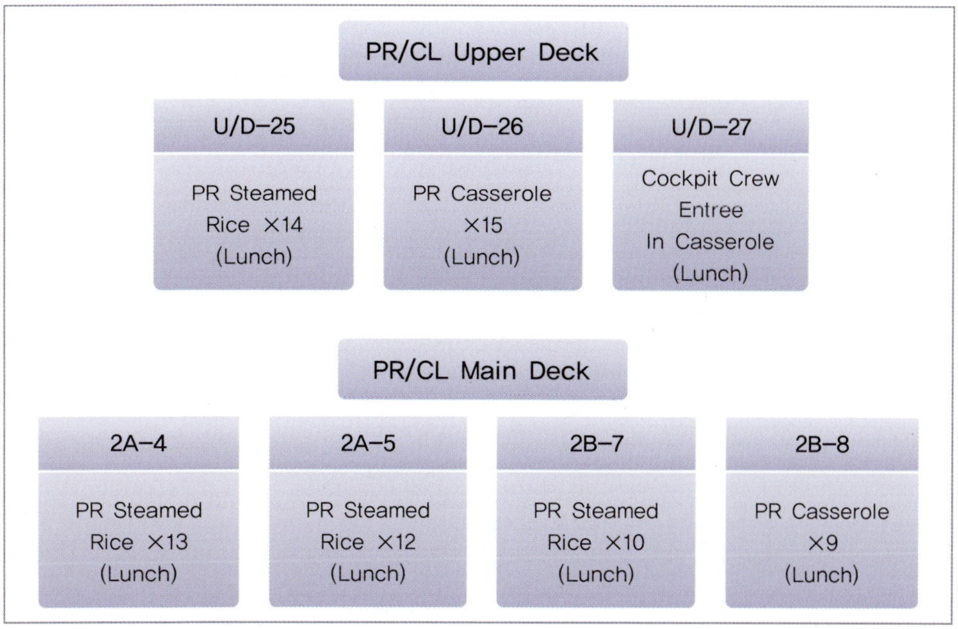

Chapter

3 In-Flight Entertainment

01 | 기내영화

In-Flight Entertainment의 전반적인 업무에 대해 이해하는 Chapter로, 기내에서 서비스되는 각종 영화, 단편물, 음악, 독서물, 그리고 Airshow업무의 개략적인 업무내용들을 살펴본다.

매월, 혹은 정해진 기간에 따라 상영물들을 선정하고 감수하는 역할과 제공되는 Entertainment의 관리, 효율성 제고, 새로운 장르 개발 등의 업무를 수행한다.

각 Entertainment별 세부내용을 간단하게 알아보자.

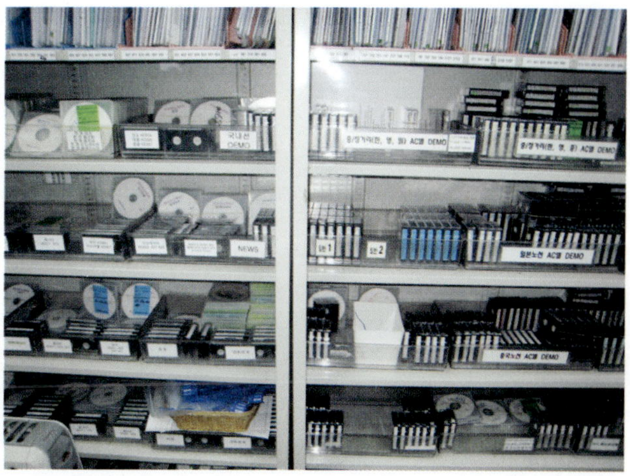

〈그림 1-32〉 기내 Entertainment의 범위

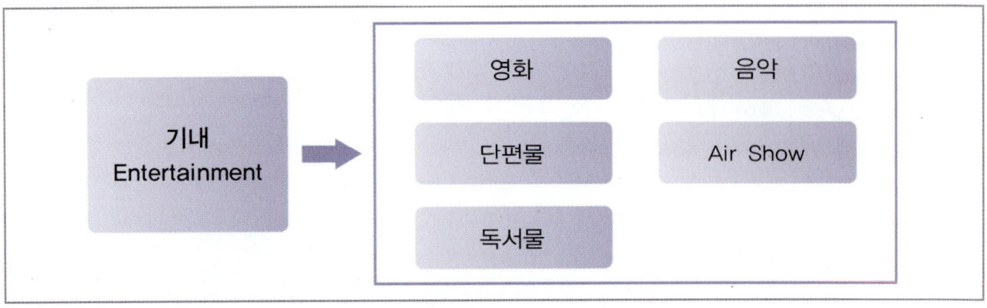

1) 장비별 구분

〈그림 1-33〉 기내영화 장비

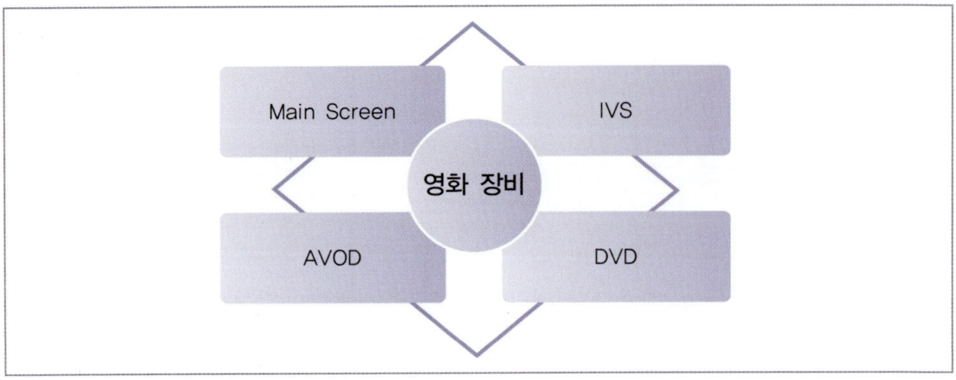

(1) Main Screen

Main Screen은 VTR에 8mm Tape를 Play시켜 Projector에 의해 기내 Zone별 벽면 Screen에 투사되어 상영되는 것으로 Overhead Screen이라고도 하며, 기내서비스 절차에 따라 정해진 시간대에 일정 프로그램을 상영하고 있어 승객의 선택 권한이 없는 Broadcasting방식으로 운영되는 것이 특징이다.

(2) IVS

IVS는 PTV(Personal TV)라고도 하며 In-seat 혹은 Individual Video System의

약자로, Main Screen용과 동일하게 Tape방식으로 운영되는 것으로 개인별 승객 좌석에 부착된 모니터를 이용하여 Tape로 Play되는 Contents를 승객이 선택할 수 있는 System을 말하며 영화, 음악, 단편물 등으로 구성되어 있다.

(3) AVOD

AVOD는 Audio Video On Demand의 약자로 기존의 Tape방식에서 벗어난 컴퓨터 파일방식으로 영화, 음악, 단편물(Short Subjects, Short Features, TV Program 등으로 불리기도 한다), 게임 등의 Contents로 구성되어 있다.

☞ AVOD, IVS 모두 Interactive Mode에서 작동이 가능하며, 초기화면, 즉 GUI(Graphic User Interface)라 불리는 화면에서 해당 Contents로 이동이 가능하다.

(4) DVD

Digital Video Disk의 약자로 IVS(개인용 비디오)가 설치되어 있지 않은 항공기에 Portable DVD Player(예 : 삼성 10″Monitor)를 서비스한다.

2) 콘텐츠별 구분

기내영화의 콘텐츠별 특징을 알아보면, 콘텐츠별 구분에는 할리우드 영화, 한국 영화, 그리고 중국/일본 영화 등 언어별이나 국가별로 콘텐츠를 나누어 다양한 서비스가 가능하지만 주로 한국을 중심으로 외국 관광객이 많은 국가를 중심으로 서비스하고 있다.

Hollywood 영화	한국 영화	중국/일본 영화

(1) Hollywood 영화

Hollywood 영화는 영화 공급업체(예 : Aero Vista Entertainment 등)에서 해당 월의 공급 가능 영화 List를 통보받은 뒤 List를 근거로 추천위원 혹은 영화 전문인을 통해 추천 및 영화평을 접수받아 각 영화장비에 맞고 운영에 필요한 편수를 확정한다. 즉 AVOD용 8~12편 중에서 Main Screen용 4편과 IVS용 6편, DVD용 2편 등을 구분 · 선정하여 운영할 수 있다.

(2) 한국 영화

한국 영화는 공급업체와 계약하여(예 : Euro Communication사) 공급 가능한 영화 편수를 추천받아 Main Screen용/IVS용/AVOD용 한국 영화를 각각 선정한다.

(3) 중국/일본 영화

중국/일본 영화 공급업체를 통해 필요한 중국/일본 영화를 추천받는다(예 : 홍콩 소재의 Emphasis와 싱가포르 소재의 Sumitomo사 등).

3) 운영기준

운영기준은 기내영화 서비스에 중요한 부문으로 비행시간과 출/도착 시간, 승객 국적 및 성향 등을 고려하여 기내 상영 서비스한다.

(1) Main Screen 영화

Main Screen 영화는 한국 영화를 포함한 Hollywood 영화 4~5편을 선정하여 상영하고 있으며 비행시간 기준으로 4시간 이상 8시간 미만은 1편, 8시간 이상 13시간 미만은 2편, 13시간 이상은 주간 출발편에 한해 3편 상영을

기준으로 하는 것이 일반적이다.

(2) IVS[In Seat(Individual) Video System]

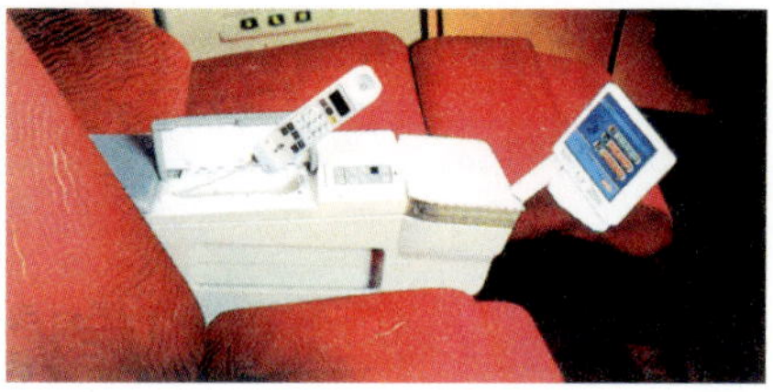

Main Screen과 동일하게 IVS도 8mm Tape방식으로 상영하며 출발편과 도착 편을 구분하여 운영한다.

채널 구성은 Hollywood 영화, 한국 영화, 출발편과 도착편을 위한 News(CNN, KBS, MBC News 등) 채널, 다큐멘터리/스포츠 등의 단편물 등으로 다양하게 구성할 수 있으며 Main Screen에서 상영되는 화면을 IVS에서도 볼 수 있도록 채널을 구성할 수 있다.

(3) DVD

IVS가 미장착된 항공기가 장거리노선에 운항할 경우 상위 Class Pax를 대상으로 Portable DVD Player 및 Battery와 DVD 영화 Disc를 서비스할 수 있으며 DVD 영화 Disc는 매월 Hollywood 영화 및 한국 영화를 선정하여 일정주기로 서비스한다.

4) 상영물 선정기준

기내 상영물 특히 영화의 선정기준은 항공사의 정책적인 기준일 수 있으나 객관적이고 보편적인 사항으로 항공기의 기내 특수성을 감안하여 기준에 따라 선정하는 것이 일반적이다. 이는 기내 특성상 국적과 연령대가 다양하므로 공통점을 고려하여 누구나 편안하고 즐겁게 감상할 수 있는 소재로 선정하는데 내용을 정리하면 다음과 같다.

㉮ 최신 개봉작 위주로 각종 언론의 호평과 흥행에 성공한 영화
㉯ 가능한 한 다양한 장르의 영화
㉰ 작품성이 다소 부족하더라도 승객들이 가볍게 즐길 수 있는 오락성 영화
㉱ 여객기 사고 및 테러장면 등 기내 탑승객에게 불안감을 줄 수 있는 영화 배제
㉲ 특정 민족/국가 비하 내용 특히 한국관련 부정적 내용이 포함된 영화 배제
㉳ 한국인 정서 및 사회적 관념에 위배되는 영화(예 : 동성애, 근친혼 등) 배제
㉴ 사회적 · 정치적으로 논란이 될 수 있는 주제를 가진 영화 배제

5) 기내영화 운영절차

기내영화 운영절차는 우선 추천 List를 접수하여 시사를 거치게 되며 결과를 중심으로 선정품의를 하고 업체에 통보한다. 업체는 Master Tape를 송부하게 되며 통관절차를 밟아 항공기에서 상영하게 되는데, 기내영화가 선정된 후 탑재서비스하기까지 운영 절차에 대해 자세히 알아본다.

㉮ D-75일 전, 상영에 필요한 영화 편수에 대해 추천 List 접수
㉯ D-70일 전, Preview Tape 시사 및 선정 품신
㉰ D-60일 전, 공급업체(Aero Vista Entertainment사)에 선정결과 통보
㉱ D-50일 전, 한국어 더빙을 위한 Script 및 Master Tape 접수
㉲ D-40일 전, 더빙회사(예 : 스카이 미디어사)에서 번역, 더빙 Master 접수, 해당 영화사 Lab에 송부
㉳ D-30일 전, 영화사 Lab에서 AVOD용 DLT를 Panasonic에 송부
㉴ D-15일 전, 기내잡지 인쇄용 영화줄거리 작성 및 영화사진을 기내잡지 편집회사로 송부

㉵ D-7일 전, 항공기용 Tape를 Lab사로부터 접수. AVOD용 DLT를 Panasonic으로부터 접수

㉶ D-1일 전, AVOD Data를 정비담당이 항공기에 Loading함으로써 모든 업무가 종료된다.

〈그림 1-34〉 기내영화 운영 절차

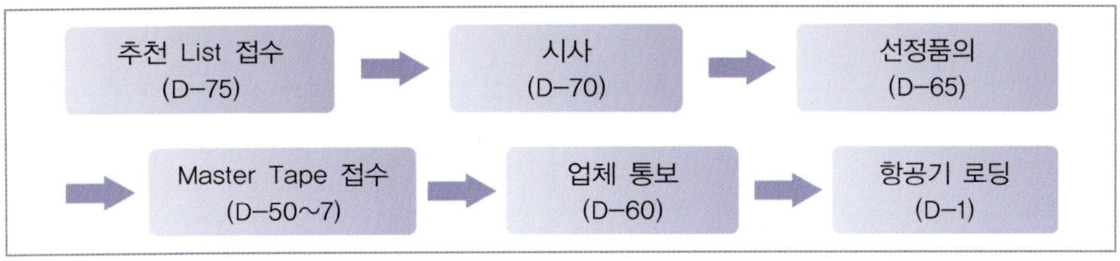

6) 기내 단편물

(1) 단편물의 종류

Documentary는 인간과 사회, 문화, 역사, 과학, 자연 등 다양한 분야에 대한 전반적인 이해와 함께 전문적이고 체계적인 지식을 소개하고 가급적 지루하지 않은 프로그램을 선정한다.

Sport는 종합 스포츠 프로그램인 TWS(Trans World Sports)를 비롯해 유럽축구 빅리그, 세계 4대 테니스경기, 액션 스포츠 및 격투기 종목 등 다양한 종목으로 편성할 수 있다. 골프는 4대 메이저대회, 종합정보, 레슨 등으로 세분화하여 편성되며 스포츠 종류는 가급적 한국인에게 인기 있고 외국인에게는 거부감 없는 프로그램을 선정한다.

이외에도 Comedy & Drama, Music & Show 등의 장르가 운영 가능하다.

(2) 운영 및 선정

온 가족이 같이 즐기기에 적합한 프로그램을 선정하여 비행시간(단편물 상영가용시간) 및 목적지별로 고려하여 운영하고 가급적 다양한 장르의 최신 프로그

램과 온 가족이 볼 수 있는 무난한 프로그램으로 선정할 수 있다.

(3) 선정 절차

단편물 운영 절차는 프로그램 선정→선정대상 프로그램 시사→단편물 선정→후속조치의 순이다.

02 | 기내음악

1) 기내음악의 종류

기내음악에는 채널 Music과 AOD Music, Boarding Music의 3가지가 있는데 그 내용은 다음과 같다.

(1) 채널 Music

클래식, 팝송, 가요, 동요 및 외국음악 등 다양한 채널로 장르를 운영하고 있으며, 2시간 이상의 국제선에 서비스하고 있다. 해당 채널에서 곡을 선택하여 반복재생하는 기능이 없는 Broadcasting방식이다.

(2) AOD Music

가요, 팝송, 클래식 장르로 운영되며 AOD시스템 장착 항공기 운항노선에 서비스되며 승객이 선호하는 장르의 곡을 선택하여 'My Music'에 담을 수 있으며, 선택한 곡의 반복재생이 가능한 Interactive방식이다.

(3) Boarding Music

승객 탑승과 하기 시에 서비스되는 음악으로, 출/도착편 채널로 나누어진 것이 일반적이다. 라이트 클래식을 위주로 안정되고 편안한 곡을 중심으로 사용한다.

2) Channel Music 운영기준

기내음악 중 채널 Music의 운영기준은 다음과 같다.

㉮ 2시간 이상의 국제선에서 이어폰이나 헤드폰을 서비스하는 노선에서 제공된다.

㉯ 기내 음악장비의 가용 채널(8~16개) 범위 내에서 탑승객의 국적, 연령별 분포를 감안하여 가급적 다양한 장르의 채널 운영이 가능하다.

㉰ 채널 Music의 교체주기는 2개월이며, 최신가요의 경우 교체시기를 좁혀 선호도를 높일 수 있다.

3) AOD 운영기준

㉮ AVOD 장착 항공기 운항노선에서 서비스 가능하다.

㉯ 현재 가요, 팝송, 클래식 등 150~300CD 정도를 운영하고 있으나, 전자

기술의 계속적인 발전에 따라 향후 더욱 확대 운영될 전망이다.

- AVOD 시스템 장착 항공기 운항노선에 제공
- 채널 Music에 중복되지 않는 프로그램 서비스
- 교체 주기 : 3~6개월(유행음악 제외 : 1~2개월)

4) Boarding Music 운영기준

㉮ 탑승과 하기 시 편안하게 들으실 수 있도록 BGM(Back Ground Music) 전용음악을 사용한다.

㉯ 항공사의 이미지에 맞는 음악으로 전 노선에서 출발편과 도착편, 2개의 채널을 운영한다.

㉰ 파리나 시애틀과 같이 지역별 도착지 분위기를 반영한 노선 특화 보딩 뮤직을 운영하는 곳도 있다.

03 | Air Show

1) 정의

Air Show란 항공기의 항법장비와 연계되어 현재 운항지역에 대한 고도, 항속, 도상의 위치, 도착 예정시각, 잔여시간 등의 비행정보를 그림과 함께 안내하는 시스템으로 Overhead, 즉 Main 스크린 및 개인용 Monitor를 통해 상영된다.

에어쇼가 소개되기 전 비행에 대한 정보는 오직 기장으로부터 기내방송을 통해 얻을 수 있으며, 몇 시간 후에 도착하는지, 목적지에 대한 정보는 승무원을 통해서만 정보 획득이 가능했던 시절이 있었다. 비상시에 대비 이착륙 시에는 상영이 중단된다.

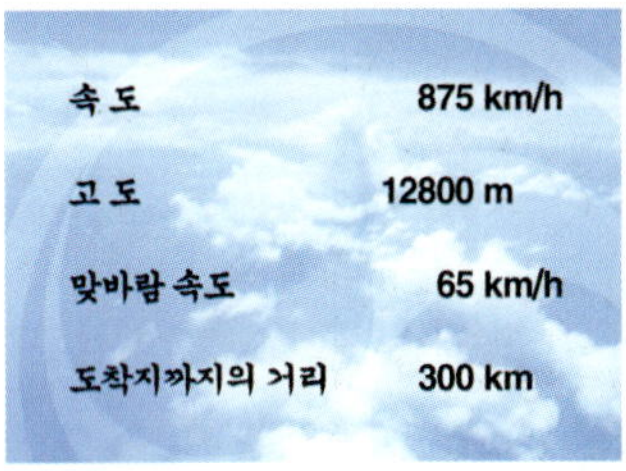

비행정보

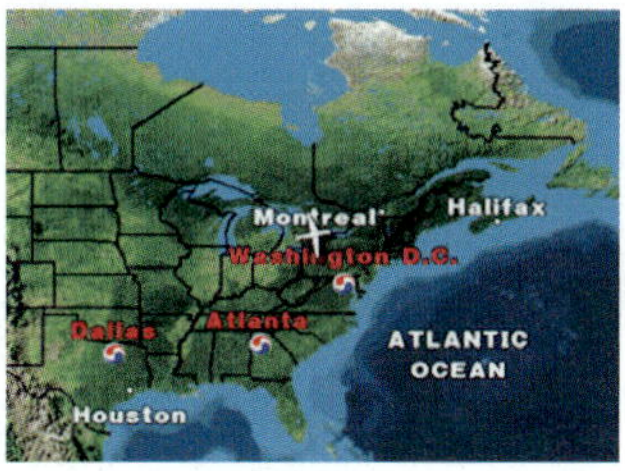

FLT Information

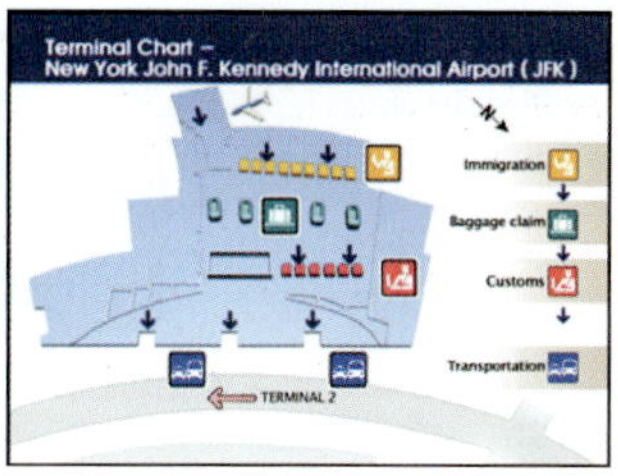

Terminal Chart

2) Air Show 안내 내용

에어쇼는 객실에 있는 개인용 모니터를 통해 비디오, 오디오, 텍스트, 그래픽 등의 풍부한 멀티미디어 환경을 제공하는 것으로 안내 내용은 여러 가지가 있을 수 있으나 기본적으로는 비행속도, 고도, 현재 위치 등의 비행정보를 안내하는 내용과 비행 관련한 추가정보의 안내와 전자기기 사용제한 안내, Seat Belt 착용 안내, 기타(도착지, 기내 판매) 안내 등의 화면으로 구성된다.

다시 말해 에어쇼는 여러 크기의 지도를 통해 현재 위치 확인, 지나는 위치의 관광명소 소개, 도착지 정보, 진일보한 비행정보 사항은 물론이고 승객이 비행 중 외부세계에서 현재 일어나는 각종 정보도 얻을 수 있다. 지상과 거의 동일한 정보환경을 제공받을 수 있고, 이 모든 정보는 캘리포니아에 있는 에어쇼사의 중앙정보공급센터에서 시시각각으로 보내온다.

04 | 독서물

1) 독서물의 종류

기내에서 서비스되는 독서물의 종류는 크게 각종 일간지 및 다양한 주/월간 잡지류와 기내도서로 구성된다.

일간지

잡지류

기내 도서

2) 독서물의 운영현황

(1) 일간지

일간지는 주요 일간지를 비롯한 Daily Newspaper를 말하며 조간, 석간 모두 운영되고 있다. 1인 1부 서비스 기준으로 일일 총 입고량을 기준으로 운영되며 일일 승객현황에 따라 탑재량 산정 및 초과 수량은 추가 구매하여 운영한다.

(2) 주/월간지

각종 주간 및 월간지를 말하며, 주간지는 국문, 영문, 일문으로 운영하고 월간지는 국가 언어별로 운영한다. In-bound편에는 일부 현지 Local 잡지류의 탑재를 운영한다.

(3) 기내 도서

기내 도서는 기내에서 제공하는 다양한 도서류를 말하며 장거리노선, 즉 미주/구주, 중동, 대양주 노선에서 운영하고 있다. 교체주기는 적절한 기준에 의해 월 혹은 분기 단위 신도서로 교체 혹은 보충되도록 하여 운영할 수 있다.

☞ 독서물류의 서비스는 프리미엄 항공사에서는 대부분 일간지를 중심으로 서비스되고 있으나, 최근 우리나라를 포함한 저비용 항공사에서는 비용 절감이 곧 원가와 서비스 경쟁에 중요한 요소인 만큼 기내 독서물류의 서비스는 거의 전무한 실정이다.

☞ 근래에는 성우 또는 저자의 음성을 통한 Audio Book 서비스를 AVOD를 이용하여 제공하는 항공사도 있다. 국내 A항공사를 비롯한 싱가포르항공 및 에미레이트항공이 서비스하고 있으며 그 콘텐츠도 다양해지고 있다.

3) 독서물 운영 절차

(1) 절차

일간지는 탑재표를 매일 작성하여 FLT별로 배정된 탑재표에 의거 FLT별로 신문을 Packing한 후 당일 오전과 오후 두 번에 걸쳐 입고되면 국제선과 국내선용 FLT별로 탑재된다. 그러나 탑재서비스 결정은 항공사의 정책적인 사항으로 일률적인 탑재 부수와 서비스방법을 설명하기는 어렵다.

〈그림 1-35〉 독서물 운영 절차

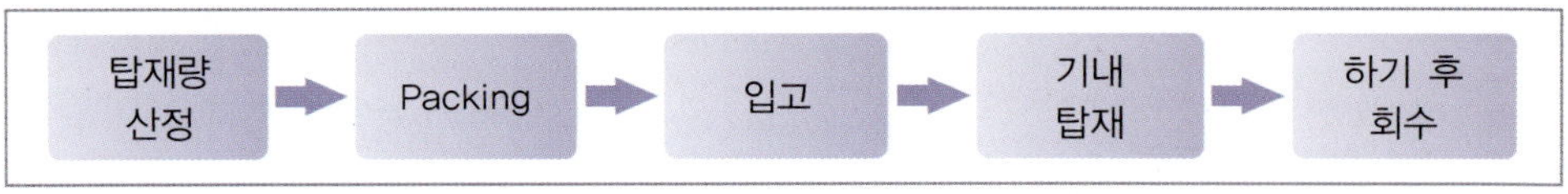

(2) 탑재량 산정

일일 탑재량 산정을 통해 탑재표를 작성하여 업체 및 현장에 통보해야 하는데 탑재표 작성방법은 다음과 같다.

㉮ 먼저 System을 통해 일별 Flight스케줄을 확인한 후 승객 예약현황을 확인한다.

㉯ Flight명이 표기되어 있는 표상에 Class별 승객 수에 맞는 Pack단위를 기재하여 수량을 배정한다.

㉰ 일일 운영량으로 국내선, 국제선 운항편 기준수량 범위 내에서 Flight별로 배정 운영한다.

(3) FLT별 Packing

모든 일간지는 일일 입고량에 맞추어 일관 입고되며 모아진 일간지는 탑재표에 의거 30부, 40부, 50부의 단위기준으로 전 매체가 골고루 탑재될 수 있게 Packing 되도록 한다.

(4) 입고

작업이 끝난 일간지는 조간, 석간으로 나누어 1일 2회 입고되며 부산, 제주 탑재용 일간지는 입고되어 미리 배정된 FLT로 송부되거나 지점에 직납으로 관리되어 탑재된다.

4) 탑재량 운영기준

(1) 일간지

일간지는 크게 국제선과 국내선으로 나누어 탑재표를 작성한다.

㉮ 국내선은 연 2회 동계·하계 스케줄에 따라 작성되며, 국제선은 Daily 탑재표가 작성된다. 1일 전 승객 예약상황에 의거하여 FLT별, Class별, In-bound/Out-bound로 구분, Pack 단위로는 30부, 40부, 50부씩 수량을 배정한다.

㉯ 탑재수량 산정 시 예약상황을 일일이 확인할 수 없으므로 항공기의 기종별 좌석 수를 기준으로 산정하되 출발 시간대별로 탑재량을 차등 적용한다.

〈표 1-41〉 일간지 탑재량 산정기준

국내선

- 항공기 기종별 좌석 수 기준
- 출발시간대별 탑재량 차등 적용
- 연 2회(동계, 하계) 탑재량 조정

국제선

- Flight 출발 1일 전 CRS상의 승객 현황 확인
- Class별 Pack단위로 수량 배분

일간지 Pack

(2) 잡지류

잡지류는 주간지와 월간지로 구분되며 국문, 영문뿐 아니라 일문, 중문 등의 잡지류로 골고루 구성하여 노선별로 탑재표에 의거 Packing된다. 주로 상위 Class를 위한 서비스 품목에 대부분이 배정되며 일부는 EY Class용으로도 배정된다. 출발 스케줄에 의해 편명별, Class별로 구분하여 Setting 후 탑재서비스되며 서비스 후 회수하여 재서비스된다.

잡지 운반용 Bag

(3) 기내 도서

기내 도서의 운영방법은 항공사 정책과 서비스 및 승객 구성 등 여러 요인을 고려하여 운영되고 있으나 소설, 비소설, 어린이, 유머/만화, 여행정보 등 정기교체 및 Event 도서로 다양하게 구성한다. 서비스 노선은 장거리노선을 중심으로 탑재되며 한 FLT당 탑재수량은 기종과 노선에 맞게 적절히 보충하거나 시즌별로 교체 서비스한다.

기내 도서/Carrier Box

기내 도서는 교체 시즌 중 베스트셀러를 중심으로 진행되며, 그 기준은 아래와 같다.

㉮ 대형서점/온라인서점 판매순위 상위권, 선호도, 연령 및 여행특성을 감안하여 선정한다.

㉯ 내용은 교양, 건전오락, 감동과 승객에게 유익한 도서를 위주로 선정하므로 선정적이거나 외설적인 내용의 도서는 제외시킨다.

㉰ 분량 면에 있어서는 비행 중 완독가능 분량을 고려하여 300쪽 이내의 도서를 선정한다.

㉱ 연재물은 대상에서 제외된다.

㉲ 마지막으로 활자크기는 기내조명을 감안하여 글자 크기가 작은 도서는 제외한다. 기내 도서 선정 시 지양해야 하는 기준으로는 기내에서 보기 부적합할 정도로 글자 크기가 작은 것, 비행 중 다 볼 수 없을 정도로 책이 너무 두꺼운 것, 내용이 너무 선정적이거나 폭력적인 것, 전집 또는 양장본으로 구성된 것은 베스트셀러 중에서도 선정 대상에서 제외시키고 있다.

PART

2

기내 판매서비스

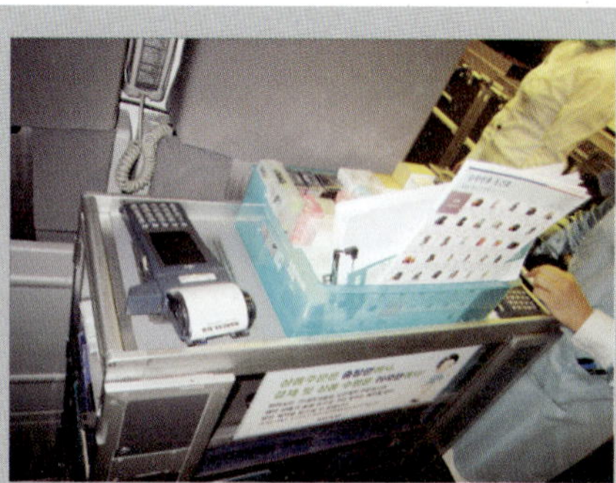

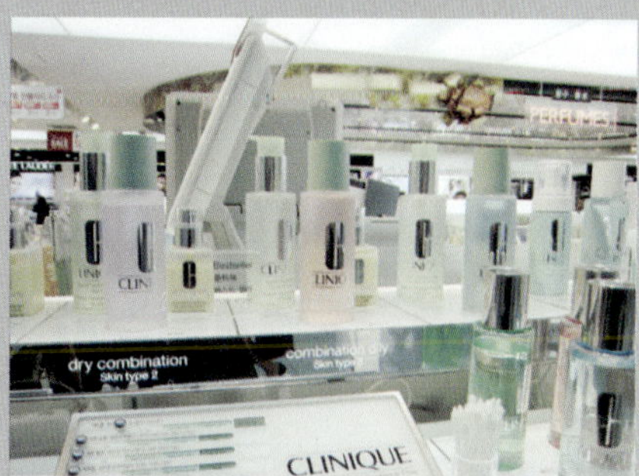

Chapter 1 기내 판매의 이해

01 | 기내 판매서비스의 개요

1) 기내 판매서비스 일반

(1) 광의의 기내서비스

국제선 항공기에서 제공되는 기내서비스의 개념으로 기내식 서비스, 음료서비스, 기내 엔터테인먼트, 독서물 서비스, 기내 판매서비스 등 광의의 기내서비스에 포함된다. 기내 판매서비스는 면세품 구입을 원하는 승객에게만 제한적으로 제공되는 서비스로서 일반 기내서비스와 서비스 제공형태 및 절차가 서로 다르다.

(2) 기내 면세 판매의 개념

㉮ 국제선 항공편 기내에서 탑승객을 대상으로, 해외 유명상품을 포함한 다양한 상품들을 제조회사로부터 직접 구입하여 저렴한 면세가격으로 국제선 탑승객에게 판매하는 기내서비스의 하나이다.

㉯ 승무원은 승객이 원하는 면세품을 올바로 안내 · 판매할 수 있도록 품목별, 가격, 기내 수수 화폐 및 환율 등 사전 필요사항을 숙지해야 한다.

2) 기내 판매서비스의 특징(제약)

기내 면세 판매에는 지상 면세점과 달리 몇 가지의 차이점을 보이는데, 기내라는 특수성으로 무한정 탑재를 할 수 없고 Flight Time 중 기내 판매시간이 한정되어 있다는 점과 국익차원의 판매액을 법률적으로 정해놓고 그 이상을 판매, 구입하지 못하도록 해놓고 있는 것 등이 그 특징이라 할 수 있다.

서비스의 제약

- 공간적 제약
- 시간적 제약
- 법률적 제약

(1) 공간적 제약

항공기 기종별 탑재공간의 제한으로 충분한 상품을 탑재하지 못한다.

(2) 시간적 제약

㉮ 한정된 운항시간 내에 서비스 절차에 따라 면세품을 판매하므로 판매 가용시간이 제한적이며 부족하다.

㉯ 특히 단거리노선의 경우 항공기 구조상 많은 물건을 여러 곳에서 동시 판매가 불가능하며 타 기내서비스의 가용시간을 피해 판매할 수 있으므로 제한적일 수밖에 없으며, 판매 가용시간이 절대 부족한 특성이 있다.

(3) 법률적 제약

㉮ 관세법 규정에 따라 한국 입국 시 면세 통관 허용한도는 1인당 USD400 이하이다.

㉯ USD400을 초과하는 고가상품은 한국 입국편에는 판매가 불가한 규정 안에서 제품을 선정하고 있다.

3) 대상품목 선정

(1) 품목선정 고려사항

품목선정 시 인기품목, Best Seller, 유명 Brand, 시장동향, 경쟁사상품, 정책적 판매품목, 자사 Logo상품, 이익 등 여러 요인을 고려하여 판매품을 선정한다. 이때 유의해야 할 사항으로는 특정 브랜드 및 상품 카테고리에 편중되지 않도록 유의하고 특정 브랜드 판매정책을 고려해야 한다.

(2) 품목 수 결정 시 고려사항

항공사 기내 탑재공간과 판매시간 고려, 승객 성향 및 노선 특성을 고려하여 판매수량을 결정한다.

(3) FLT노선별 일반적 운영수량

탑재되어 판매되는 면세품의 종류는 상기 제약사항을 고려하여 한-일 50~100종, 동남아 100~150종, 장거리 150~200종 수준이나 항공사의 정책 결정사항으로 증감할 수 있다. 이외에도 직접 기내 탑재판매를 하지는 않더라도 사전주문품을 운영하여 Cyber 혹은 안내지의 안내에 따라 노선별로 품목을 탄력적으로 운영할 수 있다.

4) 품목 Category

주류, 향수, 화장품, 선물류, 초콜릿류, 액세서리류, 건강식품류, 기타 선물류 등으로 다양하게 구성할 수 있다.

(1) 주류

Soft Liquor, Hard Liquor, Wine류 등의 다양한 술 종류가 포함된다.

(2) 향수

Perfume, Eau de Perfume, Eau de Toilette, Eau de Cologne, Body Mist/After Save 등이 포함되며 최근에는 기술의 발달로 국내 생산품들도 내국인의 취향에 맞는 상품을 많이 생산하고 있으며 남 · 여성용 화장품의 모두가 같은 범주에서 선정된다.

❶ 향수란?

㉮ 지구상에 있는 휘발성물질이 발산될 때 취신경이 자극을 받아 느끼는 감각 중에서 인류생활에 유익하게 이용되는 냄새를 향이라고 한다.

㉯ 향수류는 '향기의 예술' 또는 '액체의 보석'이라고 할 만큼 대표적인 무드 상품으로 자기의 개성과 분위기를 환상적으로 표현, 몸과 마음을 연결시켜주는 데 효과가 큰 인류역사상 최초의 화장품이기도 하다.

㉰ 화장품이 아름다움을 표현하는 시각적인 방법인 데 비해 향수는 후각적 표현방법이다.

❷ 향수의 역할

㉮ 사용자의 기분을 좋게 하고 즐거움을 줄 수 있다.

㉯ 여성의 사회진출이 늘고 패션감각이 세련됨에 따라 제3의 패션기능을 발휘한다.

㉰ 향수는 빛깔이나 형태가 없는 만큼 신비롭고 상대방에게 인상 깊게 하는 호소력을 지니며 최고의 액세서리이기도 하다.

❸ 향수의 역사

기원전 14세기 파라오 왕조는 자신의 영혼을 지키기 위해 사용했으며 2~3세기에 클레오 파트라의 미모 뒤에는 향유, 향고가 있었다. 그 후 10~13세기에 와서 십자군기사들이 이집트 향을 서유럽에 소개하였고, 14세기에 포도주와 향, 연금술의 발달과 포도주 증류과정이 급발전하기 시작했다. 15~17세기 파리 노트르담사원에 제1호 향수 전문점이 생기면서 향수의 메카가 이탈리아에서 파리로 바뀌게 된다.

17세기에 접어들면서 프랑스에서 향산업이 발달하게 되는데, 프랑스 남부 그라스(Grasse) 지방에서 가죽냄새를 중화하기 위해 사용하게 된 것이 향산업이 급격히 발달한 계기가 되었다.

19세기에는 천연 향에 합성향료를 넣어 다양한 제조방법이 발달하게 되면서 향수의 대중화시대가 열리게 된다.

이후 20세기에는 패션과 향의 환상적인 만남으로 향수의 브랜드시대를 맞이한 시기라고 볼 수 있다.

현대사회에서는 향수기술이 보편화되면서 프랑스뿐만 아니라 각국에서 특유한 향을 이용하여 향수를 상품화하는 시대가 되었다.

❹ 농도에 따른 향수 구분

향수를 농도에 따라 구분하면 〈표 2-1〉과 같다. 각 향수 농도별 경과시간과 용도를 알아보자.

〈표 2-1〉 농도에 따른 향수 구분

	구분	농도	지속시간	비고
1	Perfume	15~25%	8시간	귀 뒤, 목·팔목 부위
2	Eau de Perfume	10~15%	6~7시간	귀 뒤, 목·팔목 부위
3	Eau de Toilette	5~10%	5~6시간	초보자 혹은 남성용 가능
4	Eau de Cologne	2~5%	2~3시간	
5	Body Mist/After Save	2% 이하	1~2시간	운동 후 전신, 면도 후

❺ 시간에 따른 향의 변화

향수는 휘발성이 강하므로 시간의 흐름에 따라 향이 변하게 되는데 이것을 Note라고 한다. 향의 지속시간에 따라 Note를 구분하고 있으며 그 내용은 〈표 2-2〉와 같다.

〈표 2-2〉 시간에 따른 향의 변화

	NOTE	내용	향취성분	시간 경과
1	Top Note	Cap을 열었을 때 향의 첫 느낌	시트러스, 그린	5~10분 지속
2	Middle Note	알코올이 날아간 후 본래의 지속되는 향(중간단계의 향)	플로럴, 프루티	10분 후 지속
3	Base Note	분무 3시간 후 지속되는 향. 자신의 체취와 향이 조화를 이룸	머스크, 우디	3시간 후

(3) 화장품

❶ 정의

화장품이란 인체를 청결, 미화하여 매력을 더하고 용모를 밝게 변화시키거나 피부, 모발의 건강을 유지 또는 증진하기 위하여 인체에 사용하는 물품으로서 인체에 대한 작용이 경미한 것을 말한다.

❷ 화장품의 분류

화장품의 종류는 크게 기초화장품, 기능성 화장품, 색조화장품, Body용품, 클렌징제품, 기타 제품으로 구분할 수 있다.

❸ 기초화장품

㉮ 메이크업베이스 : 피부 틈을 고르게 하고 피부색 교정, 피부 보호용도이다.

㉯ 파운데이션 : 피부색을 아름답고 자연스럽고 깨끗하게 결점 커버, 건조함, 먼지, 자외선, 추위로부터 보호 등의 용도로 사용한다.

㉰ 파우더 : 피부를 하얗게 하는 얼굴 화장품으로 들뜸과 얼룩을 방지, 화장막을 형성하여 지워짐 방지에 사용한다.

기초화장법

피부 청결(세안) → 피부 활성화(마사지) → 수분 및 영양 공급

❹ 기능성 화장품(Concealer)

얼굴의 결점을 커버하기 위한 화장(메이크업베이스 후 사용)품으로 피부에 밀착, 커버력이 좋아 잡티, 흉터 등을 가려준다. 종류로는 기미, 주근깨, 여드름, 모공, Eye care, 노화방지 등이 있다.

❺ 색조화장품

개개인의 개성을 표현하기 위한 수단으로서의 화장품이며 자신에게 어울리는 컬러, 자연스러운 표현 테크닉, 유행에 따른 변화를 위해 사용된다. 색조화장품은 색상과 명도, 채도(색의 순수성과 탁한 정도)라는 3가지 속성이 특징이다.

색조화장법

아이 메이크업 → 아이 브로(눈썹 그리기) → 립 메이크업 → 치크 메이크업 순

❻ Body용품

Body용품은 몸 전체에 탄력을 주며 부드럽게 만들어준다. 종류로는 Body로션, 마사지크림, 오일, 스킨, 크림 등이 있다.

❼ 화장품의 종류

㉮ 세안화장품 : 클렌징, 클렌징로션, 클렌징오일 등

㉯ 화장수 : 스킨, 스킨토너, 스킨로션 등

㉰ 로션 : 모이스처로션, 에몰리언트로션 등

㉱ 크림 : 영양크림, 마사지크림, 콜드크림, 클렌징크림, 선블록크림 등

㉲ 에센스 : 스킨타입, 로션타입, 젤타입, 팩종류 등 선호도가 높은 품목으로 다양하게 선정할 수 있다.

02 기내 판매업무

1) 면세품의 거래형태와 업체

전 세계 유명 브랜드를 대상으로 하므로 해당국가의 본사와 직접 거래를 원칙으로 하고 있으나 최근 면세사업이 많은 수익성을 수반함에 따라 판매 물동량이 많은 회사는 통상 본사직영 지사를 두어 판매를 관리하고 있으며 본사의 업무를 대행한다. 그렇지 못한 경우에는 대리점의 성격으로 그 업무를 대행하고 있다. 대리점은 판매수수료를 본사로부터 받아 운영하고 있으며 최근에는 본사에서 수수료 수익을 올리기 위해 직영체제의 지사를 운영하는 경향이 높아지고 있다.

(1) 본사 직거래

일반적으로 면세품 생산 원산지의 해당국가에 위치한 본사에 직접 접촉하여 거래 관계사항을 상호 협의하여 진행한다.

(2) 지사(Branch Office)

본사에서 갈려 나가 본사의 관할 아래 일정한 지역에서 본사의 일을 대신 맡아하는 곳으로 지역단위별, 국가별로 관리를 용이하게 하기 위하여 본사의 대표성을 갖고 본사의 업무를 수행하며 유명 Brand상품은 거의 지사를 운영하는 것이 최근의 동향이다. 샤넬코리아(Chanel화장품), 부루벨코리아(루이비통, 셀리니) 등이 여기에 속한다.

(3) 대리점(Agency)

일정한 회사의 위탁을 받아 거래를 대리하거나 매개역할을 하는 업체로 Agent라 불리며 지사가 개설되지 않은 상품의 거래관계를 대행한다. 판매량의 수수료로 운영하고 있다.

2) 구매의뢰 및 통관

(1) 구매가

판매품의 원가에 생산자의 생산원가, 이익률 및 수송비용과 중간 대리점 등의 관리수수료 등이 포함되어 구매가가 결정될 사항으로 상호 협의하여 조정된다.

(2) 발주

통상 Lead Time 30~45일 감안 Purchasing Order를 Issue하게 되는데 입고시 짐에서 0.5개월의 재고불량이 있을 때를 맞추어 납기되도록 함이 이상적이다.

(3) 구매량 산정

초도 물량일 경우 항공사 Flight 규모, 수송실적, 최근 판매실적 혹은 유사 종류의 판매실적 등을 고려하여 월간 예상 판매량을 예측하게 된다. 월간 예상 판매량을 기초로 초도 입고량을 결정하는데 M.O.Q수량도 감안하여 업체 혹은 Agent와 사전 조율하여 최종 결정한다.

기존의 판매상품일 경우 일반적인 구매기법과 절차에 따라 구매가 이루어지며 통상 구매관련 부서에 의뢰하여 사용부서와 구매부서가 상호 견제, 균형의 조화를 이루게 하고 있다.

(4) 면세품 수송(Delivery조건)

일반적으로 무역거래의 수송조건을 말하며 C.I.F(Cost Insurance and Freight) 조건과 F.O.B(Free On Board or Freight On Board)조건의 2가지가 있다.

㉮ C.I.F : Cost, Insurance and Freight의 약어이다. 운임, 보험료 포함 인도 조건으로 보통 수입자가 원하는 장소까지의 모든 비용을 수출자가 부담한다.

㉯ F.O.B : Free On Board(…named port of shipment)의 약어이다. 본선 인도조건으로 수출자가 수출에 소요되는 모든 비용(적하보험, 해상운임 포함)을 부담하는 조건이다.

상품의 중요도에 따라 운송조건이 결정되지만 기내 판매품의 경우는 C.I.F조건을 선호하여 업체에서 인도장소까지 발생비용을 부담하는 조건으로 하고, 중간과정에서 발생할 수 있는 파손 분실에 부담을 줄이는 목적과 구매수량을 정확하게 일치시켜 세관관리하에 사후관리가 이루어져야 하는데, 수송과정에서 수반되는 제반업무를 줄이는 데도 목적이 있다고 할 수 있다. 그러나 자사 항공기를 이용하여 수송이 가능한 경우는 운송비용을 줄이고 자사관리하에 수송이 가능하므로 F.O.B조건을 취하는 경우도 있다.

(5) 통관

내국물품은 통관 절차가 불필요하지만 외국산 물품은 반드시 통관 절차를 거치게 되는데 지속적으로 사업이 이어지는 사업장에는 세관과 연결된 E.D.I(Electronic Data Interface) System을 이용한 전송방법으로 세관에 신고하게 된다. 접수되면 승인된 것으로 간주하여 업무를 진행하게 된다. 또한 통관은 물품이 도착하여 보세장치장으로 창고배정을 받게 되며 그 후에 Document를 구비하여 세관신고 절차를 밟게 된다.

3) 판매가격

판매 운영되는 판매가격들은 여러 요인으로 인하여 변경 운영되고 탄력적으로 적용되어야 하므로 필요한 품목의 판매가는 월단위로 판매가를 조정하게 된다. 주요 요인을 보면 가장 큰 요인은 환율이며 타사 혹은 타 면세점과의 가격경쟁력 우위 점유와 판매 활성화 측면, 재고정리를 위한 방안 등이 요인으로 작용한다.

(1) 조정 주기

매월 단위로 조정하는데 이는 월단위로 판매 안내지에 게재하여 서비스하는 인쇄물의 발간주기와 업무를 고려한 것이다.

(2) 적용 화폐

판매증진이란 사안을 고려하면 다양한 국가의 화폐를 적용하는 것이 바람직하나 판매관리의 사후처리, 즉 위조지폐, 해당 국가의 환율 변동폭 등을 고려하면 단순화함이 바람직한 양면이 있어 신중하게 결정해야 하는 항공사의 정책적인 면이라 할 수 있다. 그러나 일반적으로는 자국의 화폐를 포함, 가장 많이 유통되는 선진국가의 화폐(KRW, USD, JPY, EUR 등)를 수수한다.

(3) 환율

환율은 외부 경제환경에 따라 많이 변화하게 되므로 환율의 폭에 따라 가격변동 요인이 발생하면 매월 단위 기내 판매 안내책자에 맞추어 환율을 적용하게 된다.

(4) 안내지 및 주요 구성

게재용 사진 Data 입수, 제품소개 내용(한/영자료), 환율, 가격, 상품광고, 대 고객안내사항 등이 결정되면 기내 판매 안내지 제작사에서 안내지를 제작하게 된다.

4) 상품 구성

(1) 고려사항

판매상품의 종류와 수량, Space가 가용한다면 제한이 있을 수 없겠지만 승객의 다양한 기호와 선호도에 따라 판매 종류 및 수량을 결정할 수 있다. 앞에서 언급했듯이 제약요소에 의한 제한이 있을 수밖에 없는 실정이다.

(2) 종류

주류, 향수류, 화장품류, 필기구류, 초콜릿류, 건강보조식품류, 패션용품류, 시계류, 진주류, 기타 선물용품 등으로 다양하게 구성할 수 있다.

5) 판매방식

판매방식은 정상적인 기내 면세품 탑재 판매 Cart에 의한 방식과 사전주문에 의한 방식의 2가지로 나누어볼 수 있다.

(1) Cart 판매

Cart 판매방식은 정상적인 비행 중 기내에서 기내 판매 안내지를 보고 탑재되어 있는 기판품을 승객에게 직접 판매하는 Cart차림 방식이다.

(2) 사전주문 한정판매

출발 이전에 Internet 정보 혹은 인지하고 있는 기내 판매품을 사전에 주문하여 승객에게 전달하는 사전주문 판매방식이다. 판매상품의 종류 또한 서로 달라 사전주문은 판매 전 품목(기내 및 사전 주문품)을 대상으로 구입 가능하며, 제한된 상품들이 판매 중에 모두 팔렸을 때에도 개별 Packing되어 전달받게 되므로 구입 가능한 장점이 있다.

6) 변경주기

(1) 상품구성 변경주기

상품구성 변경주기는 월간 단위로 변경하는 것을 원칙으로 하고 있다. 이는 신상품, 모델 교체, 판매 중지품을 적기에 반영해야 하고 기내 판매 안내책자가 월간 단위로 발생되어 환율변동을 월간 단위로 반영해야 하기 때문이다.

(2) 매출 점유

❶ 노선별

판매정책과 방식 그리고 노선구조에 따라 달리하겠지만 A사의 판매실적을 근거로 노선별 점유는 다음과 같은 형태를 보이고 있다. 미주노선>중국노선>동남아노선>구주노선>일본노선>대양주노선 순이지만 이것은 노선별 FLT수 등 여러 Factor에 의해 달라질 수 있다. 그러나 판매성향을 판단하는 데에는 도움을 줄 수 있다.

❷ 상품 카테고리별

노선별 점유 내용과 동일한 개념으로 상품 카테고리별 점유 내용을 보면 화장품류>주류>선물류>향수류>초콜릿류>필기구류>시계류의 순이다.

7) 기내 판매 절차

기내 판매 절차에 대해 알아보도록 하자. Cart차림으로 탑재된 기내 판매품 승무원에 의해 앞쪽 Aisle부터 뒤쪽 방향으로 판매서비스를 하며 수수는 현금류와 카드류에 의해 판매대금을 수수한다.

(1) 기내 판매 수수 화폐

수수 화폐로는 원화, 미화, 엔화, 유로화 및 신용카드(USD/KRW) 등을 수수하며 필요시 화폐 종류를 추가할 수 있다.

(2) 기내 판매방식

앞에서 언급했듯이 기내 판매방식은 기내에 탑재하여 판매하는 방식과 사전 예약 주문에 의한 판매의 2가지로 구분된다. 현장 운영부문에서 자세한 내용을 소개하기로 한다.

03 기내 판매 안내책자 및 인쇄물

1) 기판 안내책자

기내 판매 안내지에는 주류, 화장품, 향수 등 인기상품들이 자세한 설명과 함께 수록되어 있는데 승객에게 안내서비스를 함으로써 판매시간 단축과 편의를 제공하게 된다.

- 제작주기는 매월 단위이며 해당월에 판매될 품목 중 신규품목 혹은 중지품, 가격 및 환율 변동사항 등의 변경 내용을 판매개시 10일 전까지 확정지어 새로이 발간하게 된다.

기내 안내지

승무원 조견표

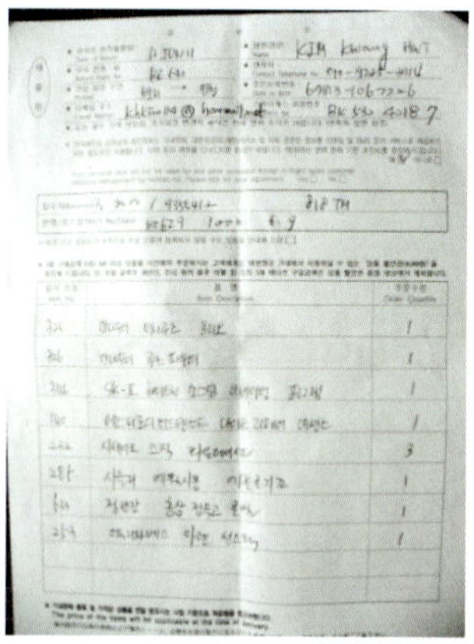

귀국편 사전 예약 주문서

2) 승무원 가격조견표

승무원이 승객에게 안내하기 편리하도록 상품사진, 번호, 가격 등을 수록하여 만든 승무원 전용 안내서이다.

3) 귀국편 사전 예약 주문서

예약 주문서는 Seat Pocket 내에 Setting되어 있으며 사전주문에 필요한 품목, 수량, 금액, Flight명, 성명, 일자 등을 기록하여 승무원에게 전달하면 귀국 혹은 Return편에서 물품을 전달받을 수 있는 양식이다.

04 기내 판매 활성화제도

기내 판매 활성화 방안에는 여러 가지가 있을 수 있으나 보편적으로 쉽게 적용 가능한 방법 몇 가지를 알아보도록 하겠다.

1) 기내 판매전시장 운영

주요 지정장소 혹은 판매영업점 내에 기내 판매전시장을 운영하여 Ticket 구매 시 출발일정에 맞춰 사전주문서에 의한 주문을 하도록 하여 판매를 활성화하는 운영제도이다. (단, 현장 판매는 관세법상 기내에서만 판매할 수 있는 면세품이므로 판매할 수 없다는 점도 참고해야 한다.)

2) 상품할인권 운영

상품할인권 운영은 많이 구입하여 일정액이 초과하는 사전주문 승객에게 할인권을 제공하여 차기구매 시 기내 판매품의 구입을 유도하는 제도이다. 상위 클래스 승객을 대상으로 공항 탑승수속 시 제공하는 할인권으로 (1)항 사항과 동일한 개념의 운영제도이다.

3) 타사와 판매제휴

판매시스템을 갖추지 못한 자사 이외의 타사를 대상으로 자사의 판매시스템과 동일하게 판매를 실시하는 것으로 단지 판매 매장만 타사이므로 총 판매 매출액의 비율을 상호 사전계약에 의거 Share하는 방법이다. 양사 모두에게 사업성이 있다고 판단, 최근에는 저가항공사의 기내 판매를 중심으로 상호협력을 통하여 제휴하고 있으며 기타 절차상의 내용과 사항은 동일하다.

4) 통신판매(e-SKYSHOP)

(1) 통신판매란?

국내 유통 · 판매 가능한 상품들을 전화, 인터넷 등으로 주문받아 택배서비스로 우송하는 판매서비스로 통신판매상품은 면세품이 아니며, 기내에서 탑재 판매하지 않음이 면세품 판매와의 차이점이라 할 수 있다.

(2) 주요 판매상품

항공사 Logo상품, 여행/사무용품, 와인류, 생활용품, 어린이용품, 또는 지역 유명 토산품류 등 부대수입과 매출에 도움이 될 Item을 항공사 Image 등을 고려하여 결정할 수 있다.

(3) 주문방식

국내선 항공편, 기내 판매 전시장 및 제휴호텔 혹은 리무진 등 다양한 형태로 카탈로그 및 주문서를 비치하여 고객들에게 인지도를 높이는 동시에 홍보 및 주문과 연결시키게 되며 전화, Fax, 인터넷 등 On-Line 및 Off-Line 방법을 통해 주문하도록 안내한다.

Chapter

2 기내 판매 지상운영

01 | 기내 면세품 업무

이번 절에서는 기내 판매 지상운영 부문을 정리해 보고자 한다. 지상운영 부문의 범위는 일차적으로 기획되어 서비스가 확정되면 현장으로 시행지침을 내려 보내게 되는데, 그 시행지침에 따라 현장업무를 운영하게 된다.

1) Flow

〈그림 2-1〉 기내 면세업무 Flow는 기내 면세품의 구매에서부터 창고, Setting 운영, 탑재, 하기, Resetting, 판매 후 수납관리 등의 업무 흐름을 이해하기 쉽도록 도해화하였다.

〈그림 2-1〉 기내 면세업무 Flow

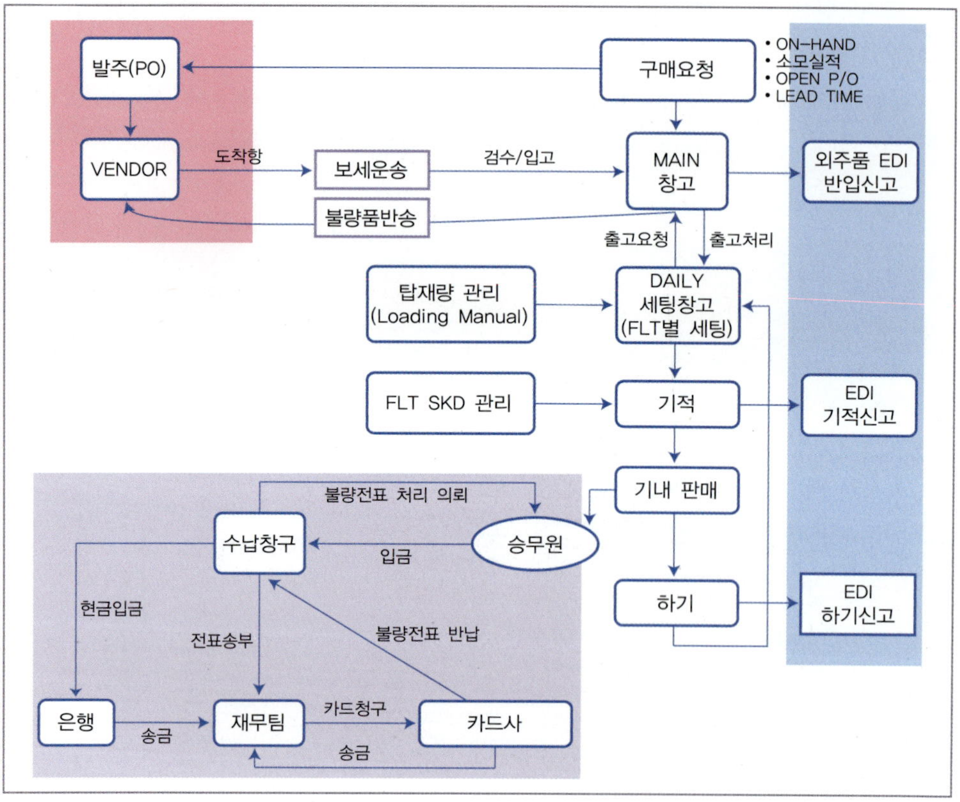

2) 기내 면세품 탑재용기

(1) Drawer

기내 면세품의 세팅 최소단위로 Carrier Box 혹은 Cart에 Sliding형태로 끼워 넣게 된 용기이다.

(2) Carrier Box

기내 면세품의 세팅 Drawer가 세팅되는 탑재용기로 기내 Galley의 탑재공간, 즉 Carrier Box Compartment에 탑재 운영된다.

(3) Cart(Full & Half)

Half Cart는 Carrier Box 2~3개, Full Cart는 Carrier Box 4~6개 분량의 크기이며 운반 및 통로를 통해 이동, 판매, Showing이 용이하도록 바퀴가 달려 있다.

(4) Bulk

탑재 Space가 없거나 부피가 커서 일정 탑재위치에 탑재가 불가능한 경우 Bulk로 탑재하게 되는데 통상 Shopping Bag 혹은 사전주문품이 많을 경우에 Bulk로 탑재하게 된다.

탑재대기장

02 | 면세품 운영

1) 불출 및 세팅

기판 Setting 운영장

(1) 불출

하기량과 현 일일창고의 재고량을 포함하여 익일 필요량을 집계, Main으로 불출 의뢰하면 Main에서 특별한 사항이 없는 한 의뢰된 수량을 불출하게 된다. 동일건물 안이 아닐 경우 수송 시 세관의 허가를 득하여 수송 중 IRR 방지를 위해 Seal을 운영해야 하며 지정된 장소, 즉 운영장으로 반입하게 되며 De-Boxing하여 품목별 수량을 확인하는 절차를 갖는다.

(2) 세팅

❶ 주요 업무

주류, 화장품 등 기판품을 Manual에 의거 지정한 용기에 Setting하는 운영장 업무를 말한다.

❷ 작업공정

세팅 사전준비 → 전일 하기 기판품 Inventory 실시 → 체조 → 명일 FLT세팅 → 휴식 → 세팅작업 계속 → 중식 → Inventory 및 Setting 확인(Recheck) → 휴식 → 전화 주문 접수 및 list 생산 및 세팅 → Sealing, Tag 부착 및 불출품 De-Boxing → 기적 대기장 이동 및 FLT별 정리 → De-Briefing 및 종료의 과정을 거치는 작업공정을 갖는다.

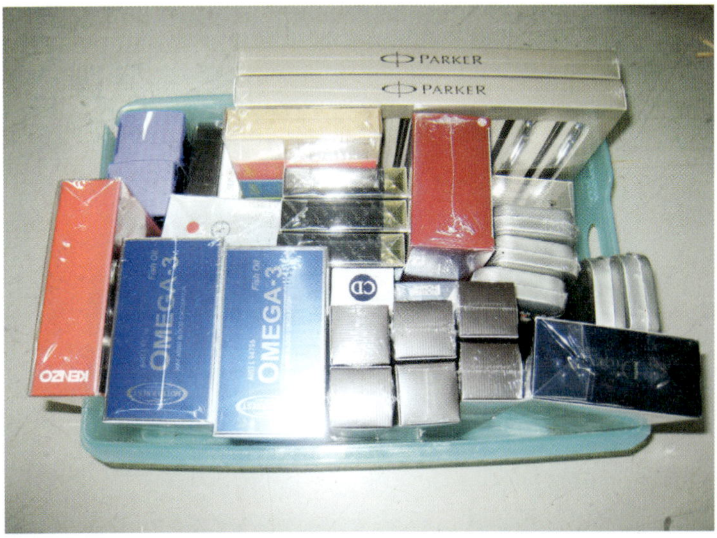

최소단위 Drawer Setting

❸ 품목별 작업형태

㉮ Refill형태 : 주로 한일, 동남아 노선 등 단거리노선에 해당하는 작업방법이다. 그 내용은 다음과 같다.

- 탑재량 기준으로 하기량 확인(판매 일보 CHK)
- 판매된 수량만큼 다음 Flight를 위해 보충
- 1차 Setting된 수량 확인 및 Inventory 실시

㉯ 분리 해체 후 Resetting형태 : 중장거리노선에 해당하는 작업형태로 다음과 같은 방법으로 작업이 진행된다.

- 하기량을 품목별로 분리 해체한 후 Resetting 실시
- 전화 주문접수 및 Setting
- 최종 Recheck

* 담배와 Chocolate은 단거리(한일, 중국)를 4단 Cart에 분산하며 장거리는 FLT별, 품목별로 통합 세팅한다.

(3) 판매 보조용품

❶ 정의

면세품 이외 면세품 판매, 보관, 인계, 인수 시 필요한 각종 물품 및 양식

❷ 보조용품(승무원 인계품 중심)

㉮ Seal(면세품용 Seal 사용)
㉯ 판매일보 4Copy × 2부
㉰ Money Bag
㉱ 고가품 인계, 인수서(미정)
㉲ 승무원용 가격 조건표
㉳ Seal No, 인계, 인수서
㉴ 쇼핑백 2종류(대/소)
㉵ 사전주문 탑재 리스트
㉶ 액체류, 젤류 보안 관련용품
㉷ 기내 판매 물품 멸실 신고서
㉸ 신용카드 전표(약 50장 이상), Imprinter, 영수증

㉰ Stem 인계인수서

* POS 운영노선은 POS관련 장비 및 보조품

2) 표준 탑재량과 하기 및 탑재

(1) 표준 탑재량

기내 판매품은 Galley 내 지정된 위치에 탑재하게 되어 있는데 판매상품의 판매실적, 탑재공간, 판매가격, 제품 Volume 등의 요소들을 고려하여 판매 효율성을 최대한 높이도록 표준 탑재량을 정하게 된다. 이렇게 확정된 표준 탑재량을 근거로 품목별로 Setting Method가 결정된 후 현장으로 통보하게 된다.

(2) 하기

❶ 주요 업무

기내 판매 후 기판품의 인수 및 창고까지 운반하는 업무로 하기물품의 수량 확인 및 도착 후 Liquor Refill 세팅작업까지 업무범위가 포함된다.

❷ 절차

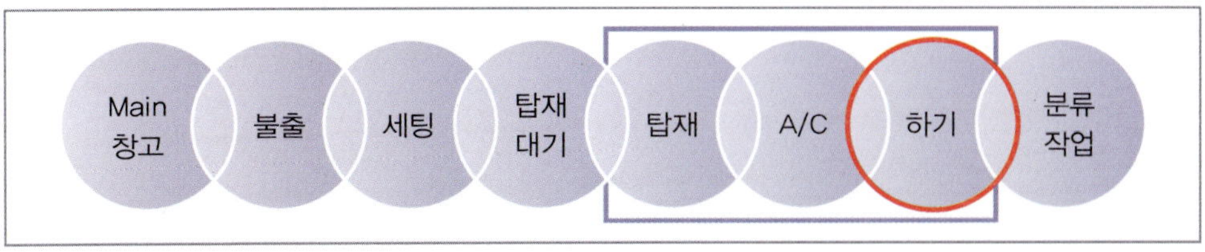

❸ 업무내용

승무원이 기내에서 판매하고 남은 기판품을 인수받아 실제 수량과 판매 일보상의 수량 일치 여부를 확인하고, 전 품목을 Seal to Seal방법으로 인계받는다. 승무원의 Inventory 수량과 상이한 경우 승무원에게 연락한 후 수량 재확인 및 Cash Box에 통보한다.

(3) 탑재

❶ 주요 업무

기내 판매를 위하여 준비된 Cart, Carrier Box 등을 Food Car를 이용 A/C 내 일정장소까지 운반, 탑재하는 업무로 승무원에게 인계를 완료함으로써 업무가 종료된다.

❷ 절차

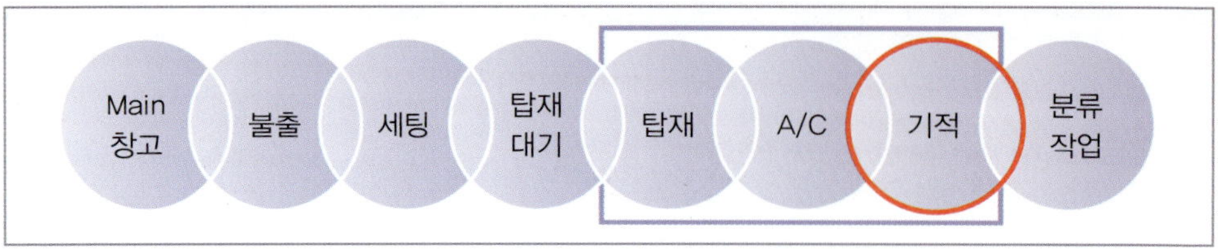

❸ 주요 내용

탑재 대기장에 보관되어 있는 품목을 탑재 List 혹은 판매 일보상의 수량과 탑재 용기별로 확인한 후 대기하고 있는 Food Car를 이용 해당 Flight에 탑재하게 된다. 탑재된 기내 판매품의 인수인계는 Seal to Seal 방법으로 승무원과 사전주문, 보조용품, 자동화 장비 등을 확인하여 인계하게 된다.

- Seal to Seal 인계방법 : 채워진 Seal No와 판매 일보상의 Seal No가 일치되어야 하며 NBR이 다르거나 수량에 이상이 있을 경우에만 탑재원과 승무원이 상호 대면 인수인계하여 재확인 절차를 갖게 된다.

03 운영장 업무

1) 귀국편 사전주문 예약

(1) 귀국편 사전주문 예약이란?

구입하고자 하는 기내 면세품을 사전에 주문하여 해당편 기내에서 주문품을 전달받아 품절 및 시간제약으로 원하는 상품을 구입하지 못하는 불편함을 해소하기 위한 일종의 승객 편의적 서비스와 판매촉진의 의미도 있다.

활성화할 경우 판매시간을 단축할 수 있는 장점이 있는 반면, 최근에는 그 건수가 많아짐에 따라 탑재 Volume의 제한으로 무한정 탑재가 불가능한 점도 있어 적절한 균형을 유지할 필요가 있다.

(2) 사전주문 예약방법

❶ 주문방법

승객이 필요한 품목과 수량을 기내 Seat Pocket에 비치되어 있는 귀국편 사전 예약주문서 양식에 작성하여 승무원에게 전달하여 주문하는 방법과 전화 및 Fax로 주문하는 방법, 홈페이지를 통한 인터넷 주문(Cyber Sky Mall) 등이 있다. 이 같은 주문은 세관신고와 작업시간 등을 고려하여 아래와 같이 시간을 제한하고 있다.

㉮ 기내 사전주문서 : 승객의 현지 도착시점부터 승객의 현지 출발시점까지의 간격이 72시간 이상일 경우(한일/한중 노선, 전화주문의 경우 48시간) 예약주문이 접수 가능

㉯ 전화, 팩스 : 서울 출발 48시간 전에 예약접수 가능

㉰ Homepage 또는 별도의 사이버주소를 통한 인터넷 주문 : 72시간 전에 주문 예약이 가능하다.

❷ 대상품목

정상적으로 기내탑재 판매 중인 상품 및 사전주문 예약 한정판매상품이 그 대상이 된다.

(3) 주문접수

❶ 지상접수

15:00까지 접수한 사전예약 내용을 마감한 후 Setting 절차를 거쳐 승객별, FLT별로 Setting한다.

❷ 기내접수

기내접수 시에는 승무원과 지상 직원은 반드시 다음과 같은 내용을 확인해야 한다.

㉮ 현지 출발시간이 현지 도착 후 72시간 이후인지 반드시 확인한다.

㉯ Code Share 항공편인지 확인한다. (Code Share 항공편 기판주문 불가)

㉰ 접수 후 접수자 기재란에 성명, 편명 및 접수일자를 기재한다.

㉱ 복사본에 정확히 기재되었는지 확인 후, 승객용은 승객에게 보관토록 안내하고 제출용은 기내 판매 담당자에게 전달해야 한다.

㉲ 기내 판매 담당자는 판매대금 입금 시 별도 대장에 주문내역 기재 후 주문서를 제출한다.

(4) 기내 전달방법

❶ 사전 확인

항공기 출발 전 기내 판매품목 인수인계 시 사전주문서 여부를 확인한다.

❷ 기내 전달

기내 판매 전 다음의 유의사항을 참고하여 사전주문서 해당 승객에게 물품을 전달한다.

㉮ 귀국편 사전주문서 해당승객은 물품을 전달받은 후 기내에서 대금을 정산한다.
㉯ Cyber Sky Shop 해당승객은 주문물건만 전달한다(대금 기결재 승객임).
㉰ 승객의 인적사항을 확인한 후 전달한다.

〈그림 2-2〉 사전주문 절차

탑승객	• 사전주문서 작성 및 승무원 전달
객실 승무원	• 한국 도착 후 주문서 제출
기내 판매팀	• 주문내역 전산처리
기판 운영장	• 주문품 세팅 및 기내 탑재
객실 승무원	• 기내 승객 전달 및 판매 처리

(5) 최근 경향

사전주문이 그 편리성과 많은 홍보에 힘입어 미주 · 구주노선에서 한일 · 중국 · 동남아 노선 등 전 노선에 걸쳐 확대 추세에 있고, 전자상거래의 실적도 증가 추세에 있다. 따라서 수입 증대를 위한 사전주문 활성화를 위한 홍보와 $400 이상 구매 승객을 위한 Promotion도 필요하다.

2) POS장비

(1) POS장비 운영

운영노선은 주로 판매량이 많은 노선과 장거리노선을 위주로 한다. 즉 미주, 구주, 대양주, 동남아 및 일부 중국 노선 위주로 운영되나 운영량이 충분하다면 노선을 구분할 필요는 없다.

운영 중 일부 수리 불가품이 발생하므로 FLT가 많을 경우 부족현상이 발생할 수 있고, 장비의 노후화, 수리 및 A/S 회수 증가 등의 이유로 항상 충분한 수량을 확보할 수 있도록 평소 운영관리에 대한 관심이 필요하다.

(2) POS Hardware 구성

POS장비의 구성과 기능은 다음과 같다.

㉮ 본체 : 영수증 Printer 일체형
㉯ LCD화면 : Touch형
㉰ 키패드 : 16Keys(Alpha/numeric)
㉱ 프린터 : 2″ Thermal Transfer(감열방식)
㉲ 카드리더
㉳ 스캐너 : Laser Scanner 상단부분
㉴ 배터리

04 기판품 보관장(Main창고)

1) 검수

기내 판매물품이 구매 및 통관절차를 거쳐 창고에 입고되면 검수를 하여 주문품과 동일한 제품이 입고되었는지 여부를 확인해야 한다. 기내 판매품에 대한 검수관리의 기본원칙은 다음과 같다.

(1) 검수자격 및 독립성

검수자는 해당업무에 적합한 직원 중에서 임명한다. 또한 검수자에게 책임과 권한을 귀속시키며 검수업무를 수행함에 있어 직무의 독립성을 보장한다.

(2) 검수장 및 보조장비

검수 담당은 입고품 검수에 적절한 장소를 별도 지정하여 검수장으로 운용하며 필요에 따라 검수에 필요한 보조장비(저울 등)를 활용한다.

(3) 검수 보조서류

검수 보조서류로 구매청구서 또는 Shipping Request Document, Sample(시제품), B/L, Invoice 또는 거래명세서를 확보한다.

(4) 검수등급

기내 판매품의 검수는 다음의 네 가지 Category별 등급으로 분류할 수 있다.

㉮ Category 'A' : 수량검수(Sampling검수)

㉯ Category 'B' : 수량 및 사양 검수(Sampling검수)

㉰ Category 'C' : 수량 및 사양 검수(전체수량 검수)

㉱ Category 'D' : 수량/사양 및 성능 검수(전체수량 검수)

(5) 검수항목

검수자가 검수업무를 수행하는 경우 검수등급에 의한 다음의 항목을 적절하게 선택하여 검수를 실시한다.

㉮ Size, Color

㉯ Logo/Symbol상태

㉰ Material

㉱ Quantity

㉲ Electric Function

㉳ 작동상태

㉴ Packing상태

㉵ 강도

㉶ 직조상태

㉷ 최종 마무리상태

㉸ 유효기간

㉹ 기타 품목별 특기사항 등

(6) 검수절차

㉮ 제반물품은 규정한 절차에 의거 보조장비 및 검수등급별 검수항목을 적절하게 선택하여 검수절차에 의거 입고한다.

㉯ 물품이 도착하면 수입선 및 형태, 중량, 취급방법에 따라 적절한 검수위치를 선택하고, 품종별 · B/L별 · Priority별로 분류한다.

㉰ B/L별로 Box를 개봉하여 수량, 상태, Vendor Tag, 기타 증빙서류(S/R, B/L,

Invoice 등)와 현품을 대조하며 내주품의 경우에는 거래명세서와 현품을 대조하여 확인한다.

㉣ 전자 · 전기 제품 등 기술적 점검을 요하는 검수는 관련부서에 협조를 의뢰하여 성능검사를 실시한다.

㉤ 검수가 끝나면 해당 Invoice상에 검수인을 날인하고, 해당사항을 기록한 후 보관한다.

2) 검수이상 처리절차

검수과정에서 Design, 수량의 상이 또는 Damage 등의 검수이상이 발생하게 되는데, 이 경우 보고와 처리 절차는 다음과 같다.

(1) 검수이상 보고

㉮ 검수담당은 검수이상이 발생하면 검수이상 Report를 작성하고 해당품목의 인보이스 원본을 첨부하여 부서장의 결재를 득한다. 다만 인보이스상에 다수의 품목이 포함되어 있는 경우에는 사본을 첨부한다.

㉯ 검수이상 Report의 결재를 득한 후 관련부서 및 Agent에 사본을 송부한다.

㉰ 재고담당은 검수이상 현물에 Label을 부착하고 정상 입고품과 분리하여 별도의 장소에 보관한다.

(2) 검수이상 처리

㉮ 검수이상품을 반송할 경우 검수담당은 세관담당에게 반송조치에 필요한 현물과 검수이상 Report 사본, 관련서류를 제출하고 반송대장에 해당 내용을 기록한다.

㉯ 관련 팀으로부터 검수이상의 해결에 대한 통보를 받을 시 검수담당은 수령업무를 수행한다.

3) 불량품 처리

기내 면세품은 운영 중에 불량품이 발생하게 되는데, 발생 원인으로는 세팅 시 부주의, Rough Handling, 기내 Turbulence 등이며 불량품의 처리절차는 파손품경위서를 조업원 혹은 승무원으로부터 접수받아 내부보고를 거친 다음, 세관의 확인을 득하고 Main 창고로 서류와 함께 이송시켜 Main 창고에서 이후의 멸각처리를 하게 된다.

〈표 2-3〉 송품 및 불량품 처리 절차

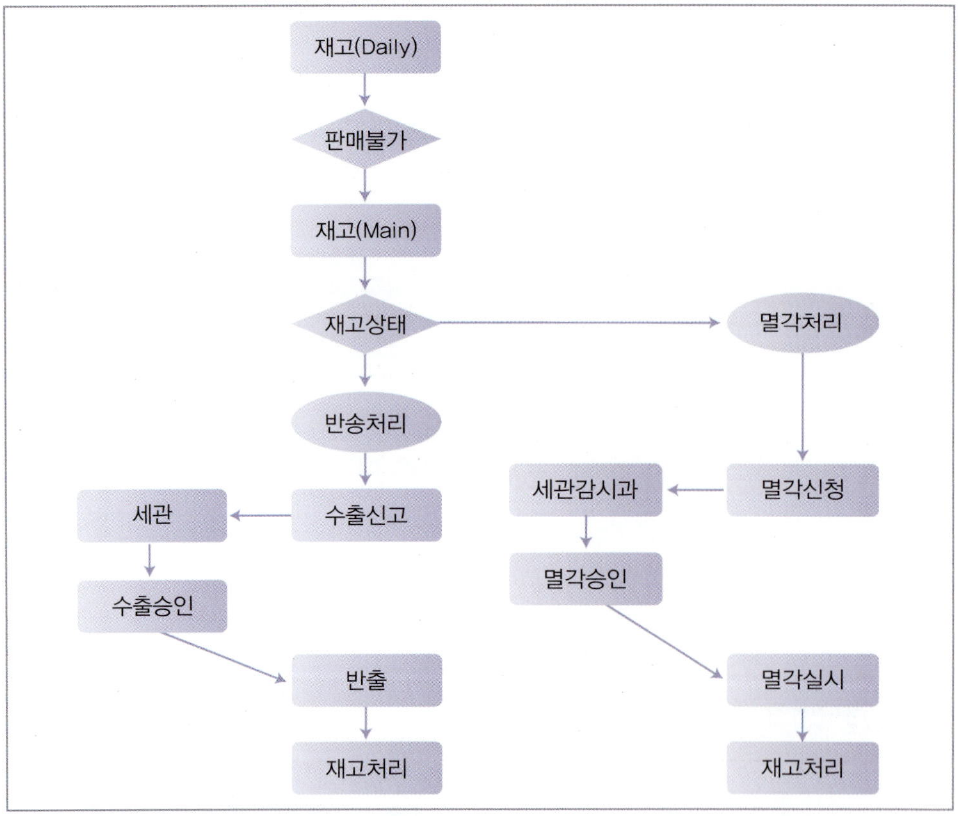

(1) 파손 및 불량

❶ 파손

상품의 파손이라 함은 상품의 일부 혹은 전부가 훼손되어 상품의 가치가 없어진 경우를 말하며 파손품은 실물보관 후 사진촬영 및 발생사유서를 작성한다. 파손된 상품 중 특히 주류의 경우 관세청 지정양식에 동 사항을 기재한 후 작성된 자료를 첨부하여 보세사의 승인을 득한 후 세관공무원에 보고한다. 파손된 모든 상품은 멸각이나 반송 등의 일정한 절차를 통해 처리한다. 용역업체 직원에 의한 파손의 경우 해당업체에 배상권을 청구한다. 그리고 멸각 혹은 반송의 결정은 해당업체와의 협의를 통해 결정한다.

❷ 불량

상품 불량이라 함은 포장상태의 불량과 제품의 작동불량, 주류 등의 경우 용량 미달 등을 지칭하며, 이 경우 해당 업체에 동 내용을 통보하고 멸각이나 반송의 절차를 통해 해결한다.

(2) 반송

㉮ 입고된 상품이 승객에게 판매되기 부적절한 상태, 즉 불량상태에 이르거나 부득이하게 판매가 중단된 상품이거나 사양이 변경되는 등의 여러 사유가 발생할 경우 해당업체에 상품의 반송조치를 취하되 멸각이 타당할 경우 업체와의 협의를 거쳐 멸각을 시행한다.

㉯ 반송의 의미는 해당상품을 해당 공급업체에 되돌려 보내는 것을 의미한다.

㉰ 반송된 상품의 비용처리는 해당업체 대금과 상계처리하는 것을 원칙으로 한다.

㉱ 반송은 아래와 같은 순서로 진행한다.

- 반송사유에 따라 각 주체별로 최종 반송결정을 내린 후 해당업체로부터 반송공문을 수령한다.
- 세관에 반송(반출)신고를 한다.
- 해당업체로 반송이 이루어지도록 화물운송업체에 절차를 의뢰한다. 이때 소요되는 비용은 해당업체에서 부담한다. 단 항공사의 요청에 의해 반송되는 경우 일부 비용을 부담한다.
- 반송상품의 비용처리는 해당업체에서 상품수령 후 해당업체와 구매부서가 협의 처리한다.
- 반송은 반송사유가 발생할 경우 즉시 시행한다.

(3) 멸각품의 처리

입고된 상품이 승객에게 판매되기 부적절한 상태, 즉 불량상태에 이르거나 부득이하게 판매가 중단된 상품이거나 사양이 변경되는 등의 사유가 발생할 경우 다음과 같은 절차에 따라 처리한다.

㉮ 해당업체에 상품의 반송조치를 취하되 멸각이 타당할 경우 업체와의 협의를 거쳐 멸각을 시행한다.

㉯ 멸각에 의한 해당 기판품의 처리금액은 해당업체에서 부담한다.

㉰ 멸각대상품목을 주기적으로 점검하기 위해 멸각대장을 운영한다. 멸각대장은 창고 기판담당이 관리하되 멸각대상품에 대한 재고조사는 매주 실시한다.

㉱ 주류 파손품 및 기타 멸각대상이 되는 물품을 선별하여 멸각대상품을 최종 확정하며 멸각의 대상이 되는 물품에는 다음 사항이 포함된다.

- 증발이 확인된 주류 및 화장품류
- 제품 자체에 문제가 있는 불량품
- 반송이 필요함에도 업체가 반송 자체를 거부한 물품 등

㉲ 파손된 주류의 경우에는 세관 감시과에 파손사유서를 제출한 후 세관의 승인을 득한다.

㉳ 선정된 멸각대상품에 대해서는 업체에 서면으로 동의를 득한다.

㉴ 인천세관에 업체동의서 및 파손사유서를 구비하여 멸각 실시 요청을 한 후 소정의 심사를 거쳐 승인을 득한다. 승인을 득한 후 멸각실시일자 등을 확정한다.

㉵ 지정된 날짜에 세관원의 입회하에 멸각을 진행한다. 멸각은 보세구역 내에서 실시한다. 멸각이 완료된 후 세관에 멸각완료보고서를 제출한다.

㉶ 업체동의서 및 파손사유서 등을 첨부하여 멸각현황을 통보하며 멸각현황을 업체와의 사후정산의 기본 자료로 활용한다.

㉷ 멸각은 멸각대상제품이 발생할 때마다 진행하는 것이 아니라 2개월 단위로 주기적으로 시행하되 멸각대상품목이 지나치게 많이 발생하여 불용재고가 많이 누적될 경우 주기를 짧게 하여 진행한다.(1개월 단위)

㉸ 멸각과 관련한 모든 업무는 기판창고 담당자가 수행하되 업체로부터 받는 멸각동의서는 기판개발담당자가 수령한다.

Chapter 3 면세 판매품 탑승운영

01 탑승운영 일반

1) 개요

기내 판매담당 승무원이 출발하여 도착할 때까지 수행하는 여러 절차 및 세부 사항을 알아보자.

지상에서 Manual에 의거 정해진 탑재공간에 기내 면세품이 탑재되면 기판담당 승무원은 탑재원과 기내 판매품을 상호 인수인계하게 된다. 인수 이후부터는 판매금액 혹은 잔존물품이 남아 있어야 하므로 특히 분실 및 Shortage에 주의하여 관리해야 한다.

2) 기내 판매품 인수인계

승무원/탑재원이 판매일보에 의거 인계인수(보조용품 포함)하게 되는데, 인수인계 방식은 Seal To Seal방식과 Item By Item방식의 2가지를 병행한다. 이때 사전주문품의 인계인수는 별도 확인하여 승객에게 정확하게 전달되도록 한다.

3) 기내 판매 주요 Procedure

기내 판매 승무원이 수행해야 할 확인사항에 대해 알아보자.

㉮ Sales Duty 확인
㉯ 거스름돈 수령
㉰ 탑재품목 인수인계
㉱ 비행 중 기내 판매 실시
㉲ 기내 사전주문서/접수 및 제출
㉳ 기내 판매 후 물품 Inventory
㉴ 기판품 Sealing
㉵ 현지 조업원(세관원) 인수인계
㉶ Sales Money 인수인계(해외)
㉷ Sales Money 반납 등이 출발 전부터 도착 후 기내 판매와 관련된 업무로 기내 판매 승무원이 확인 또는 수행해야 할 사항들이다.

4) 승무원의 주요 임무(승무원의 역할)

(1) Cart 판매

㉮ 기내 판매 전용 Cart를 이용하여 판매하며 연초류 및 Chocolate류는 균등하게 Cart 상단에 Display하며 각 FLT별 · 기종별로 설정된 기내 판매 진행 Flow에 따른다.

㉯ 각 FLT별 판매 담당승무원은 기종별로 설정된 Duty Code에 따라 수행하며 승객 탑승 및 분포 정도에 따라 사무장 판단에 의거 판매담당 승무원을 적절히 변경하여 운영할 수 있다.

㉰ 판매 중인 Cart물품의 보충업무는 기내 판매대가 위치하고 있는 Zone의 주니어 승무원이 수행한다.

〈표 2-4〉 기내 판매 기종별 운영대수(K사 기준)

- B747/B777-300 : 3대
- B777-200/ A330 / A300 : 2대
- B737 : 1대
- B747(7480) : 2대
- B747H가 투입되는 한일, 한중 노선(ICN/HKG V.V포함)에서는 4대를 운용

(2) 주문판매

㉮ 주문판매 시 안내비디오 상영 대신 안내방송만 실시한다.

㉯ 기내 판매담당 승무원은 각 Class별, Zone별로 주문판매에 가담하는 승무원에게 당일 탑재현황 및 주문접수 시 유의사항을 전달한다.

㉰ 안내방송 직후 승객에게 기내 판매 안내지를 Showing하며 주문을 접수 받는다.

㉱ 각 Class별 담당승무원은 주문접수, 대금계산, 포장, 물품전달의 업무를 수행하여 GLY Duty 및 Zone별로 시니어가 담당한다.

㉲ EY/CL 각 Zone별 주니어는 승객의 개별서비스 및 판매작업을 보조하며 기내 판매담당 승무원은 담당 Zone의 기내 판매 및 전체적인 주문품목의 계산 및 포장 등의 업무를 맡는다.

㉳ 안전상 전 Class 공히 지상에서의 주문접수 및 판매는 불가하다.

(3) 기판전담 승무원 운영

기판 가용시간이 상대적으로 부족한 일부 중국노선과 일본노선에서 기내면세품 판매의 서비스 강화를 위해 '기판 전담 승무원'을 1명 추가 탑승하는 제도이다.

(4) 기내 판매 종료시점

㉮ 착륙준비를 위해 기내 판매 종료시점은 한일/한중 노선의 경우 Fasten Seat Belt Sign On까지이며 그 외의 국제선은 기장 도착방송 시까지로 한다.

㉯ 기내 판매에 대한 별도의 세관보고서 작성이 필요한 Station의 경우 사무장 판단에 의거하여 보고서 작성에 필요한 범위 내에서 기내 판매 종료 시점을 앞당길 수 있다.

5) 수수화폐와 유의사항

(1) 종류

기내 판매 시 사용되는 수수 화폐류는 원화(KRW), 미화(USD), 엔화(JPY), 유로화(EUR)의 현금판매와 신용카드(USD/KRW) 수수판매로 나누어볼 수 있으며 수수화폐의 결정은 판매 주류를 이루는 국가의 화폐나 신용카드를 기본으로 안정된 화폐를 추가하여 수수할 수 있지만 여러 사항을 고려하여 결정해야 한다.

(2) 일반화폐 수수 시 유의사항

㉮ 수수 가능 화폐여부와 위조지폐를 확인한다.

㉯ 자기앞수표에는 승객 성명, 여권번호, 편명, 날짜를 기입한다.

㉰ 여행자수표(T/C)는 Counter Sign과 일치하는지 확인한 후, 승객의 성명, 여권번호, 편명, 날짜를 기재한다.

㉱ 대금 및 거스름돈의 수수는 신속, 정확해야 하며 계산착오, 판매지연, 거스름돈 미지급 등으로 승객불만이 없도록 한다.

㉲ 판매대금 정산 시 지불수단 및 화폐에 대한 선택권을 반드시 부여하도록 한다.

(3) 신용카드 수수 시 유의사항

㉮ 카드종류와 유효기간, 신분 등을 확인한다.

㉯ KRW와 USD로 수수가 가능하다. (국내발행 카드는 KRW 수수만 가능)

㉰ 면세품 총 구입금액이 USD 400$ 이상인 경우에는 매출전표 하단에 주민

등록번호 또는 여권번호를 반드시 추가로 기재하여 사후관리에 기하여야 한다.

㉣ 무승인 거래한도액($500, 이에 상응하는 원화)을 초과하여 수수 시에는 승객의 여권을 확인하여 반드시 Card Slip에 여권번호를 기재해야 한다.

㉤ Pos 단말기에서 출력된 2매의 영수증 중 승객이 서명한 영수증이 회사 제출용이다.

㉥ 승객의 서명날인을 확인한 후 회원의 카드번호가 정확하게 출력되었는지 확인한다.

㉦ 현금과 동일하게 취급하며 전표보관에 각별히 유의해야 한다.

㉧ 사전거래 승인이 필요한 VISA Electron Card는 기내수수 불가

㉨ 연말정산 해당 카드 사용액은 원화로 결재된 카드에 한함

(4) 수수 신용카드의 종류

국내발행 신용카드 및 일부 해외발행 카드(Visa, Master, Amex, JBC 등)에 한해서 수수하고 있으며 국내발행 카드에 한해 할부판매 제도운영 등 여러 판매촉진법을 도입할 수 있다.

02 탑승 판매운영

1) 판매제한

(1) 단거리노선 판매품목 제한

㉮ 사유 : 기판 가용시간 절대부족으로 인해 정상적인 기내 판매가 불가함에 따른 제한이다.

㉯ 노선별 제한내역 : 단거리노선의 판매시간이 짧음으로 인한 품목 제한이

다. 예를 들면, 한일노선 최대 50종, 한중노선 최대 33종 등으로 제한하여 판매운영을 원활히 하고 최대한 판매를 높이는 효과를 얻는다.

㉰ 조정주기 : 매월 단위로 단거리노선 탑재품목을 조정운영한다.

㉱ 승객안내 : Sky Shop책자 내 상품사진에 Marking하거나 별도의 책자를 운영하는 방법 등이 있다.

(2) 기내 판매 부재노선

경우에 따라 판매시간이 절대적으로 부족한 초단거리노선의 경우는 기내 판매서비스를 하지 않을 수도 있다.

2) 귀국편 사전주문서

(1) 주문방법

㉮ On Line 접수 : 서울출발 48시간 전 전화, 팩스, 인터넷으로 주문이 가능하다.

㉯ 기내접수 시 승객의 현지 도착시점부터 승객의 현지 출발시점까지의 간격이 72시간 이상일 경우(한일/한중 노선, 전화주문의 경우 48시간) 예약주문 가능하다.

㉰ 인터넷 Cyber공간을 통해 주문할 경우 출발 72시간 이상이면 주문이 가능하다.

㉱ 대상품목은 정상적으로 기내탑재 판매 중인 상품과 사전예약주문 한정판매 상품 모두 주문 가능하다.

(2) 접수 시 유의사항

㉮ 현지 출발시간이 현지 도착 후 72시간 이후인지 반드시 확인한다.

㉯ Code Share항공편이 운영될 경우 Code Share 항공편인지를 확인한다.

(Code Share항공편은 기판주문 불가)

㉰ 접수 후 접수자 기재란에 성명, 편명 및 접수일자를 기재한다.

㉱ 복사본에 정확히 기재되었는지 확인 후, 승객용은 승객에게 보관토록 안내하고 제출용은 기내 판매담당자에게 전달해야 한다.

㉲ 기내 판매담당자는 판매대금 입금 시 별도대장에 주문내역 기재 후 주문서를 제출한다.

(3) 기내 전달방법

㉮ 항공기 출발 전 기내 판매품을 인수인계할 경우 사전주문한 주문품의 유무를 확인한다.

㉯ 기내 판매 전 사전주문서 해당 승객에게 물품전달을 하게 되며 이 경우 다음과 같은 확인사항에 유의해야 한다.

- 귀국편 사전주문서 해당승객은 물품전달 후 기내에서 대금정산
- Cyber Sky Shop 해당승객은 대금을 결재한 승객이므로 주문물건만 전달
- 승객의 인적사항을 확인한 후 전달

3) 액체류/젤류 판매

(1) 대상승객 및 품목

보안검색이 강화됨에 따라 기내 액체류의 반입을 엄격히 통제하고 있으므로 기내 판매품 중 액체류에 대한 판매운영을 위해 각국의 공항검색 당국과 사전 승인된 Sealing 개념의 보조 Vinyl Bag을 사용하여 내용물을 해체하지 않고 외관검색으로 통과할 수 있도록 한 보조용품의 형태로 운영하고 있다.

㉮ 대상승객 : 환승객

㉯ 대상품목 : 액체류 및 젤류

(2) 처리방법

㉮ 액체류, 젤류를 구매한 고객이 환승할 경우 Sealing용 보조용품에 Packing 하여 전달하는데 1리터 비닐백 용량은 100ml 이하, Tamper Evident Bag은 용량이 100ml를 초과하는 품목에 사용한다.

㉯ Tamper Evident Bag은 환승 시 보안검색대 통과 전까지 개봉이 불가함을 안내해야 한다.

㉰ Bag 내부의 영수증이 외부에서 보이도록 부착해야 한다.

- 대부분의 국가에서는 2종류 모두 허용하고 있으나 일본은 1리터 비닐백만 허가하므로 사용에 유의해야 한다.

㉱ 비닐 상단에 빨간색 띠를 붙이고 Tamper Evident Bag 혹은 1리터 비닐백을 사용하였을 경우에는 도착 후 내역 및 재고관리를 위해 Stem 사용에 대한 내역을 인수인계서에 기재하여 제출하도록 하고 있다.

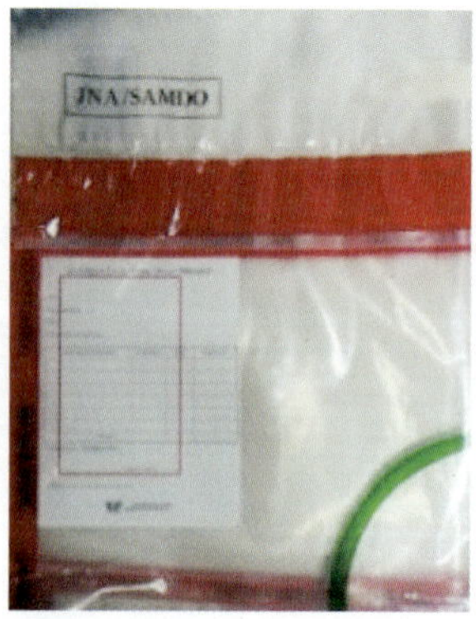

4) 기판품 하기 절차

(1) 하기 절차

㉮ 상품별 판매량, 잔량, 판매액, 총 판매액을 판매일보에 기재하고 판매대금, 카드 매출전표, 사전 예약주문서 등을 최종 확인한다.

㉯ Sealing 후 Seal No를 인수인계서에 기재하고 하기원과 Seal To Seal방식에 의해 인수인계를 실시한다. 이때 판매일보 1부를 하기원에게 전달하고 파손, 불량 등 기타 특이사항에 대해 하기원에게 내용을 전달한다.

(2) 기내 판매 사용양식

❶ 판매일보

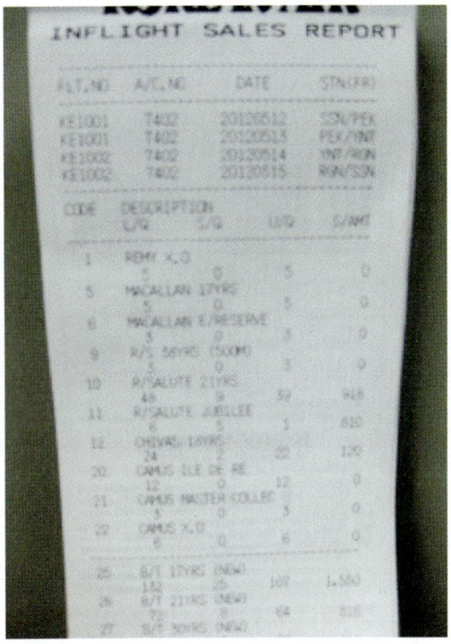

INFLIGHT SALES REPORT

FLT.NO	A/C.NO	DATE	STN(FR)
KE1001	7402	20120512	SSN/PEK
KE1001	7402	20120513	PEK/YNT
KE1002	7402	20120514	YNT/RGN
KE1002	7402	20120515	RGN/SSN

CODE	DESCRIPTION L/Q	S/Q	U/Q	S/AMT
1	REMY X.O 5	0	5	0
5	MACALLAN 17YRS 5	0	5	0
6	MACALLAN E/RESERVE 3	0	3	0
9	R/S 38YRS (500M) 3	0	3	0
10	R/SALUTE 21YRS 48	9	39	918
11	R/SALUTE JUBILEE 6	5	1	810
12	CHIVAS 18YRS 24	2	22	120
20	CAMUS ILE DE RE 12	0	12	0
21	CAMUS MASTER COLLEC 5	0	5	0
22	CAMUS X.O 6	0	6	0
25	B/T 17YRS (NEW) 132	25	107	1,550
26	B/T 21YRS (NEW) 72	8	64	816
27	B/T 30YRS (NEW)			

전산판매일보

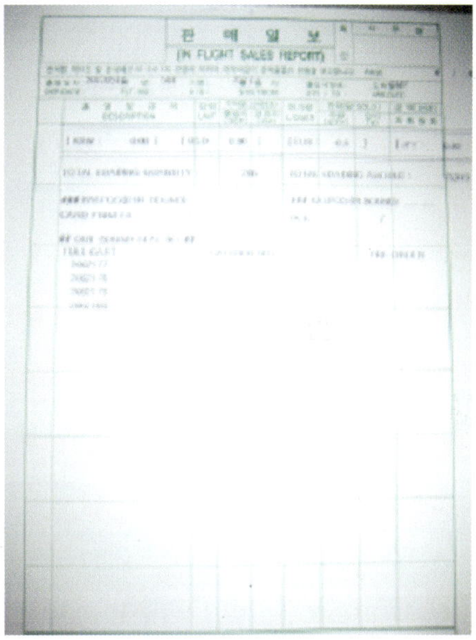

판 매 일 보 (IN FLIGHT SALES REPORT)

Manual 판매일보

❷ Seal No 인수인계서

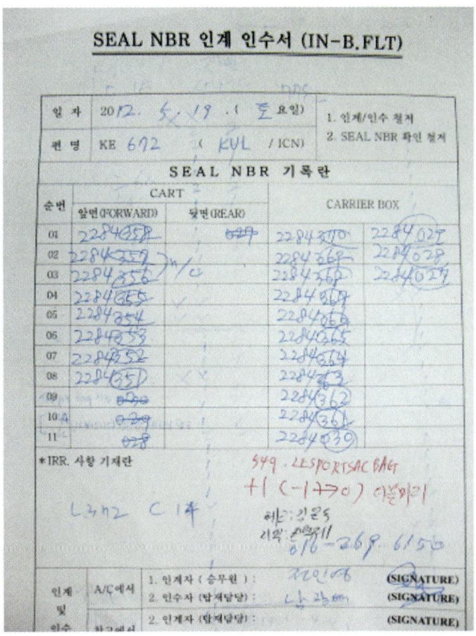

SEAL NBR 인계 인수서 (IN-B.FLT)

일 자	2012. 5. 19 .(토 요일)	1. 인계/인수 철저
편 명	KE 672 (KUL / ICN)	2. SEAL NBR 확인 철저

SEAL NBR 기록란

순번	CART 앞면(FORWARD)	CART 뒷면(REAR)	CARRIER BOX	
01	2284358	029	2284370	2284025
02	2284357	W/C	2284368	2284028
03	2284356		2284369	2284027
04	2284355		2284367	
05	2284354		2284366	
06	2284353		2284365	
07	2284352		2284364	
08	2284351		2284363	
09	030		2284362	
10	029		2284361	
11	028		2284039	

*IRR. 사항 기재란

인계 및 인수	A/C에서	1. 인계자 (승무원) :	(SIGNATURE)
		2. 인수자 (탑재담당) :	(SIGNATURE)
		2. 인계자 (탑재담당) :	(SIGNATURE)

5) Shortage 처리방법

(1) Shortage 변제

상호 간에 정확한 인수인계가 이루어졌다면 Shortage 발생은 대부분 짧고, 좁은 기내에서의 승무원 Human Error에 의해 발생하는 경우가 많다. 주로 환율계산의 문제와 거스름돈의 잘못 전달, 물품전달 후 미수수 등의 요인들이다. Shortage 발생 시 다음과 같은 절차에 따라 업무가 처리된다.

㉮ 1차 Shortage 발생에 대한 경위서를 상세히 작성하여 보고 Channel을 통해 보고한다.

㉯ 내부결재를 통해 담당승무원의 업무미숙에 의한 Shortage인지의 여부를 확인한 후 결과에 따라 개인 변상 혹은 회사 Incentive 대체운영의 경우 변제여부를 결정한다.

㉰ Incentive 대체의 경우는 신청서를 작성하여 해당 FLT팀장의 서명을 득한 후 해당 FLT팀 및 소속그룹에 제출하여 절차를 밟는다.

(2) Shortage처리 절차

Shortage 발생→Incentive 신청→GRP 접수→관련팀에 통보→각각의 Incentive에서 계산→결손처리→승무원 급여계좌로 Incentive 지급

6) 불량품 관리

(1) 불량품의 종류와 의미

기내 판매품은 반복되는 세팅, 탑재, 하기 등 운영 중에 여러 가지 형태의 불량품이 발생하여 고유의 상품가치가 떨어지거나 소멸되는 경우를 말하며 그 종류와 의미는 아래와 같다.

㉮ 불량품 : 제조사의 물품 제조과정에서 발생한 하자로 완제품에 미달한

품목을 불량품으로 규정한다.

㉯ 파손품 : 외부의 물리적인 힘에 의해 원래의 상태가 변형된 형태이다.

㉰ 훼손품 : 반복되는 탑재, 하기 과정에서 포장 또는 내용물의 일부가 손상되어 원래의 상품가치가 떨어진 상태를 말한다.

㉱ 중고품 : 승객이 구매 후 반품하는 경우에 발생하며 1회 이상 사용한 물품을 말한다.

㉲ 자연 증발품 : 주류 혹은 향수류에 한정되며 기내여압 등에 의해 자연히 증발되는 상태로서 외부 원형은 변형되지 않은 상태

㉳ 기타 : 제조과정의 하자가 아닌 운영 중에 내용물이 분실 파손된 경우 등이 있다.

(2) 불량품 처리기준

불량품 발생 시 처리지침은 기판품 파손 또는 불량의 경우와 승객이 기판품을 교환하는 경우로 나눈다.

❶ 파손 및 불량품

기내 판매 중 불량품이 발생하거나 파손품이 발견될 경우에는 기판품 멸실신고서를 첨부하여 조업원에게 인계한다. 파손품신고서나 불량 및 파손품을 기판 수납창구로 가져갈 필요는 없다.

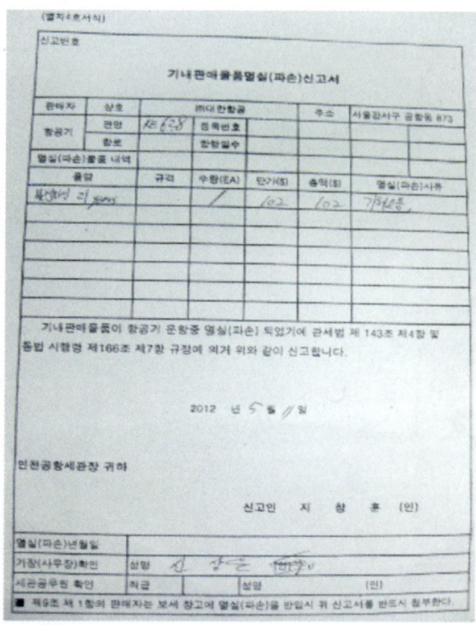

신고번호

기내판매물품멸실(파손)신고서

판매자	상호	(주)대한항공		주소	서울강서구 공항동 873
항공기	편명		등록번호		
	항로		운항일수		
멸실(파손)물품 내역					

품명	규격	수량(EA)	단가($)	총액($)	멸실(파손)사유
		1	102	102	

기내판매물품이 항공기 운항중 멸실(파손) 되었기에 관세법 제 143조 제4항 및 동법 시행령 제166조 제7항 규정에 의거 위와 같이 신고합니다.

2012 년 5 월 일

인천공항세관장 귀하

신고인 지 상 훈 (인)

멸실(파손)년월일			
기장(사무장)확인	성명		
세관공무원 확인	직급	성명	(인)

■ 제9조 제 1항의 판매자는 보세 창고에 멸실(파손)을 반입시 위 신고서를 반드시 첨부한다.

파손품신고서

❷ 불량품 교환

승객이 예전에 구입했던 물품으로서, 기내에서의 불량품 교환은 불가함을 승객에게 안내한다. 기내에서 교환 및 환불요구 승객에게는 별도의 지정연락처로 안내한다.

❸ 반품, 환불교환

물품 반납 및 환불 또는 다른 품목으로 교환을 요구하는 경우에는 상품 구입일 20일 이내로 제한하며 영수증 또는 탑승권을 소지하고 있어야 한다.

교환 및 환불요청 상품은 사용 및 훼손 등으로 인한 상품 가치가 상실되지 않은 경우에 한하며 일부 사용 중 발견된 하자품에 대해서는 제품별 A/S기간을 적용하고 있으며 기내에서의 교환 및 환불 처리는 불가하다.

7) Seal To Seal제도(기판품 인계인수 절차)

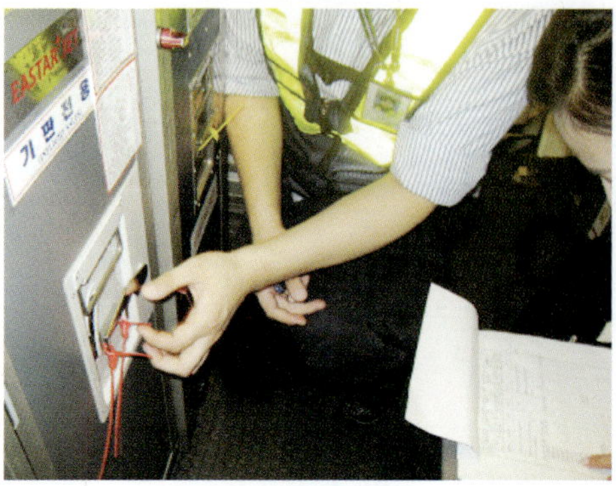

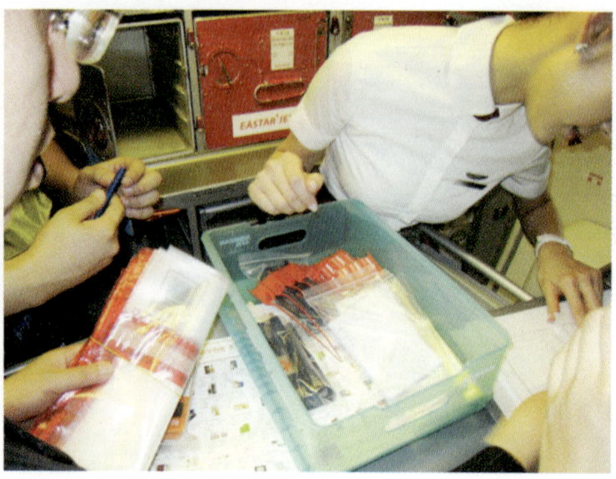

(1) 목적

기판품은 고가인 동시에 면세품으로 사후관리가 엄격하여 분실에 대한 처리가 복잡하여 대면 인계인수하는 것을 원칙으로 하고 있으나, 조업원과 승무원 상호신뢰를 바탕으로 Seal No만을 확인함으로써 인계인수시간을 절약하는 동시에 효율적인 인력운영의 효과를 기대하는 데 목적이 있다.

(2) 인계인수 절차

❶ ICN 출발 시

창고에서 작업이 완료된 운반용기에 채워진 Seal의 No를 작성한 List를 중심으로 기내에서 승무원과 번호만을 확인하고 인계인수를 한다.

승무원은 승객탑승 전에 인수한 기판품에 대한 Inventory를 실시하고 판매종료 후 Sealing 및 Seal NBR List를 작성하여 현지 지상직원 또는 Security Guard에게 인계한다.

❷ 해외출발 시

승무원은 현지 지상직원 또는 Security Guard로부터 SEAL NBR List를 인수받아 번호와 이상 유무를 확인한다. 확인과정에서 부족현상이 발생했을 경우의 처리지침은 다음과 같다.

㉮ Seal NBR의 이상유무를 확인한 후 이상이 없을 경우는 Out Bound 승무원의 귀책이다.

㉯ Seal NBR의 이상이 확인될 경우에는 현지 지상직원 또는 Security Guard 입회하에 Seal Open하여 Inventory를 실시한다. 그 결과 부족품 발생 시 현지 귀책사항이므로 서면으로 확인내용을 접수받아 절차에 따라 보고한다.

8) POS장비 관리

기내에서의 POS장비 관리에 대해 알아보자.

㉮ POS장비는 기판품과 동일한 절차로 탑재원과 인계인수하는데 수량, 상태, 액세서리 확인 등의 인계인수를 철저히 한다.

㉯ 중 · 대형기는 기내에 장착 운영(Padlock Key 및 Sealing), 소형기종은 탑재, 하기(Sealing Only)방식으로 운영하고 있으므로, 중 · 대형기에서 Padlock

Key 분실에 유의하여 인계인수를 철저히 한다.

㉰ 불량장비 발생 시 장애내역을 작성하고 'Repair Tag'을 부착하여 수리될 수 있도록 하기 조치한다.

㉱ 장비분실 및 파손 시에는 승무원에게 책임이 있으므로 장비사용 시 특히 주의가 필요하며 만약 분실 및 파손 시에는 반드시 Report를 작성하도록 되어 있다.

PART

3

기용품 및 Catering 지상운영

Chapter 1 기내식 현장업무의 이해

01 | In-Flight Catering Service 일반

1) Catering의 발전과 역할

(1) 국내 Catering의 발전과정

우리나라에 기내식 사업소가 등장한 것은 대한항공이 민간항공사로 첫 출범한 1969년 11월 1일이었다. 2대의 항공기로 국내선을 운행하던 당시는 프로판가스 2대로 7명의 조리사가 음식물을 만들고 손수레로 식재료를 운반하던 소규모 기내식 공장에 불과했다. 하지만 항공수요의 비약적인 발전으로 국내항공사는 물론 외국계 항공사의 취항 러시로 Catering Business의 수요와 공급량도 크게 늘어 아시아나항공 케이터링사업부가 1994년부터 기내식사업을 시작하여 국내에서도 경쟁체제를 갖추게 되었으며, 이어 LSG Sky Chefs가 인수하여 오늘에 이르렀다. 최근의 기내식 시장은 하루 10만 식(2012년 기준) 이상을 상회하는 규모로 발전하였다.

☞ LSG Sky Chefs : 독일 루프트한자(Lufthansa)항공의 계열사인 전 세계 케이터링공급업체 중 시장점유율 1위업체로 전 세계 45개국에서 260개 항공사에 기내식을 공급하는 회사이다.

(2) Carrier와 Caterer

항공사를 Carrier, 기내식 공급사를 Caterer라고 하는데, 기내식이 필요한 운송업체에서 주문하는 주체인 Carrier와 수주에 의해 기내식을 제조, 생산, 공급하는 주체인 Caterer의 관계는 '갑'과 '을'의 관계를 형성하고 있다. 기내식 공급을 위하여 대형 항공사는 자체 기내식사업부 혹은 케이터링사업부를 운영하는데 자사 항공사만 공급하는 경우도 있고, Catering사업만을 전문으로 그 지역/국가에 취항하는 항공사와 계약하여 공급하는 경우도 있다. 해외의 경우 케이터링만을 전문으로 하는 세계적인 업체가 상당수(메리어트, 돕스(Dobbs), 스카이셰프 등) 있으며, 국내에는 KAL Catering, LSG Sky Chefs, 2011년에 설립하여 사업을 시작하고 있는 Sharp Catering, 자체 탑재하기와 창고기능을 완비한 이스타항공 Catering이 운영되고 있다.

(3) In-Flight Catering Service의 역할

Catering사업부문에서 수행하는 업무는 항공기 운송사업에서 큰 부문을 차지하는 것 중 하나로 기내식음료의 제조, 공급은 항공여행을 하는 승객의 입장에서는 가장 기본적이고 중요한 서비스로 인식되고 있다. 즉 항공사는 항공기를 이용하여 승객에게 좌석을 제공하고 서비스를 상품으로 하는 것으로 그중에 식음료류 등 기내식의 생산, 세팅, 탑재, 기내서비스, 하기, 세척, 보관 등의 절차를 거치게 되며, 이는 항공사 서비스 항목 중 가장 중요한 서비스 중 하나라는 점에서 점차 중요도와 관심이 높아지고 있다.

2) 정의

In-Flight Catering Service(기내식사업)란 고객 항공사와 계약에 의거 기내식과 각종 서비스용품을 항공기에 공급하는 제반 서비스를 지칭하며, 기내식 생산뿐만 아니라 도착편에서 사용된 용기의 하기, 세척, 보관 및 기내식/서비스용품의 세팅, 기내 탑재 등 일련의 과정을 포함한다.

3) 지상업무의 흐름도

기내식 사업부문에서 수행하는 업무 흐름도를 따라 구체적인 내용을 알아본다. Catering 지상업무는 영업계획이 세워지면 각 부문에 통보되어 자재, 생산, 운영, 품질위생관리 등 각 부문에서 업무가 수행된다.

〈그림 3-1〉 지상업무의 흐름도

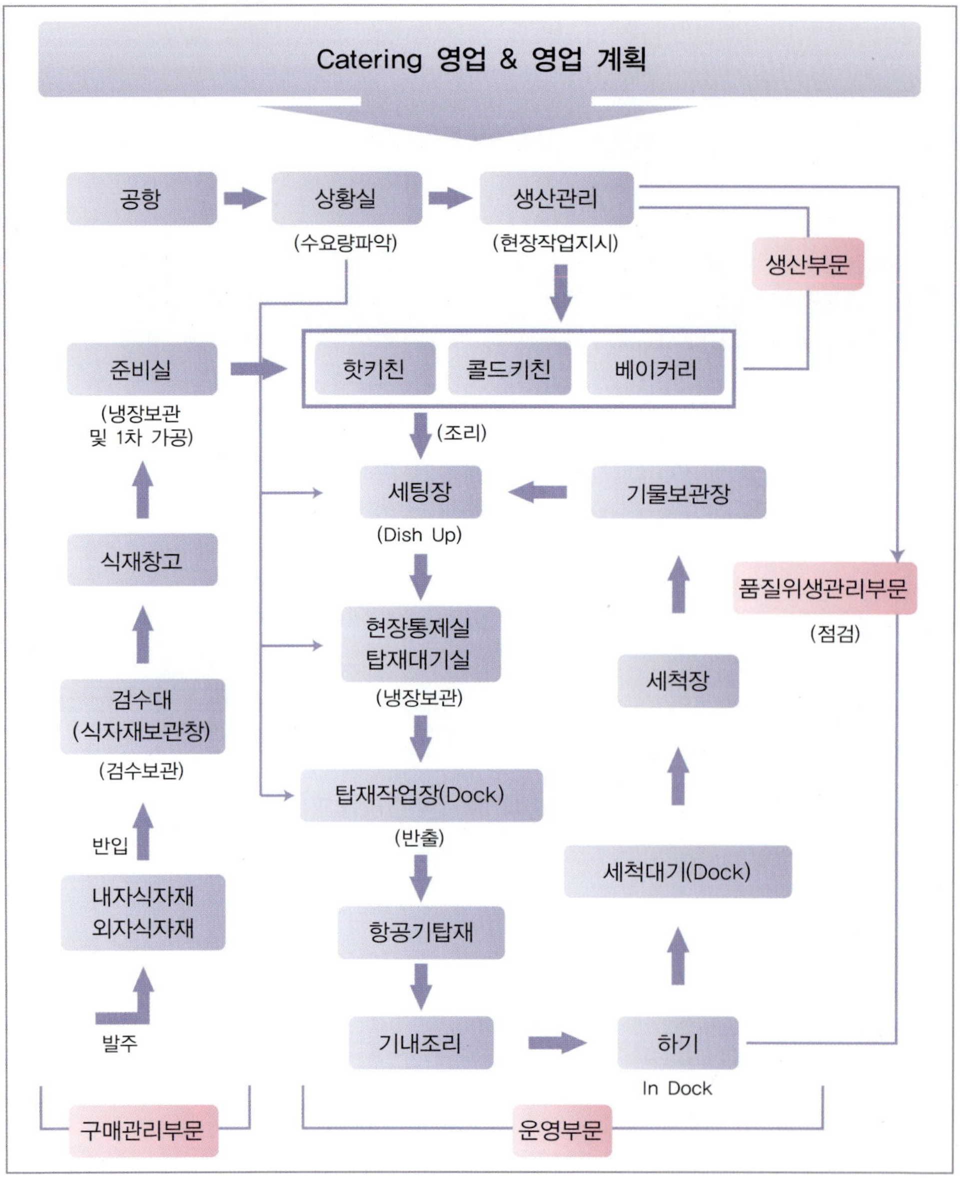

4) Catering Service의 특징

In-Flight Catering Service는 일반적인 Catering과 달리 다음과 같은 특징이 있다.

㉮ 고객(항공사)과 소비자(승객) 상이
㉯ 정교한 Specification에 맞추어 대량생산
㉰ 정확성이 많이 요구되는 서비스
㉱ 상품의 제조 완료시점과 소비되는 시점 사이의 시간차
㉲ IT와 Logistics 도입의 필연성

5) Kitchen부문의 기능과 업무 Flow

'〈그림 3-1〉 지상업무의 흐름도'를 중심으로 Kitchen 내 주요기능과 업무흐름을 알아본다.

(1) 기능

㉮ Production Kitchen
㉯ Portioning(Dish-up) Area
㉰ Tray Setting(Dish-Up)
㉱ Out-Bound Dock
㉲ In-bound Dock
㉳ Washing Area
㉴ Commissary & EQPT Packing Area
㉵ Storage
㉶ Refrigerator & Freezer

(2) Production Kitchen Flow

상기 기능 중 ①항 Production Kitchen의 내부기능을 다시 세분화하여 업무 흐름도를 알아본다.

〈그림 3-2〉 Kitchen Flow

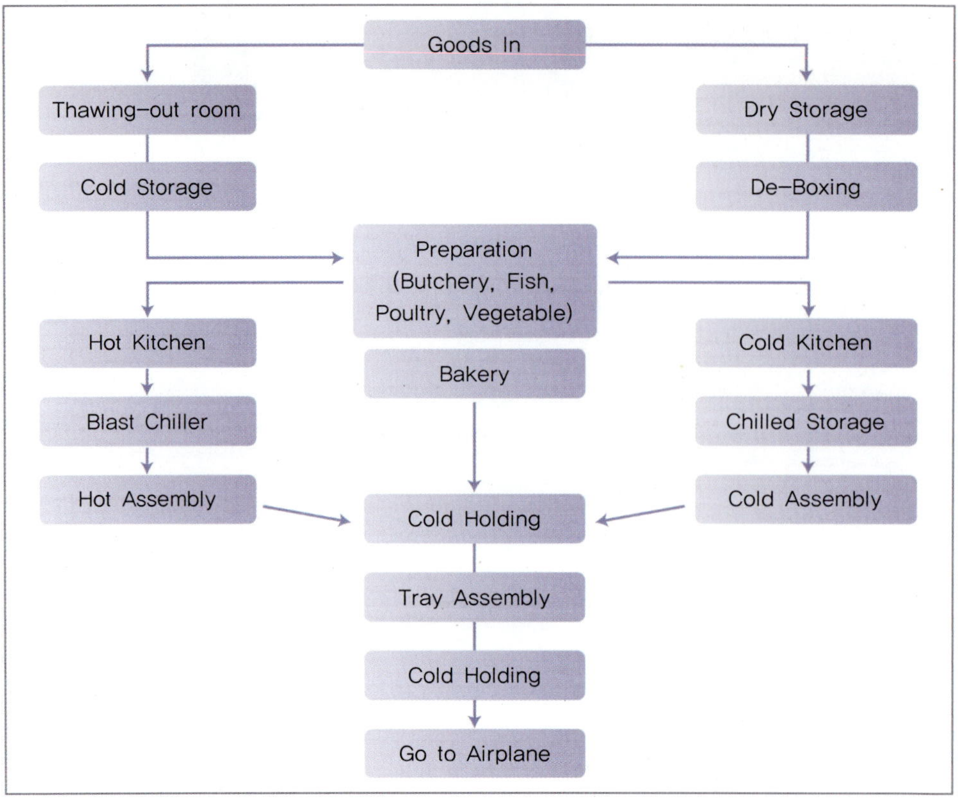

6) 보세공장의 특징

오늘날의 In-Flight Catering은 국내산업과 농업기술의 발전으로 많은 부문에 있어서 국산화 또는 고급화되었고, 국산화 비중도 높아졌지만 초기 국내 Catering이 운영될 당시만 해도 국내 산업기반과 물자의 공급 측면에서 식자재 등의 질적 · 양적 수준이 외국산에 비해 극히 미흡하여 국제선 항공기에 공급할 수 있는 수준에 도달하기에는 많은 어려움이 있었다. 대부분의 기용품과 식자재

는 외국에서 수입해 오는 보세물품이었고, 항공기 내에 운영되던 기물(집기류) 역시 전량 보세품으로 보관, 운영, 사후관리에서 세관의 감시하에 운영되었다.

이 같은 여건을 기반으로 Catering에서 운영되고 있는 보세창고는 다음과 같은 특징이 있다.

(1) 보세공장(보세창고)

㉮ 관세법에 의거, 키친 전체는 기내식 보세공장(보세창고)으로 등록되어야 한다.

㉯ 물품의 반입, 탑재, 하기 시 세관의 철저한 관리 감독을 받도록 되어 있다.

㉰ 최근에는 업무 간소화 및 효율화에 따라 자율관리제도를 채택하여 보세사를 두고 특파공문원의 지침에 따라 운영하고 있다.

(2) 수입 식자재 면세혜택

㉮ 국제선 항공편의 특성상 수입 식자재에는 면세혜택이 적용된다.

㉯ 국내선에는 면세된 수입식자재의 사용이 불가하여 내국산 품목을 사용하거나 외국산의 경우 통관절차를 밟아 국산화된 품목을 사용하여 국제선용품과 분리, 관리되고 있다.

(3) 키친건물의 기부채납

㉮ 국유지에 사업자의 자본으로 키친을 설립한 후 일정기간이 지나면 국가(공항공사)에 기부 채납하도록 공항공사와 계약되어 있다.

㉯ 인천국제공항 Catering 지역의 건물은 20년간 무상사용이다. (단, 토지세는 납부)

㉰ 20년 후에는 건물, 토지 공히 유상사용 조건으로 사용하고 있다.

7) 기내식 Kitchen의 특수성

(1) 특허 보세지역 및 절대 위생지역

㉮ 인천국제공항 기내식사업소(Catering Center)는 일반건물과는 달리 운영 현장의 건물은 관세법에 의거 인천세관장 지정 '기내식 특별 보세공장' 및 '제1자가 보세창고'로 특허 보세구역으로 설정되어 있어 세관의 엄격한 통제하에 있다.

㉯ 또한 농림수산식품부 지정 '수입육류 검역 시행장' 및 '수입식물 검역 시행장'이며 보건복지부 통제하의 수입식품은 물론 잔반(식)도 검사를 받는 특수지역이다.

㉰ 따라서 개인위생은 물론 지정된 복장과 모자를 착용하고 지정된 통로를 이용해야 한다.

(2) 관세법에 저촉되는 행위 처벌(관세법 제9장 벌칙)

기내식에서 취급하는 물품은 거의 모두가 외국물품 또는 관세가 보류된 보세물품이며 국산품 또한 일부를 제외하고 내국세가 면세된 물품으로서, 보세물품과 같이 취급되어 세관장의 허가를 받아야 하며 이를 어겼을 경우 개인은 물론 회사까지 처벌을 받게 되며, 특별히 취급관리와 주의가 요망된다.

〈표 3-1〉 Catering 관련 관세법 조항

관련 관세법 조항
① 관세법 제179조 밀수품 수출입죄 ② 관세법 제180조 관세포탈죄 ③ 관세법 제181조 무면허 수출입죄 ④ 관세법 제186조 밀수품의 습득죄 ⑤ 관세법 제186-2 감면물품의 용도 외 사용죄 ⑥ 관세법 제186-3 보세장치물품의 무면허 반출입죄 ⑦ 관세법 제190조 금지위반에 대한 벌칙

(3) 물품의 반출입 허가(관세법 제68조 및 제98조)

이 지역에 출입하고자 하는 자 또는 물품의 반출, 반입하고자 하는 자는 세관장의 허가를 받아야 하며, 반출 허가를 받지 아니하고 임의로 반출하였을 때에는 처벌을 받게 된다.

(4) 기용품의 기적/하기허가(관세법 제51조 1,2)

기내식을 포함한 모든 기용품을 항공기에 기적/하기하고자 하는 자는 허가를 받아야 하며, 기용품을 탑재하기 전에 세관장의 허가를 받아 승기실에 제출하여야 한다.

(5) 기용품의 분실 및 파손 금지

관세법에 명시된 정당한 사유 없이 기용품을 무주의로 멸실하거나, 고의로 파손하였을 경우 관세를 징수하도록 되어 있다. 따라서 분실하거나 파손되지 않도록 주의해야 한다.

(6) 기용품의 습득 및 용도 외 사용 금지

기내식을 무단취식 또는 항공기 탑재목적 외 임의로 기용품을 사용하거나 하기물품 등을 창고에 반납하지 않고 개인이 취득하였을 경우 처벌을 받게 된다.

(7) 지정된 복장착용 및 지정통로

출퇴근 시 지정된 현관 계단을 사용하고 근무 시에는 지정된 복장과 모자를 착용하며, 특히 생산 및 세팅장을 출입할 경우 위생복과 위생모를 착용해야 하며 임의 출입은 금지되어 있다.

02 국내 기내식 시장현황

1) 국내 시장현황

국내 In-flight Catering시장은 크게 김포/인천 공항 출발과 부산 및 기타 지방 출발 공항으로 나누어볼 수 있다.

(1) 서울지역

한국 지역 내 김포/인천 공항 출발편에 대한 기내식 시장 전체 규모는 연간 약 2,500억 원(추정)으로 이 중 대한항공에서 약 60%의 기내식을 공급하고 있으며, 나머지 40%는 LSG Sky Chefs에서 공급하고 있다. 전체 기내식 물량 중 국내 항공사, 즉 대한항공과 아시아나항공이 전체 물량의 60%를, 외국 항공사 공급물량이 약 40% 정도의 규모를 보이고 있다.

(2) 부산지역

PUS(부산) 공항 출발편의 기내식 시장 전체 규모는 연 약 200억 원(2012년 기준) 수준으로 대한항공 부산영업소에서 전체 물량을 공급하고 있지만 부산지역

국제선 운항의 증가로 제2의 업체 진출도 예측된다.

(3) 제주지역

CJU(제주)공항에서는 제주 출발 국제선 일부에 한해 제주 KAL호텔에서 Cold Meal 중심으로 생산한 기내식을 공급 중에 있으나 그 규모는 크지 않다. 기타 지방공항 출발 국제선은 ICN 혹은 PUS에서 보세 운송하거나 왕복탑재로 서비스하고 있으나 앞으로는 제주 출발편의 증가로 인하여 제주지역 Catering도 활성화될 전망이다.

영업정보 및 업무 Flow는 〈그림 3-3〉과 같다.

〈그림 3-3〉 Catering 시장현황

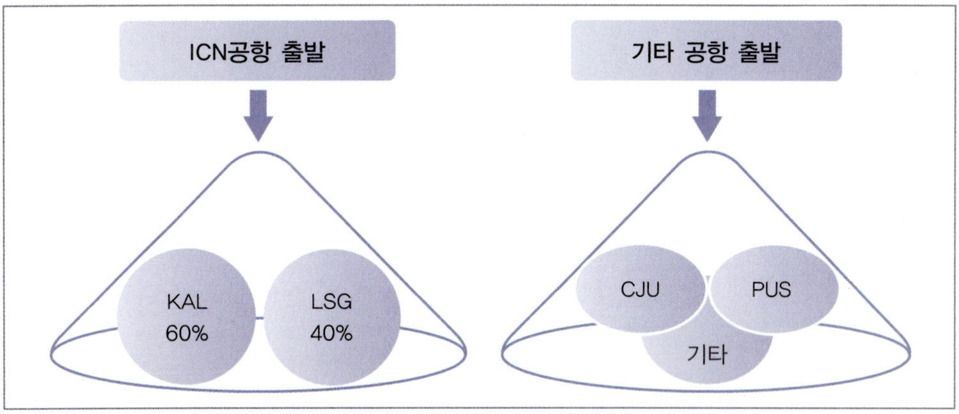

2) 국내 Catering사별 고객사 Handling현황

국내 Catering회사 대한항공과 LSG에서 공급 중인 고객사들을 여객기, 화물기, 개인전세기로 나누어 살펴보면 〈그림 3-4〉와 같다. 참고로 LSG Sky Chefs(엘에스지 스카이셰프)는 독일LH(루프트한자)항공 계열사로 전 세계 In-Flight Catering(인플라이트 케이터링) 시장점유율 1위를 차지하고 있는 업체이다.

현재 양사에서 공급 중인 항공사 중 매출액 상위에 있는 메이저 고객사는 인천공급을 기준으로 대한항공, 아시아나항공, 이어서 SQ(에스큐 싱가포르)항공,

CX(시엑스 캐세이퍼시픽)항공, JL(제이엘)일본항공, NH(아나항공), CA(시에이)중국국제항공, LH(루프트한자)항공, MU(동방)항공, AC(에이시 에어 캐나다)항공, UA(유에이 유나이티드)항공, AF(에이에프 에어프랑스)항공, MH(엠에이치 말레이시아)항공, EK(이케이 에미레이트)항공, CI(시아이 중화)항공 등이 있다.

〈그림 3-4〉 Catering 회사별 고객사(2010년 기준)

	KOREAN AIR CATERING	LSG Sky Chefs
여객기	21개(인천) AC, AF, CA, CI, CX, EF, EK, GA, HY, JL, KE, MH, OM, PR, QR, SQ, SU, S7, UA, ZH, 4L 6개(부산) OZ, HZ, NW, MU, TG, VN	15개 : AI, CZ, HU, HZ, H8, KL, LH, MU, NH, NW, OZ, TG, TK, VN, 5J
화물기	6개 : 5Y, PO, LY, KZ, 5X, LD	1개 : FX
개인 전세기	4개 : 삼성테크윈, KBAS, YWTN, AIR MAN	

03 기내식의 최근 경향

최근의 항공서비스는 정해진 비행구간을 운항하는 기본적 개념 외에 음식 즐기는 시간이 즐기는 개념으로 급속히 변화하고 있는 반면, 저비용 항공사의 출현으로 누구나 항공여행을 할 수 있는 조건으로 변화해 가고 있다. 이에 따라 기내식 서비스의 최근 경향 역시 기존 프리미엄 항공사의 기내식 수준과 저가항공사의 비용절감 등 외적, 내적인 요인들로 기내식 서비스의 추이와 경향 역시 많은 변화를 보이고 있다.

〈표 3-2〉 기내식의 최근 동향(Catering영업 교육자료)

유명 호텔 및 레스토랑과 제휴	상위 Class Menu의 고급화
Menu를 기내식에 사용 공동 Promotion SQ, CX, AF	FC, BC는 갈수록 고급화 EY는 비용 감소, 현상 유지
기내식 판매(Buy On Board)	**Pop-Out Meal(냉동식) 보편화**
저가항공사주도 판매 $3~5 유명외식업체(TGI 등)와 브랜드 & 기술제휴 판매량 예측이 어려움	비용절감유리 품질 향상성 & 위생관리 유리 주로 EY 사용

1) 유명호텔 및 레스토랑과 제휴

유명호텔 및 레스토랑과 제휴하여 호텔이나 레스토랑에서 개발한 메뉴를 기내식에 적용시키고 공동으로 프로모션을 진행하는 사례가 늘고 있다. 현재로는 싱가포르 에어라인, 캐세이퍼시픽, 에어프랑스 등에서 상위 클래스에 적용하고 있다.

2) 상위 클래스의 메뉴고급화

상위 클래스의 메뉴가 고급화되어 가는 추세이며 FC(퍼스트 클래스), BC(비즈니스 클래스)의 밀(Meal)은 갈수록 고급화되는 반면, EY(이코노미 클래스) Meal은 비용을 줄이거나 현상 유지하는 서비스정책을 택하고 있다.

3) BOB(Buy On Board)

즉 기내에서 기내식을 판매하는 항공사가 증가하는 추세로, 판매가가 3~5달러 수준이고 주로 저가항공사가 주도하고 있다. 서비스 인지도를 높이기 위해

TGI 등 유명 외식업체와 브랜드 및 기술제휴를 하는 항공사도 있으나 판매수량 예측의 어려움으로 인하여 Meal Loss가 발생하는 등의 문제가 해결되어야 할 과제가 되고 있다.

4) Pop-Out Meal(냉동식) 보편화

Pop-Out Meal, 즉 냉동식 사용이 보편화되는 추세로 냉동식은 비용절감, 품질의 항상성 유지 및 위생관리에 매우 유리하며 또한 냉동기술의 급속한 발전으로 일반기내식 대비 품질차이가 거의 없을 정도의 수준으로 품질이 개선되었다. 현재는 주로 이코노미 클래스에 사용된다.

5) 기내식 경량화

최근 또 하나의 추세는 기내식이 경량화되어 가고 있다는 것이다. 기존의 Hot Meal 대신 단거리노선 대상으로 샌드위치나 김밥 등의 Cold Snack을 제공하는 항공사가 증가하고 있다.

6) Regional & Seasonal Food 선호

현지식 및 계절식 음식에 대한 선호도가 높아지고 있다. 항공사의 현지식 전통음식에 대한 관심 증가로 당사에서 서비스하는 고객사에서도 불고기, 고추장, 김치 등 한식과 반찬류에 대한 인기가 상승하고 있다.

7) Well-Being문화 확산

웰빙문화 및 가치관 확산으로 기내에서의 주류와 커피 소모량이 감소하고 대신 건강음료와 생수 소모량이 증가되고 있으며 커피의 경우 디카페인 커피를 선호하고 있다.

8) Cold Breakfast Meal의 선호도 증가

기존에는 Hot Meal이나 오믈렛 등의 계란류 음식이 아침식사로 주류를 이루었으나 최근에는 샐러드 앙트레, 과일 앙트레 등 가볍고 부담 없이 취식할 수 있는 메뉴패턴으로 전환을 시도하는 항공사가 늘고 있다.

〈표 3-3〉 기내식의 최근 동향(Catering영업 교육자료)

기내식 경량화	Regional & Seasonal Food 선호
기존 Hot Meal 대신 Cold SNX 제공 단거리노선 해당	현지음식, 전통음식 관심 한식 및 반찬류 인기
Well-Bing문화 확산	**Cold Breakfast Meal 선호**
커피, 주류 소모량 감소 음료, 생수 소모량 증가 카페인 없는 커피 선호	기존 Hot Breakfast 계란식 대신 Cold Breakfast 증가 Salad Entree, Fruit Entree 등

9) 엄격한 품질위생관리 시스템 적용

승객들의 의식과 정보 전달체계의 발달로 인해 각 항공사들은 품질관리와 기내식 위생에 대한 관리 및 자체적인 품질관리시스템을 구축하고 있으며 외부 전문기관과도 연계하여 식재료의 구매에서부터 제조, 보관 및 탑재에 이르기까지 엄격한 품질관리를 하고 있다.

Chapter

2 기내식 영업

한국에서 외국으로 출발하는 경우의 외국 항공사 기내식도 한국의 케이터링 업체가 제조하여 그 회사에서 요구하는 메뉴를 제공하며 역시 국내 항공사가 돌아오는 귀국편의 기내식도 외국의 계약된 케이터링업체와 메뉴를 계약하여 제조, 탑재하여 서비스하게 된다. 이러한 과정에서 보다 많은 항공사를 유치하여 고객사를 관리하게 되는데 이러한 업무를 기내식 영업부문에서 수행하고 있다.

01 | 고객사 수주

Catering영업의 주요 업무절차를 통해서 고객사 수주와 메뉴 선정과정에 대해 알아보고 전체 Catering에 대한 이해를 돕고자 한다.

1) 업무절차

(1) 정보수집과 Bidding

신규 외국 항공사의 인천, 부산기점의 운항이 확정되면 Catering회사는 Bidding 참여 의사를 밝히고 서류작성 등 본격적인 수주활동에 착수한다.

(2) Meal Presentation과 가격 Nego

항공사에서는 접수한 Caterer를 중심으로(추가 미접수 Caterer도 참여 확인) Meal Presentation을 포함한 Caterer 평가작업을 실시하고 Caterer는 항공사 측과 최종가격을 협상한다.

(3) 수주 및 계약 체결

품질, 가격 등 종합평가 결과 경쟁사 대비 우위에 있을 경우 최종적으로 Caterer로 선정되며 Catering계약을 체결하게 됨으로써 1단계 외적인 사항은 정리가 된다.

(4) 고객사 등록 및 첫 FLT 지원

Caterer는 해당 항공사를 고객사로 정식 등록하고 첫 취항편을 문제 없이 지원할 수 있도록 모든 사항을 점검하게 된다.

(5) 대금청구(Billing 및 Invoicing) 및 원가계산

대금청구를 위해 통상 1개월 단위로 대금청구, 즉 빌링(Billing)과 인보이싱(Invoicing)이 이루어지고 최종적으로 항공사에 대한 원가와 이익률이 산출된다.

이러한 고객사 수주 및 메뉴선정 절차를 도해화하여 〈그림 3-5〉와 같이 나타낼 수 있다.

〈그림 3-5〉 고객사 수주 및 메뉴선정 절차

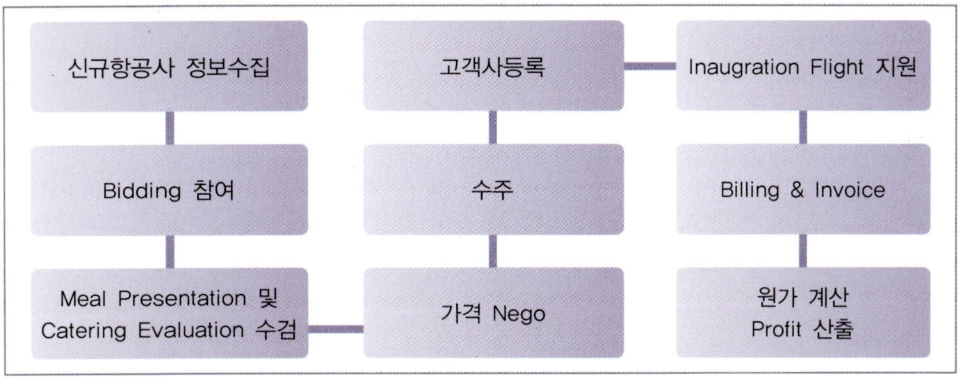

2) 고객사 수주 및 메뉴선정

고객사 수주 및 메뉴선정 절차에 대하여 각 섹션별로 이루어지는 업무에 대해서 보다 구체적으로 알아본다.

(1) 고객사 정보 확인

신규 항공사의 운항정보가 접수되면 영업에서는 해당 항공사의 본사 및 한국 지점의 연락처와 담당 등 정보수집을 위한 사항들을 즉시 확보하고 Flight 스케줄, 항공기 Type, 기내서비스할 Meal 구성 등의 정보를 신속하고 정확하게 파악할 수 있어야 한다.

이러한 정보들을 신속하게 파악하기 위해서는 각종 매체, AOC(에이오시), 사내 관련부서와의 접촉을 통한 정보교환이 무엇보다 중요하다.

(2) Bidding 참여

❶ Bidding 참여 및 Package 작성

일반적으로 Open Biddng이 기본이나 경우에 따라 단독 Bidding 참여가 이루어지는 경우도 있는데, Bidding 참여의사를 밝힌 후 Bidding Package를 작성하게 되며, 이때 고객사의 요청에 의거하여 기한 내 작성하여 제출하는 것이 중요하다.

한편 경쟁사의 Bidding 참여 및 진행상황에 대한 정보를 미리 파악하여 대처하는 기술도 필요하다. 이러한 사항들이 파악되면 종합적으로 시장상황 및 경쟁사와의 관계를 고려하여 입찰가격을 결정하고 절차를 밟아 보고하게 된다.

❷ Bidding Package의 기본 내용

Bidding에 포함되어야 할 Bidding Package의 기본 내용은 일반적으로 〈그림 3-6〉과 같이 4가지로 요약된다.

㉮ Catering Information Documents : Caterer의 서비스정책, 품질관리, 위생, 보안에 관한 장점뿐 아니라 시설, 장비, 인력 등 전반적인 운영사항에 대한 정보를 포함한다.

㉯ Menu와 Price List : 항공사 고유의 Menu Spec을 받거나 Caterer의 Suggestion Menu를 구성하여 가격공식에 의거 가격을 산출한다.

㉰ Subsidiary Charge List : A/C Handling, Sundry, Laundry, Commissary Charge 등 부대사업 가격이 포함된다.

㉱ Catering Agreement : 고객사 자체 계약서일 경우 법무 관련부서에 의뢰하여 내용을 검토하고 각 조항에 대한 Caterer의 의견을 첨부하여 조정해야 한다. 반면 이미 검토가 완료된 표준계약서일 경우에는 즉시 적용 가능하다. 가능하면 표준계약서를 사용하는 것이 유리하나 고객사의 규모가 큰 경우에는 대부분 고객사 자체 계약서를 기본으로 양사가 내용 조정 후 계약을 체결하는 것이 일반적이다.

〈그림 3-6〉 Bidding Package의 기본 내용

Catering Information Documents	• Caterer의 서비스정책, 장점 및 시설, 장비, 인력 등 전반적인 운영정보 제공
Menu & Price List	• 사전에 항공사 고유의 Menu Spec을 받거나 Caterer의 Suggestion Menu를 구성하여 가격 공식에 의거 가격 산출
Subsidiary Charge List	• A/C Handling, Sundry, Laundry, Commissary Charge 등 부대사업 가격
Catering Agreement	• 고객사 자체 계약서일 경우 : 당사 법무실에 의뢰하여 내용을 검토하고 각 조항에 대해 당사 의견 첨부 및 조정 • 당사 표준 계약서일 경우 : 기 법무실의 검토를 마친 것으로 즉시 적용 가능

(3) Meal Presentation 및 Catering Evaluation 수검

❶ Presentation

Bidding(비딩 패키지) 접수 후 고객사에서 파견한 전담팀이 Bidding에 참여한 Caterer를 방문하여 전반적인 Evaluation을 실시한다. 이는 기내식의 가격뿐만 아니라 기내식 제조능력, 즉 맛, 모양, 구성 등을 Meal Presentation현장에서 평가받는 중요한 행사라고 할 수 있다.

❷ 조리준비

Meal Presentation 실시 전 Executive Chef 관장하에 조리법과 Spec 점검 관련 Meeting을 실시하고 Sample Meal 조리 시 고객사의 요구가 최대한 반영될 수 있도록 노력해야 한다.

❸ 사전점검 및 문제점 보완

Kitchen의 시설, 위생, Security 관련 사항도 Evaluation Check 항목에 포함되므

로 HACCP 위생기준 및 자체 안전기준에 의거하여 사전점검하고 문제점은 사전에 보완토록 한다.

(4) 가격협상

❶ 목표이익률 설정

경쟁상황, 해당 항공사와의 호혜 및 협조관계 등을 종합적으로 고려하여 Nego 단계별로 목표이익률을 정하고 협상에 임한다.

❷ 적극적 Bidding 참여

필요시에는 고객사 해외본사를 경쟁사보다 먼저 방문하여 적극적으로 비딩(Bidding)과 네고(Nego)에 참여하는 등 수주를 위해 최선을 다해야 한다.

(5) 수주

❶ Bidding 결과 접수 및 수주

Bidding 결과 접수 및 수주 성공 시 경영층 및 관련 팀에 공지하고 기내식 지원준비가 일정에 따라 차질 없이 이루어질 수 있도록 한다.

❷ 계약서 내용 확인 및 계약서 작성

Menu와 부대사업 가격, 그리고 계약서 내용을 상호 재차 확인하고 계약서 2부를 작성, 사인하여 고객사와 Caterer가 상호 1부씩 보관한다.

(6) 고객사 등록

❶ 고객사 등록

고객사로 확정되면 영업담당은 해당 고객사에 대한 전반적인 기본정보와 선정메뉴를 관리하기 위하여 별도로 등록하여 관리 유지한다.

❷ 등록 내용

고객사 등록 내용은 다음과 같다.

㉮ 항공사 기본정보(Airline, A/C type, Configuration, 스케줄 등)
㉯ Item 관리(Meal, Photo, 표준 탑재품, Sundry)
㉰ 서비스 코스, 탑재규모에 따른 메뉴관리
㉱ Sector Check List(월별, 일별로 해당되는 구체적인 Menu를 Cycle별로 구분 입력)
㉲ 가격입력(Meal 및 부대사업 부문)
㉳ Flight Menu Information 구성 완료

상기와 같은 내용으로 정리가 완료되면 내용을 관련부서 혹은 Section(영업, 생산, 운영, 구매부문)과 정보를 공유하게 되며 각 부문에서는 필요한 후속작업을 하게 된다.

(7) 취항편 지원

계획된 메뉴 및 각종 기용품을 Manual에 의거 준비하여 첫 취항편을 지원하게 되며, 통상 고객사 본사직원이 며칠간 Caterer에 상주하면서 전반적인 사항을 점검하고 지도하게 된다. 이때 영업담당직원이 고객사 본사직원과 현장(생산팀, 운영팀) 간의 코디네이터 역할을 수행한다.

(8) 빌링과 인보이싱

㉮ 취항편에 기내식 지원 개시 후 통상 1개월 단위로 기내식 탑재현황이 집계되며 이때 부문별, 거래처별 매출액 집계 및 회계처리가 이루어진다. 계약사항이 있다면 Volume Discount를 적용하여 처리한다.
㉯ 매출집계가 끝나면 각 고객사에 월간단위 인보이스 및 세금계산서를 발

행하고 각 고객사별 추가 요청자료를 작성한다. 고객사들도 자체 빌링 운영시스템을 구축한 경우 관련자료를 공유하며 상호 협조한다.

(9) 대금입금

대금청구 및 입금방법은 ICH(IATA Clearing House) 정산방법과 Caterer로 직접 입금되는 Non-ICH로 구분된다.

❶ ICH

IATA Clearing House(아이아타 클리어링 하우스) 정산방법으로 ICH에 가입된 전 세계 각 항공사 혹은 Caterer를 대상으로 복잡하게 주고받아야 할 비용들을 ICH에서 일괄정산해서 최종적으로 받을 비용만 받게 된다. 운영을 위한 가입 및 운영비용이 발생하지만 여러 가지로 효율성이 높고 장점이 있어 대부분의 항공사 및 Caterer들이 많이 가입하여 운영하고 있다.

❷ Non-ICH

ICH에 가입하지 않은 항공사 혹은 Caterer를 Non-ICH라고 말하며 은행구좌를 통하여 Caterer로 직접발생 비용을 입금하여 정산받게 된다.

❸ 기타

일부 군소항공사나 부정기 전세기편의 대금은 Catering회사의 개별계좌로 직접 입금, 관리되고 있다.

(10) 원가계산 및 Profit 산출

월간단위 원가계산결과로 각 고객사별, 부문별 원가계산 내용을 나타내며 이는 향후 고객사 가격산출 및 영업정책 결정 시 중요한 참고자료로 활용된다.

02 Menu선정 관리

Menu선정 및 관리는 향후 Spec관리와 Menu관리에 있어 기초단계라 할 수 있으므로 Caterer가 고객사를 관리하는 데 중요한 사항이라고 할 수 있다.

1) Review

선정된 Menu 및 Tray Set Up은 Meal Presentation 후 반드시 최종 Review를 하는데 이는 향후 생산부문의 양목 담당자와 함께 Meal Spec을 체크하고 영업부문 담당자는 사진을 찍어 Menu관리 List에 등재함으로써 하나의 메뉴가 완성된다. 완성된 Photo Book과 최종 메뉴 및 가격 리스트를 고객사에 통보하고 이들 자료는 향후 생산, 운영, 구매 등 각 현장에서 기준자료로 사용하게 된다.

2) Menu 변경주기(Cycle)

Meal Presentation 후 Set Up된 메뉴는 3~4개의 Cycle로 이루어져 통상 6개월 내지 1년간 순환 사용되지만 메뉴변경주기는 항공사 및 노선별로 상이하다.

3) Meal Presentation

메뉴변경 등 고객사 요청이 있을 경우 Meal Presentation을 실시하여 새로운 메뉴를 재구성하며 Meal 프레젠테이션은 항공사마다 다르나 보편적으로 연 1~2회 실시한다.

메뉴선정 절차에 대해서 살펴보도록 하자.

항공사가 새로운 메뉴를 개발하거나 새로운 메뉴구성을 원하게 되면 이를 Caterer에 통보하고 일정을 잡아 Meal Presentation을 실시한다. 고객사의 요구에 맞게 메뉴를 조정하고 최종적으로 가격협의가 이루어진 후 새로 구성된 메뉴의 서비스가 시작된다.

(1) Meal Presentation을 실시할 경우

Meal Presentation을 실시할 경우 Menu의 추천은 Caterer가 자체적으로 개발한 메뉴를 항공사에 추천하는 경우와 항공사 메뉴와 Caterer 메뉴를 혼합하여 사용하는 경우가 일반적이다.

최근에는 전체 메뉴 변경보다는 기존 메뉴를 수정, 보완하는 방식을 선호하는 경향을 보이는데 이는 항공사의 기내식 비용을 절감하려는 정책의 일환으로 볼 수 있다.

(2) Meal Presentation 준비와 유의사항

Meal Presentation은 고객사의 메뉴를 결정하는 중요한 행사로써 Caterer의 메뉴 Suggestion과 품질에 관한 능력을 고객사에게 보여줄 수 있도록 준비에 만전을 기해야 한다.

영업 측면의 일반적인 준비사항과 유의사항은 다음과 같다.

❶ 사전 준비

Meal Presentation을 위해 당사를 방문하는 손님들을 위한 교통편과, 식사장소, 선물 등을 사전에 계획하고 준비한다.

❷ Menu List

Present되는 메뉴의 list에는 사전에 가격을 미리 요구하는 항공사에 한하여 가격을 list에 포함시키기도 한다.

❸ Meal Tag

각각의 Menu Item에 대한 이름과 구성 내용을 적어놓은 Meal Tag을 준비한다.

❹ Welcome Board

방문자들을 환영하는 Welcome Board에 방문자의 이름을 올려 환영한다.

❺ Presentation Room Check

원활한 프레젠테이션을 위해 Presentation Room(피알룸) 내 필요한 물품과 정리정돈상태를 사전에 점검하여 방문자에게 빈틈없는 준비로 전문성과 조직적인 인상을 주도록 한다.

(3) Meal Presentation 유의사항

❶ 양목 재정

Present되는 메뉴에 대해서 생산부문의 양목 담당이 프레젠테이션 전에 양목 입력 혹은 내용을 반영하게 되는데, 영업담당은 가격을 산정하기 전에 반드시 재료와 공정계수가 합리적으로 반영되었는지 확인한다. 이 두 요소가 불합리하게 반영되면 제시가격의 설득력이 떨어질 수 있으므로 유의해야 한다.

❷ Menu Spec Check

조리된 샘플음식이 Menu List상의 메뉴와 일치하는지, Spec이 정확한지 사전 점검한다.

❸ 대체 Menu 점검

비싼 식자재나 높은 작업 난이도로 인하여 가격경쟁력이 떨어지는 메뉴에 대해서는 고객사의 예산에 맞춰 대체 식자재나 조리방법을 미리 구상해 보는 것도 중요하다.

03 메뉴, 부대사업 가격산정

핵심사항인 메뉴가 선정되면 확정된 고객사 메뉴와 부대사항에 대한 가격이 산정되는데 이때 어떠한 과정을 거쳐 가격이 산정되고 관리되는지 내용을 알아보도록 하자.

1) Menu가격 산정

Meal가격의 산정주기는 새로운 메뉴인지 구 메뉴인지에 따라 달라지며 새로운 메뉴인 경우 Meal Presentation 후 재구성된 메뉴로 Meal Presentation 때 가격이 재산정되며 메뉴 변경주기는 항공사별로 상이하다. 동일 메뉴를 지속 사용하는 경우 물가상승률 등을 감안하여 연간단위로 가격을 Update하는 것이 일반적이다.

Menu가격 산정
(FOOD COST × F.V/F + LABOR INDEX × RATE × L.V/F) × M/UP

Caterer에서 제조한 Meal이 어떤 기준에 의거하여 판매가가 산정되는지 알아보고 기본적으로 적용하고 있는 Meal 판매가 산정공식은 상기와 같이 해당항목에 의해 산정되는데 각각의 항목이 구체적으로 무엇을 뜻하는지 알아보도록 하자.

(1) Food Cost

Food Cost = 재료비 × Over Production Rate × 식자재 수송비 분담률

Food Cost는 순수 재료비에 잉여 생산되는 재료비의 비율, 그리고 식자재 수송비 분담률을 포함시킨 비용을 뜻한다.

(2) Food Variation Factor & Labor Variation Factor

- Food Variation Factor = 물가인상률
- Labor Variation Factor = 임금인상률

Food Variation Factor와 Labor Variation Factor는 각각 Food부문 예상 물가인상률과 Labor부문의 예상 임금인상률을 뜻한다. 통상 한국은행에서 공표하는 소비자 물가인상률, 즉 CPI를 그 기준으로 한다.

(3) Labor Index

Labor INDEX = Production상의 공정계수 = 작업 난이도 × 작업시간

Labor Index는 Production상의 공정계수를 뜻하며 생산작업의 난이도 및 소요시간에 따라 결정된다. 작업난이도는 임금보전을 위한 주관적인 상대가중치를, 작업시간은 해당메뉴의 Portion당 절대 작업소요시간을 말한다. Labor Index는 생산 양목 담당이 각각의 Item에 대한 난이도와 시간을 계수화시키고 영업담당은 이를 기본으로 가격작업을 한다.

(4) Rate

Rate = 총 노동비용 ÷ 총 Index = Labor Index당 요율

Rate는 생산작업에 투입된 총 노동비용을 총 Index로 나눈 값으로, 즉 Labor Index당 요율을 말한다. 이 Rate는 나중에 설명될 Mark-UP과 더불어 기내식 판매가격의 중요한 변수로 당사의 직 · 간접비 구성비율 및 인건비 변동에 따라 영업에서 정기적으로 Update하고 있다.

(5) Mark-Up

- Mark-Up = 이익실현을 위한 계수 = 계수화한 직 · 간접비 구성비율 및 인건비 변동

Mark Up의 사전상 뜻은 가격인상 혹은 이윤의 의미를 갖고 있지만 Catering에서는 회사의 기준목표 이익률 실현을 위한 계수로 Caterer에 직 · 간접비 구성비율 및 인건비 변동에 따라 영업담당은 정기적으로 Update하고 있다.

2) Catering 부대사업

Catering Business는 기내식 공급이 주사업이지만 항공기 운항과 기내서비스에 다양한 부대용품이 필요하며, 이에 필요한 물자 혹은 용역을 제공함으로써 2차적인 사업이 발생하게 된다. 즉 기내식의 탑재, 하기를 위해서는 장비, 즉 Food Car와 탑재 인력이 필요하며 항공사의 고유한 기용품을 보관하기 위한 창고 Space, 재사용 Linen류의 세탁, 보관 등이 여기에 속한다. 이러한 요건을 충족시켜 주기 위해 제반시설을 갖추고 발생하는 비용을 부과하는 사업을 Catering 부대사업이라 한다.

〈표 3-4〉 Catering 부대사업

① Handling : In-bound된 항공기로부터 기물 하기, 세척, 보관 및 Out-bound 탑재에 이르는 일련의 Service에 대한 Charge
② Liquor & Beverage Handling : A/C Handling과는 별도로 Liquor, Beverage Cart Handling이 필요한 항공사를 대상으로 부과하는 Charge
③ Laundry : Linen Item에 대한 세탁, 보관 및 탑재 등 서비스에 대한 Charge
④ Commissary : Floating되지 않는 일반 기용품이나 냉장 Item을 보관할 수 있고 김포 보세창고를 임대해 주고 항공사별 창고 점유면적에 따라 일정 금액을 부과하는 Charge
⑤ Sundry : Meal 이외 기내서비스에 필요한 물품을 선구매하여 각 항공사의 order에 의거 탑재해 주는 서비스

(1) 부대사업의 종류

Catering의 부대사업비는 크게 A/C Handling, LIQ/BEV Handling, Laundry, Commissary, Sundry의 5가지 항목으로 나눌 수 있다. 그럼 Meal을 제외한 각각의 항목에 대하여 구체적으로 알아보자.

㉮ A/C Handling은 In-Bound된 항공기로부터 기물 하기, 세척보관 및 Out-Bound 항공기 탑재에 이르는 일련의 서비스에 대한 Charge를 말한다. 한편 ADD Meal Delivery에 이용되는 Van은 운항횟수에 따라 별도 Charge 된다.

㉯ LIQ(Liquor)/BEV(Beverage) Handling은 앞서 말한 A/C Handling과는 별도로 Liquor, Beverage탑재, 하기가 필요한 항공사를 대상으로 부과하는 Charge이다.

㉰ Laundry는 Hand Towel, Cloth Napkin, Table Cloth, Pillow Case, Headrest Cover 등의 Linen Item의 세탁서비스에 대한 Charge이다.

㉱ Commissary는 고객사의 일반 기용품이나 냉장 Item을 보관할 수 있도록 김포 보세창고를 임대해 주고 항공사별 창고 점유면적에 따라 일정금액을 부과하는 Charge이다. 보세창고는 일반창고와 냉장창고로 구분된다.

㉲ Sundry는 Meal 이외의 기내서비스에 필요한 물품을 선구매하여 각 항공사의 Order에 의거 탑재해 주는 Service를 말한다.

Sundry Item에는 〈표 3-5〉와 같은 종류들이 공급되고 있다.

〈표 3-5〉 Sundry Item의 종류

분류	종류
Drink & Beverage	캔맥주, 주스, 우유, Mineral Water 등
Baby Item	Diaper, Gerber, 이유식 등
Sanitary Item	Tissue, Towel 등
Food Item	Coffee Pack, Sugar, Candy 등
Others	1회용 기물(Cup, Cutlery, Tray 등)

(2) 부대사업비 가격

부대사업비 가격은 각 구성 부문별 비용증감을 기준으로 매년 업데이트하여 부과하는 것을 원칙으로 하지만 상호여건과 협의에 따라 결정되기도 한다.

(3) 고객사 수입 구성비

고객사의 수입 구성비는 Meal, A/C Handling, Sundry 및 Laundry, Commissary 순으로 구성되며 종류를 분류할 수 있다. 〈그림 3-7〉에서 볼 수 있듯 Meal과 A/C Handling Charge가 약 93.7%로 수입의 대부분을 점유하고 있다.

〈그림 3-7〉 부대사업 구성비

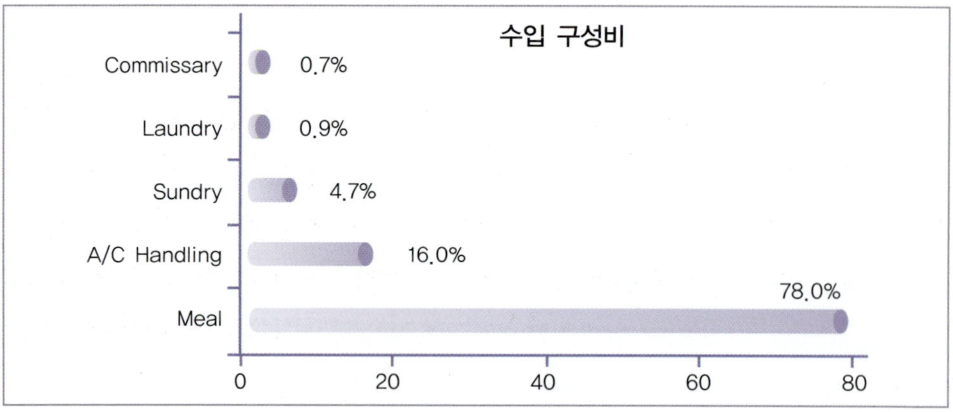

04 고객사 품질평가 및 고객관리

Carrier 즉 고객사들은 Menu와 Catering에 관련된 사항을 확정하고 일정기간 Operation이 되면 계약된 내용들이 현장에 잘 적용되고 있는지에 대한 품질평가를 하게 된다. 고객사의 품질관리 및 평가시스템은 크게 Feedback Report, Audit, Meal Tasting, Caterer 종합 평가지표 운영 등의 4가지 부문으로 나누어볼 수 있다.

〈표 3-6〉 고객사 평가지표

고객사 품직관리 및 평가시스템

Feedback Report
↓
Audit
↓
Meal Tasting
↓
Caterer 종합 평가지표 운영

1) Feedback Report

Feedback Report는 대부분의 항공사가 실시 중인 품질관리 방안 중 하나로 PAX 및 Crew 컴플레인 사항을 Caterer에 수시 또는 정기적으로 리포트한다.

SQ, CX, UA, JL 등 일부 항공사의 경우 다음과 같이 정형화된 Report 형태로 Caterer에 송부되지만 일반적으로 E-mail이나 전화로 접수되는 경우도 많다. 일단 고객사로부터 컴플레인 접수를 받게 되면 영업에서는 관련부서에 경위조사를 의뢰하고 관리자료에 Customer's Feedback 내용을 Data화한다. 관련부서에서는 발생 원인을 상세히 조사하고 유사사례 방지를 위한 재발방지책을 강구하여 영업에 통보 후 자체적으로 결과자료를 보관관리하게 된다. 그러면 영업에서 고객사에 조사결과 내용을 통보하는 것으로 Feedback Report 처리에 관한 업무가 끝난다.

2) Audit

Audit은 항공사의 가장 적극적인 고객사 관리시스템이라고 볼 수 있다. 현 고객사들의 Caterer를 대상으로 한 Audit 종류는 〈표 3-7〉과 같이 Operation Audit, Pre-Flight Audit, Medina Audit 등의 3가지로 구분된다.

〈표 3-7〉 Audit의 종류

1. Pre-Flight Audit CX - Hygiene, Operation, Meal 등 전 부문 감사
2. Medina Audit AC, JL, SU - Food Quality & Safety 감사
3. Operation Audit Inventory, Safety & Security Audit 등 기내 Operation
☞ Medina : Airline Caterer 및 Food Provider를 대상으로 하는 전문 Audit업체

(1) Operation Audit

Operation Audit은 Inventory Audit 및 Safety/Security Audit 등 당사 기내식 공급 Operation에 관한 전반적인 Procedure를 감사하는 것을 말하며 이는 주요 항공사별로 연 1~2회 실시하고 있다(CX항공).

(2) Pre-Flight Audit

Hygiene, Operation, Meal 등 전 부문에 걸쳐 해당 Flight 출발 전 사항을 점검하는 것을 말하며 현장 Audit 실시 후 대부분의 항공사가 종합적인 개념으로 Pre-Flight Audit을 실시하고 있다.

(3) Medina 등 전문업체 Audit

Food Quality 및 Food Safety 부문을 전문감사로 하는 업체이다. 예를 들어, Medina 같은 업체 등을 통하여 실시하는 Medina Audit가 대표적인 예이다. 이는 Auditor가 사전 통보 없이 불시에 Catering을 방문하여 감사를 실시하는 대표적인 암행감사로 Medina와 계약하여 Audit을 실시하는 대표적 항공사는 AC(에어캐나다), JL(일본항공), SU(러시아항공) 등이 있다.

☞ Medina는 캐나다에 본사를 두고 Airline Caterer 및 Food Provider를 대상으로 하는 전문 Audit업체이다.

(4) Audit 준비

Audit일정이 확인되면 즉시 해당부서에서 사전 대비토록 하고 종전 지적사항을 관련 현장부서(영업, 품질관리, 운영, 생산)에 별도로 공지하여 재지적되지 않도록 한다. Audit이 종료되면 Auditor에 의한 debriefing이 실시되며 필요시 지적사항에 대한 당사의 의견을 개진할 수도 있는 기회를 갖는다. 평가결과는 향후 공식적으로 접수되며 지적사항에 대한 개선책은 관련 팀으로부터 접수하여 고객사에 통보한다.

3) Meal Tasting

Meal Presentation 후 확정한 Meal을 고객사의 요구대로 잘 시행하고 있는지를 평가하기 위해 고객사의 본사 혹은 한국지점에서 당사를 방문하여 직접 Meal Tasting을 실시한다. Meal Spec 준수, Appearance 맛을 평가하여 이를 Caterer 평가에 반영하거나 문제점이 있을 경우 개선을 요구하기도 한다. 싱가포르항공, 에어프랑스, 일본항공, 에어캐나다 등이 정기적으로 당사를 방문하여 Meal Tasting을 실시하고 기타 항공사도 필요시 수시점검을 하고 있다.

4) Caterer 종합평가 지표 운영

케이터러를 종합평가하는 지표를 운영하는 시스템으로 현재 싱가포르항공과 홍콩 캐세이퍼시픽항공이 실시하고 있으며, 구체적인 내용은 아래와 같다.

㉮ 싱가포르항공은 4가지 카테고리로 구분하여 Caterer의 Performance를 분기별로 분석, 관리하고 있다.

㉯ 캐세이퍼시픽항공은 CPRP(Caterer's Performance Recognition Program)라는 Caterer 종합 수행평가 프로그램을 도입하여 매년 각 Caterer의 실적을 점수화시킨 후 이를 시상에 연계하는 Caterer 관리시스템을 운용하고 있다.

5) 고객관리

영업 측면의 고객관리는 평소 고객사와의 지속적인 접촉을 통하여 상호협조 및 우호관계를 유지, 강화함은 물론 고객의 Needs를 파악하여 서비스개선에 반영하는 등의 고객관리를 한다. 다음은 고객관리를 위해 수행하고 있는 주요 업무내용이다.

(1) 고객사 본사 Courtesy Call

주요 고객사의 해외본사를 방문하는 Courtesy Call이 있다. 고객사의 협조와 후원에 감사하고 최고품질의 서비스를 제공하겠다는 의지를 전달하게 된다. 또한 고객사의 서비스동향 및 개선 요구사항도 확인하게 된다.

(2) Cabin Crew 건의사항에 대한 적극적 후속 대응

Cabin Crew 건의사항에 대한 적극적인 Follow-up으로 건의사항은 대부분 Caterer의 Supervisor Report로 보고되는데 메뉴, 탑재량, 탑재위치 등에 관한 다양한 건의사항을 고객사 본사에 신속하게 통보하여 지침에 따라 업무에 반영하게 된다. 고객사에 대한 당사의 적극적인 서비스를 보여줄 수 있는 좋은 Tool이기도 하다.

(3) 고객사 지점과의 협조관계 유지

고객사 공항지점과의 긴밀한 협조관계를 유지하는 것은 무엇보다 중요한 사항이다. Meal Tasting 혹은 점검활동에 적극적으로 협조하고 지점장 및 케이터링 담당자와 수시 Meeting을 통해 개선 요청사항과 건의사항을 적극적으로 Follow-up한다.

(4) 주요 인사에 대한 자료관리

고객사와 보다 원활한 업무추진 및 관계유지를 위해 평소에 파악된 주요 인사의 취미활동, 선호하는 음식, 관심사항, 선물 증정내용, 업무 스타일 등의 자료를 유지 관리한다.

이외에도 고객사 주요 판촉활동의 일환으로 이벤트행사 혹은 여러 가지 방법으로 친밀감을 높일 수 있다.

Chapter 3 기내식 제조, 생산

01 기내식 제조, 생산의 이해

국제선을 자주 이용하는 여행객일수록 기내식에 대해서 민감하지만 기내식이 어떻게 만들어지고 어떤 과정을 거쳐 기내에 제공되는가에 대해 아는 사람은 거의 없을 것이다. 여기에서는 Catering업무에 있어서 기본적으로 알아야 할 내용을 중심으로 기내식 생산 전문기술의 조리업무를 제외한 일반적인 생산과정을 다루고 이를 소개하고자 한다.

1) 기내식의 형태 분류

기내식은 크게 Cold Meal, Hot Meal, Bakery 그리고 Special Meal로 분류된다.

(1) Cold Meal

Salad, Appetizer, Dressing Sandwich와 Japanese Meal 등이 Cold Meal에 속한다.

(2) Hot Meal

Korean Meal, Western Meal, Chinese Meal이 Hot Meal로 분류된다.

(3) Bakery

Bread와 Dessert로 구분지을 수 있다.

(4) Special Meal

건강식, 종교식, 채식 등이 여기에 속하며 이를 구분하여 분류한다.

2) 생산업무의 특성

(1) 특성

기내식의 Cold Meal은 24시간 이내에, Hot Meal은 48시간 이내에 승객 수에 따라 요구되는 수량만큼을 생산하여 승객에게 제공하는 엄격한 기준을 적용하고 있다.

(2) 단계화 주문

기내식 생산에 있어서 주문은 식자재 주문과 반제품 주문으로 구분되며 반제품 주문은 승객 수에 따라 요구되는 기내식의 수량을 1차 취합, 요청하면 반제품을 생산하게 된다.

(3) 구조

기내식은 1차 반제품으로 생산하는 키친과 완제품 생산하는 키친으로 작업을 구분하여 음식을 제조하게 되는데 반제품 생산은 야채, 육류, 가금류 등의 식자재를 검사하여 이물질의 혼입여부를 확인한 다음 조리 시 요구되는 형태로 가공한 후 가열 조리하게 된다.

(4) 반제품과 완제품

반제품은 완전한 하나의 Meal로 조합되기 전의 개개의 Item을 말하며 완제품은 조리된 개개의 반제품을 조합하여 하나의 meal로 구성한 것을 말한다.

3) 완제품 생산 절차

㉮ 조리된 기내식 반제품은 Blast Chiller를 사용하여 섭씨 4℃ 이하로 냉각시켜 냉장고에 보관하여 조리된 음식의 변질을 방지하게 된다.

㉯ 완제품은 반제품을 적합한 기물에 Dish-up하여 하나의 완성된 Meal을 만들어내는 것을 말하며 이는 항공기의 출발시간, 승객 수에 따라 순차적으로 냉장보관을 하게 된다.

〈표 3-8〉 완제품 생산 절차

조리(생산) → Chilling 및 냉장 보관(Blast Chiller) → Dish Up → 완제품

4) 생산작업별 기능

생산작업장은 기능별, 각 클래스별로 세분화하여 위생 측면의 교차오염을 방지하고 작업능률을 높이기 위한 생산기능을 구분하여 분담하고 있다.

(1) 생산지원

양목을 관리하고 전체 생산작업장 간 정보전달 및 일반 지원사항 등 전반적인 사항을 지원 및 총괄하는 기능을 갖고 있다.

(2) Preparation(준비)

Vegetable Shop, Butcher Shop, Fish Shop이 속한다.

(3) Hot Kitchen

FC Production, Production, Korean, Chinese

(4) Cold Kitchen

Appetizer, Dressing, Japanese

(5) Bakery

Bread, Dessert

(6) Hot Dish Up

FC Dish Up, PR Dish Up, EY Dish Up

(7) Cold Dish Up

Cold Production, FC/PR Dish Up, EY Dish Up, Fruit Shop, Cheese Shop

(8) Bakery Dish Up

FC/PR Dish Up, EY Dish Up

02 생산관리

1) 양목

기내식 생산의 기초자료인 양목의 사전적 의미는 음식을 구성하는 '구성요소' 또는 '성분'이라고 정의되어 있으며 양목은 재료 양목과 공정 양목으로 나눌 수 있다.

(1) 재료 양목

식품 또는 그 첨가물을 제조하기 위해 필요한 식자재, 반제품 목록 및 그 중량과 수율을 나타낸다.

(2) 공정 양목

Meal 제조를 위한 일련의 작업공정 및 표준시간 등의 정보를 담고 있다.

(3) 수율

원자재에서 어떤 물질을 얻게 될 때 기대했던 예상량과 실제로 얻은 양과의 비율을 수율이라고 한다. 예를 들어, 쇠고기 안심 1kg으로 스테이크용 안심을 준비할 때 힘줄, 지방 등을 제거하고 실제로 스테이크에 사용된 양이 약 500g이라면 수율은 50%이다.

2) 양목의 용도

양목의 용도로 재료 양목은 원재료 및 재료비 관리를 위한 중요한 기초자료이다.

〈그림 3-8〉 양목의 용도와 이해도

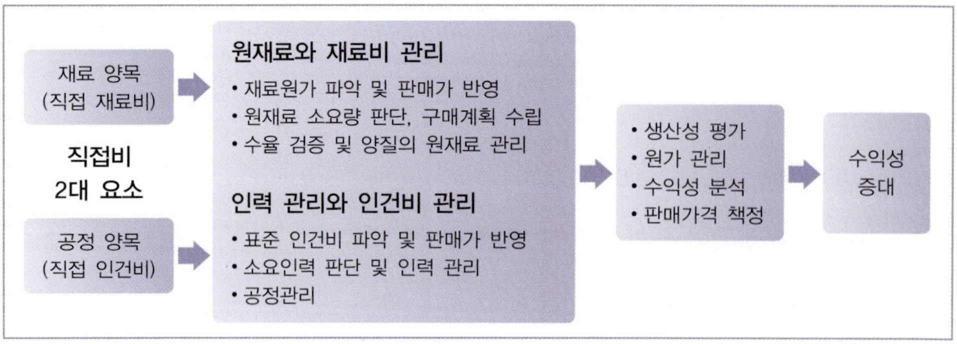

(1) 재료 양목

재료 양목으로부터 재료원가를 파악할 수 있으며, 수율이 적용되기 전에 필요한 식자재 양을 가리키며 이를 기준으로 한 해당 식자재의 구매비용이 산출된다. 자재 관리담당은 이로부터 구매계획을 수립하게 된다.

(2) 공정 양목

공정 양목은 직접 인건비를 산출하는 기초자료로서 Meal 제조를 위한 일련의 작업공정과 표준시간을 말하며 두 항목은 원가관리 및 수익성을 관리하는 데 있어 중요한 직접요소라 할 수 있다.

03 생산 준비(Preparation)

1) 개념

기내식 생산 준비과정은 기내식으로 조리되기 전 원자재를 조리에 필요한 형태로 준비하는 모든 과정을 말하며, 크게 야채 준비, 육류/가금류 준비, 그리고 해산물 준비과정으로 구분된다.

2) 야채 준비과정

야채 준비과정은 기내식을 제조하기 위한 준비단계 중 하나로 기내식에 사용되는 야채류는 Whole type 야채와 Ready-made 야채, 두 가지 모두를 사용하고 있다.

Ready-made 야채는 별도의 준비과정 없이 바로 사용할 수 있도록 손질된 것을 말하며, Whole type 야채는 조리에 필요한 형태로 세척, Trimming, 그리고 Cutting의 과정을 거친 것을 말한다.

〈그림 3-9〉 야채 준비과정

검수 → 세척 → Trimming → Cutting

(1) 검수 및 이물질 색출

납품된 야채검수는 이물질의 혼입을 방지하기 위하여 일일이 전수검사하게 되는데, 전수검사는 야채를 테이블에 펼쳐놓고 수작업으로 일일이 이물질의 혼입여부를 검사하는 것을 말한다.

(2) 세척의 종류 : 5단계 세척과 유수세척

Whole type 야채의 세척은 다시 크게 유수세척과 단계세척으로 나누어볼 수 있다.

❶ 유수세척

무, 감자 등 껍질 제거 후 사용될 야채를 흐르는 물에 세척하는 방법이다.

❷ 단계세척

토마토, 청경채 등과 같이 껍질 제거 없이 사용될 야채를 야채 전용세제로 5단계에 거쳐 세척하는 방법이다.

(3) 조리에 적합한 형태로 다듬고 자름

세척된 야채는 조리 시 필요한 형태로 껍질 제거, Dice, Slice, Wedge 등으로 Cutting하여 준비하게 된다.

3) 육류, 가금류 준비과정

육류, 가금류의 준비과정은 해동, Trimming(지방 껍질 제거), Cutting(자르기), Marinate(양념 숙성), Skewer(꼬치), Stuffing(소 채우기)으로 크게 구분할 수 있다.

〈표 3-9〉 육류, 가금류 준비과정

해동 → Trimming → Cutting → Portion cut

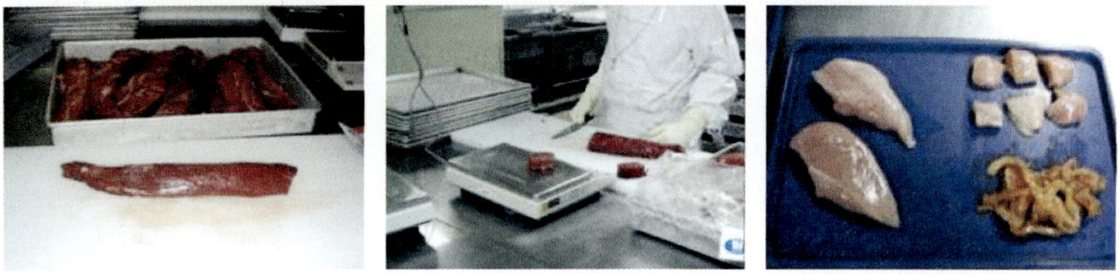

(1) 해동

육류 해동은 냉동실에 보관된 육류를 준비과정에서 해동실로 옮긴 후 24~40시간 동안 해동시키게 되며, 이때 해동실의 온도는 9℃를 유지해야 한다.

(2) Trimming

해동된 육류에서 껍질, 지방, 힘줄 등을 제거하는 작업으로 Trimming이라 한다.

(3) Cutting

이렇게 손질된 육류는 조리 시 요구되는 형태로 Cutting, Marinate, Stuffing, Skewer 등 여러 가지 형태로 준비하게 된다.

4) 생선 및 해산물의 준비과정

기내식 제조에 사용되는 해산물은 사용 전일 반입 또는 불출받아 해동실에 보관하여 해동하며 생선 및 해산물의 준비과정은 불출, 해동, Trimming, Cutting, Marinate, Skewer, Mousse, Stuffing 등의 과정을 거친다.

해산물 Trimming은 생선껍질 및 가시 제거, 갑각류 내장 및 껍질 제거, 어패류 해감 등이 있으며, Marinate, Cutting, Skewer, Mousse, 해산물 내부에 Mousse 등의 소를 채우는 Stuffing 등의 준비과정이 있다.

〈표 3-10〉 생선 및 해산물의 준비과정

불출 → 해동 → Trimming → Cutting

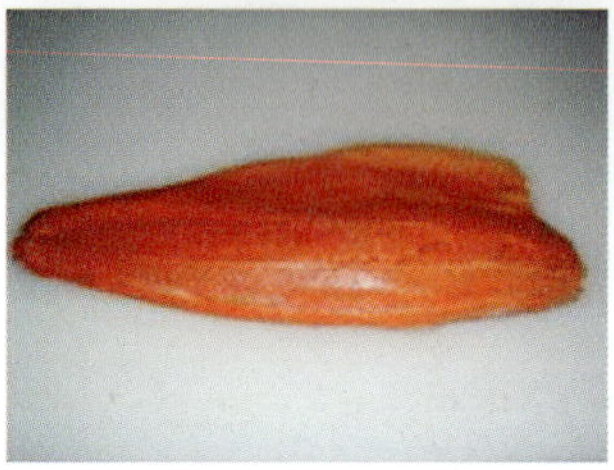
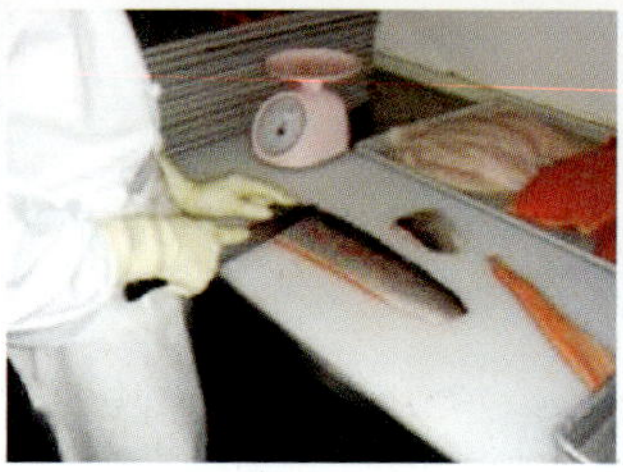
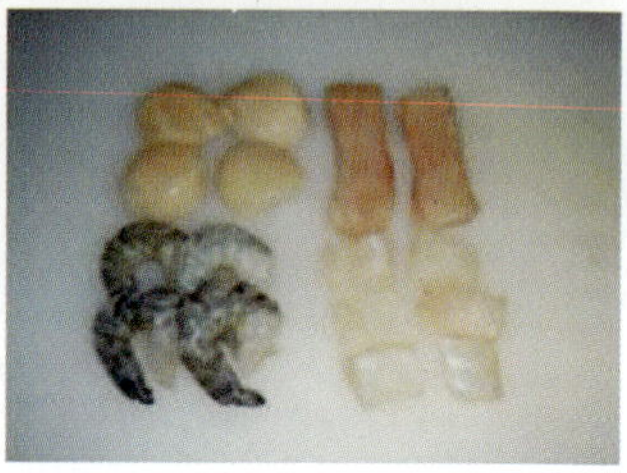

① 냉동 해산물은 전일 반입 또는 불출하여 해동
② 생선류 껍질 및 가시 제거, 갑각류 내장 및 껍질 제거
③ 손질된 생선, 해산물 조리 시 요구되는 형태로 자름

04 | 기내식 제조

1) Dressing

㉮ Dressing은 식초와 기름이 기본적인 재료이며 식초는 샐러드의 맛을 조절하고 냄새를 없애고 피로를 회복시켜 주는 효과가 있다.

㉯ 기내식에 제공되는 Dressing은 원재료에 따라 크게 Mayonnaise Type, Vinaigrette Type, 기타로 구분한다.

〈표 3-11〉 **Dressing 재료별 종류**

Mayonnaise Type	Vinaigrette Type	기타
Thousand Island Caesar Dressing Kiwi Dressing	French Dressing Balsamic Dressing Red Wine Vinaigrette	Korean Dressing Oriental Dressing Korean Mustard Dressing

2) Salad

샐러드는 라틴어의 소금을 뜻하는 Sal에서 유래된 것으로 야채에 소금을 뿌려 먹는 것을 의미하며, 영국, 미국인은 고기와 함께 먹거나 먹기 전에 먹는 반면에, 프랑스인은 포도주가 식욕이나 건강에 더욱 좋다고 믿기 때문에 고기요리가 끝난 후에 먹는다. 그러므로 지역에 따라 육류요리 전 또는 후에 드레싱과 함께 제공된다.

적양배추 싹 적양배추

3) (Combo)Appetizer

전채요리는 프랑스어로 'Hors D'oeuvre', 영어로 'Appetizer', 이탈리아어로 'Antipasti', 러시아어는 'Zakuski'라 불린다. Appetizer는 주요리 전에 식욕을 돋우는 작용을 하는데 음식의 신선도를 유지하기 위하여 제조와 동시에 Dish-Up을 한다.

전채요리는 양이 많지 않고 먹기 쉬운 크기의 재료를 이용하며 재료가 주요리와 중복되지 않는다. 짠맛 · 신맛이 가미되어 그 자극으로 타액분비를 촉진시켜 식욕을 돋우어주는 것이 특징이라 할 수 있다.

4) Soup

Soup는 주요리 전에 식욕촉진의 역할을 하며 다음 음식의 소화를 돕는다. 또한 국물이 위벽을 보호하며 알코올의 저항력을 강하게 해준다.

㉮ Soup는 크게 육류, 가금류의 육수를 이용하여 맑게 끓여 조리하는 Beef Consomme 등의 맑은 수프
㉯ 육수에 야채 등의 부재료를 넣고 일정한 농도가 되도록 조리하는 Asparagus Soup 등의 묽은 수프
㉰ 육수에 감자나 토마토 등을 이용하여 조리하는 Mediterranean Soup 등의 Puree Soup
㉱ 차게 먹는 Soup인 Gazpacho Soup 등이 있다.

5) 주요리(Entree)

서양식 코스에서의 Main은 역시 Entree 특히 육류 중에서도 Beef Stake요리라 할 수 있다. 기내식 양식의 Hot Meal은 주요리, 소스, Starch와 야채로 구성되는데, 주요리는 육류, 가금류, 해산물 등 다양한 재료를 사용하여 제조된다.

㉮ 육류의 경우 Beef, Veal, Pork, 그리고 Lamb 등의 다양한 부위를 사용
㉯ 가금류의 경우는 닭과 오리를 사용
㉰ 해산물의 경우 각종 생선, 새우, 관자 그리고 바닷가재 등을 사용한 요리를 제공한다.

㉣ 소스는 주요리의 풍미를 더해주고 요리의 색상, 질감, 그리고 소화작용을 돋우는 역할을 한다. 기내식에 사용되는 소스는 갈색 소스류, 흰색 소스류, 토마토 소스류, 그리고 기타 소스로 구분한다. 이러한 소스를 모체 소스라 하며 여기에 어떠한 부재료가 첨가되느냐에 따라 수없이 많은 종류의 파생 소스가 생겨나며, 메뉴에 따라 제공되는 소스가 상이하다. 갈색 소스는 주로 육류/가금류 요리와 함께 제공되며 흰색 소스와 토마토 소스는 가금류나 해물, 파스타요리에, 기타 소스는 주로 해물요리와 함께 제공된다.

6) Japanese Meal

기내식에서 제공하는 일본식은 Cold Meal과 조림인 니모노, 초회인 스노모노, 구이요리인 야키모노 등이 있다.

7) Special Meal

Special Meal이란 건강, 종교, 문화, 연령 등의 이유로 항공사에서 제공하는 정규식으로 식사할 수 없는 손님들이 요청하는 특별식으로 건강식, 채식, 종교식, 아동식 및 기타식으로 구분한다.

(1) 건강식

건강식은 심장질환이나 동맥경화증 환자를 위한 Low cholesterol 과민성 대장증후군 예방이나 치료에 이용되는 High fiber meal, 간질환이나 신장병 환자를 위한 Low protein meal, 위궤양 환자나 소화기가 좋지 않은 환자를 위한 Bland meal, 당뇨병 환자를 위한 Diabetic meal 등이 있으며 종교, 건강, 문화적인 이유로 식물성 식품만을 섭취하는 채식주의자를 위한 Vegetarian Meal, Lacto VG meal, Strict VG meal, Asian VG meal 등이 있다.

FC Diabetic Meal

EY Vegetarian Meal

(2) 종교식

스페셜 밀의 종교식은 나라별, 지역별 또는 인종별 종교에 따른 특별식으로 종교에 따라 특정 식자재의 취식을 금하거나 다른 식자재와 혼재보관 및 조리, 저장되는 것을 금하기도 한다.

유대교(Judaism)의 율법에 따라 고유 전통의식을 치른 후 만들어진 음식으로 완제품을 구매하여 제공하는 Kosher Meal, 힌두교인을 위한 Hindu Meal, 이슬람 교인을 위한 Muslim Meal이 있다.

(3) 아동식

아동식은 12개월 미만의 유아에게 제공되는 음식으로 주로 분유를 제공하는 Infant Meal, 12개월에서 24개월 사이의 유아에게 제공되는 Baby Meal, 모유, 우유로부터 이유식으로 이행할 때 사용하는 Post Weaning Meal, 걷기 시작하는 유아에게 제공되는 Toddler Meal, 만 2세 이상의 어린이를 위해 제공되는 특별식인 Child Meal이 있다.

김밥

짜장면

8) Bakery

빵은 대개 수프를 먹고 난 후 요리와 함께 먹기 시작하여 디저트를 먹기 전까지 먹는다.

빵은 음식의 맛이 남아 있는 혀를 깨끗이 하여 미각을 신선하게 하며, 요리를 먹으면 지방으로 산성화되는 것을 알칼리성인 빵이 중화시키는 역할을 한다.

㉮ 기내식에 제공되는 Bakery item은 크게 Bread와 Dessert로 구분되며 Dessert의 종류로는 Mousse, Cake와 Pastry, 떡 그리고 아이스크림이 있으며, Decoration 등의 과정을 거쳐 제공된다.

㉯ 디저트의 페이스트리나 빵류는 반죽, 성형, 숙성, 베이킹, Decoration과정을 거쳐 제조된다.

(1) 제조 Flow

〈표 3-12〉 Bakery 제조 Flow

반죽 → 성형 → Baking → Decoration

(2) Bread

빵은 재료를 반죽한 후 반죽을 1차 발효하여 Molding Machine이나 Mold 또는 손으로 성형하여 2차 발효하여 구워낸다.

반죽

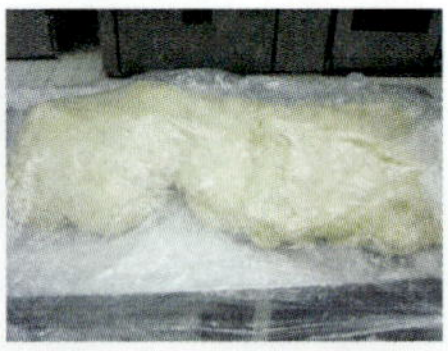
발효

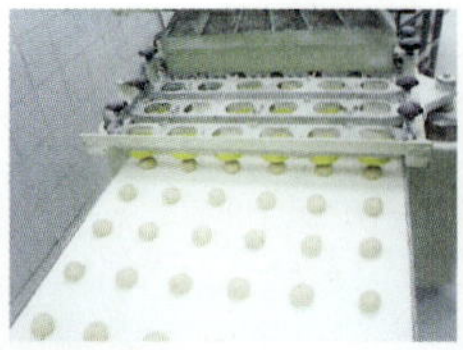
성형

굽기

Croissant

Tapioca Roll

Herb Roll

(3) Cake

Cake은 준비된 재료를 반죽하여 원하는 형태로 성형한 후 오븐에 구워 Chiller를 사용하여 식혀준다. 케이크의 종류로는 Marble cheese cake, Green tea cake, Chocolate cake 등이 있다.

9) Hot Meal 제조방법

(1) Dry Heat Methods

물이나 기름이 아닌 열을 직접 가하여 음식을 조리하는 방법으로 Broiling, Grilling, Roasting, Sauteing 등이 있다.

(2) Moist Heat Methods

주로 물을 가열하여 생기는 수분을 이용하여 가열하는 조리법으로 Boiling, Poaching, Blanching 등이 있다.

(3) Combination Methods

Dry Heat와 Moist Heat의 두 가지 방법을 이용하여 고기의 육질과 향미를 증가시키는 조리법으로 소스나 육즙을 가열하여 조리하는 Braising과 Stewing이 있다.

05 Dish-Up

1) 정의

Dish-Up이란 반제품으로 제조된 Hot meal, Cold meal, Bakery item을 메뉴에 따라 지정된 기물에 담아내는 것을 말한다.

2) Cold Dish-Up

대표적인 샐러드와 Appetizer는 음식의 신선도를 유지하기 위하여 제조와 동시에 Dish-Up하며 이때 새싹, 허브, 과일 등을 Garnish로 사용하여 음식의 맛, 형태, 색 등을 돋우어주며 지정된 기물에 담아서 제공된다.

Appetizer

Salad

3) Sandwich 제조

샌드위치 제조는 준비된 빵에 마요네즈, 크림치즈, 머스터드 등을 바르고 양상추, 치즈, 토마토 등의 속재료를 순서대로 올려준 후 기물에 맞는 크기로 잘라주며 샌드위치는 오이피클, 올리브 등의 가니쉬가 같이 제공되기도 한다.

4) Hot Meal Dish-Up

Hot meal Dish-Up은 주요리, Starch, 야채를 적합한 기물에 담아내는 것을 말하며, 각각의 Class별로 다른 방법으로 Dish-Up한다. 예를 들어, FC/CL의 경우 지상에서 알루미늄재질의 용기에 주요리, Starch, 그리고 야채를 Item별로 Dish-Up하여 Heating 시 발생되는 각각의 즙이 섞여 음식의 풍미가 떨어지는 것을 방지하게 된다.

이렇게 Dish-Up된 Meal은 Oven Rack에 담겨 기내에 탑재되며, 승무원이 기내에서 음식을 데운 후 다시 전용기물에 옮겨 서비스하게 된다.

F/C Main Meal

F/C Dish-Up

E/Y Class는 기물에 Dish-Up하여 알루미늄 호일로 포장한 후 Oven Rack에 담겨 탑재되며 대량생산으로 그 효율성을 높이기 위하여 Conveyer belt를 이용해서 작업한다.

E/Y Dish-Up

5) Sand & Decoration과 Dish-Up

(1) Bakery Dish-Up

디저트는 원하는 무게나 형태로 자른 후 테이블이나 Tray에 기물을 놓고 완성된 디저트를 과일을 이용하여 만든 소스나 초코시럽 또는 생과일 등과 함께 적합한 기물에 Dish-Up한다.

(2) Ice Cream Dish-Up

디저트로 제공되는 아이스크림은 별도의 Decoration과정을 거쳐 과일이나 초콜릿시럽 또는 생과일 등과 함께 FC/CL에 제공되며, 컵이나 콘 타입의 아이스크림은 PR/CL, EY/CL에 제공된다. 아이스크림은 드라이아이스와 함께 전용 용기에 Dish-Up되어 녹는 것을 방지한다.

(3) Fruit Dish-Up

기내식에 사용되는 과일 디저트는 오렌지, 파인애플, 키위, 사과, 배, 수박, 딸기, 포도 등의 계절과일이 사용되고 있으며, 이러한 과일은 자체 당도검사를 거쳐 우수한 품질의 것을 사용하고 있다.

FC/CL 과일 Tray

BC/CL 과일 Plate

EY/CL 과일 Bowl

(4) Cheese

❶ 치즈

카제인이라는 유단백질을 레닛이라는 응유효소를 이용하여 응고시키면 고형 Curd와 Whey(유장)으로 분리되는데, 유장을 거른 후 남는 Curd는 Ricotta cheese, cottage cheese 등의 Fresh cheese로 만들어진다. 이 과정을 거쳐 얻어진 Curd를 소금, 박테리아 등을 넣은 후 Molding, 숙성시킴으로써 여러 종류의 다양한 Cheese를 얻을 수 있다.

❷ Cheese의 종류

치즈는 Fresh 치즈, Soft 치즈, Semi soft 치즈, Firm 치즈, 그리고 Hard 치즈 등으로 구분할 수 있다.

FC/CL 치즈 Tray

PR/CL 치즈 Tray

Chapter

4 Kitchen 운영업무

기내식 운반과정인 탑재, 하기 및 Operation 전반에 대한 업무를 알아봄으로써 기내식이 승객에게 서비스되는 경로를 이해한다.

01 업무 개요

현장 운영업무의 내용을 〈표 3-13〉, 〈그림 3-10〉에서와 같이 구체적으로 업무그룹을 나누어볼 수 있는데 이는 다시 상황실, 통관, 세척, 세팅, 탑재 & 하기, 운전, Supervisor, COC(Catering Operation Center) 창고업무로 이루어져 있다.

각 부문별 업무 범위와 업무 흐름도는 다음과 같다.

〈표 3-13〉 운영업무 범위

운영 Operation			
상황실	기내식 주문 및 조업스케줄 작성	세척	기물세척 분류 재활용
통관	대세관업무 대검역업무	Supervisor	승무원과 인수인계- Catering Item
세팅	기내식 세팅기물 Packing	Ramp 통제	Ramp ↔ Catering 정보전달
탑재 & 하기	항공기 탑재, 하기, Add Meal	창고	소모품 입출고관리 소모품 세팅

〈그림 3-10〉 운영업무 흐름도

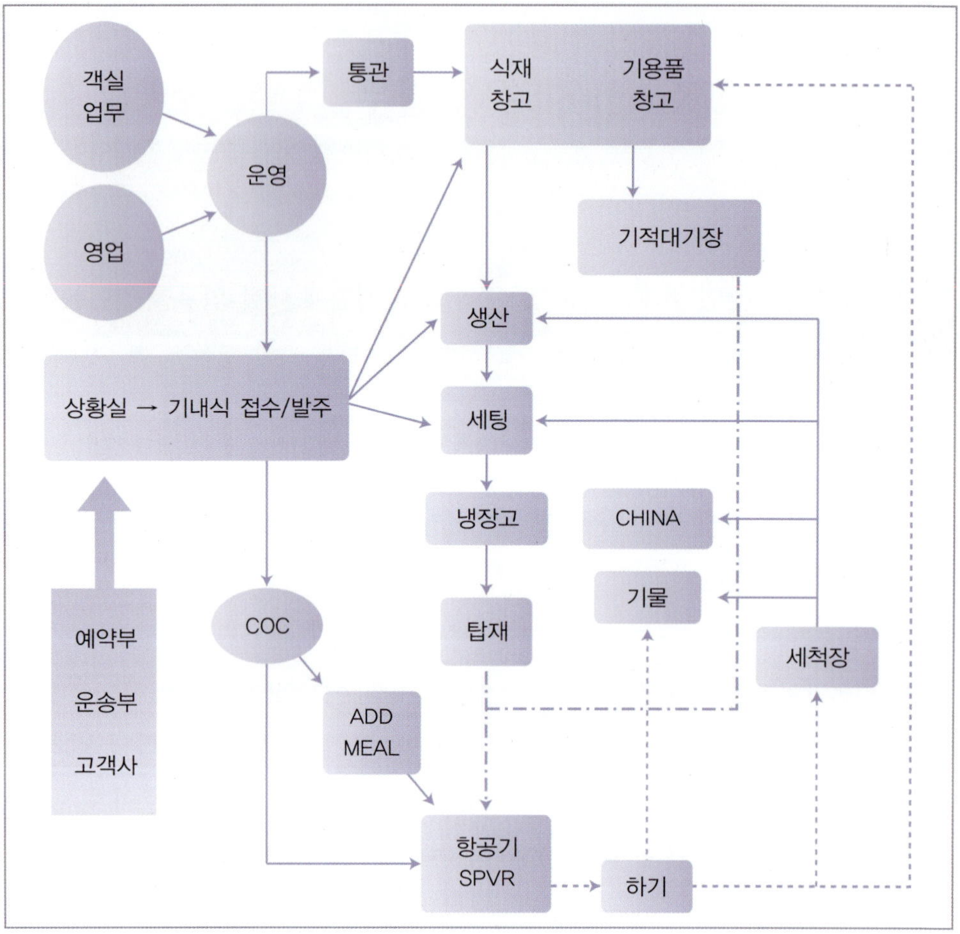

1) 상황실

상황실에서는 예약시스템을 통해 승객현황을 확인한 후 기내식을 주문하고, 항공기 운항정보 및 기종을 조회하여 기내식 각 현장작업 스케줄을 작성, 통보하는 등의 업무를 하며 Catering부문의 각종 정보나 상황 발생 시에 업무의 가장 중심적 역할을 하는 부문이며 탑재 품목에 대한 Billing업무도 함께 수행한다.

2) 통관

통관은 기용품의 수입, 수출관련 대 세관업무 전반과 수입 식자재 통관 및 검역을 수행하는 업무이다.

3) 세팅

세팅은 상황실의 운항정보 및 기내식 주문을 기준으로 기내식과 기물 그리고 소모품을 Catering Setting 혹은 Packing Manual에 의거 수행하는 업무이다.

4) 탑재 & 하기

탑재 및 하기는 세팅이 완료된 Catering Item을 승무원이 서비스하기 위해 기내에 탑재하고, 서비스 후 도착 항공기의 기물류, 기용품을 하기하여 세척장으로 이송하는 업무이다.

5) Add Meal

기내식 탑재를 지원하는 업무로써 해당 항공사의 Add Meal 추가사항, Missing Item 또한 Food Car로 지원되지 않은 Cargo, Charter Flight 기내식 탑재 등을 Add 차량(경차)을 이용하여 작업한다. (Final 시점에 업무를 수행해야 하므로 특히 안전에 유의)

6) 세척

세척장에서는 서비스 후 각종 기물류의 하기 이후 세척기능을 수행하는 곳으로 기물을 세척한 후 품목별로 분류하여 운영창고로 입고시켜 각 현장에서 다음 Flight를 준비하도록 하는 업무이다.

7) Supervisor

슈퍼바이저는 항공기에 탑재된 Catering Item을 승무원에게 인계인수하는 업무를 담당하며, Catering 지상업무의 최종 단계의 업무를 수행한다.

8) COC

COC는 Catering Operation Center의 약어로 Ramp와 Catering 간에 필요한 정보를 제공하고 Control하는 곳으로 탑재, 하기 수행업무를 원활히 하고 부족 혹은 미탑재품목을 신속하게 지원하는 업무를 담당한다.

9) 창고

창고업무는 기물과 소모품을 Main 창고로부터 불출받아 현장 부서로 불출하는 업무로 운영 창고의 재고관리업무를 수행하고 있다.

02 | 운영부문 업무

1) 상황업무

(1) Meal Order 절차

적정 기내식의 생산 및 탑재를 위해 승객 예약현황과 Check-in Level을 확인 후 기내식을 주문하는 절차이다.

(2) Meal Order 단계

〈표 3-14〉와 같이 기내식 주문단계는 PMO → FMO → ADMO → AMO 순으로 이루어진다.

〈표 3-14〉 Meal Order단계

PMO : Preliminary Meal Order

↓

FMO : Final Meal Order

↓

ADMO : Adjust Meal Order

↓

AMO : Addition Meal Order

(3) Meal Order 기준

Meal Order에 관한 종류와 절차를 알아보자.

㉮ PMO는 항공기 출발 48시간 전에 승객 예약 수를 근거로 한 Meal Order 이며, 이때부터 기내식의 조리가 시작된다.

㉯ FMO는 항공기 출발 6시간 전의 Meal Order로 기내식 세팅이 시작된다.

㉰ ADMO는 항공기 출발 4시간 전 승객 변동에 따른 Meal Loss를 줄이기 위해 주문량을 조정하는 단계이다.

㉱ AMO는 승객의 마지막 Check-in 상황에 따라 Meal 증가부분을 예측하여 추가 주문하게 되는데 통상 30분 전에 결정하게 된다.

〈표 3-15〉에서 Meal Order가 시간대별로 여러 단계를 거쳐 이루어짐을 알 수 있다.

그러나 기내식 주문은 항공사별 별도의 계약에 따라 기내식 주문횟수를 정하기로 계약서상에 규정하고 있으며, 전화, Telex 혹은 Fax로 주문 접수하고 있다.

예를 들면 JAL, AIR CHINA는 H-24→AMO를, AIR France, AIR Canada, Singapore Air, Malaysia(MAS) 등은 H-24→H-6→AMO를, Cathay Pacific은 H-24→H-6→AMO를 기준으로 Meal Order를 하고 있다.

〈표 3-15〉 Meal Order 기준

Order	시간	비고
PMO	H-48	• 13:00~16:00 사이에 Order
FMO	1차 - 09:00 2차 - 10:30 3차 - 12:00 4차 - 18:00	• 1차 - 15:00~17:00까지 • 2차 - 17:00~19:00까지 • 3차 - 19:00~Last Flight • 4차 - 익일 KE017 이전 Flight
ADMO	H-4	• ADMO : Adjust Meal Order
AMO	H-40M까지	• AMO : Add Meal Order

(4) Meal Order 정보전달 및 공유

내부운영 화면을 통하거나 방송 등 규모가 작은 곳에서는 전화 등 정보전달은 여러 방법이 있겠으나 정확히 전달되어 billing까지 이어져 정확히 청구되어야 한다.

(5) 상황실 제공정보

㉮ DOR(Daily Operation Record) WOR(Weekly Operation Record) 자료 및 정보를 제공하며 구체적 업무내용은 다음과 같다.

- 기내식 제공 Flight Frequency 및 기내식 생산량, 예상량
- 주요 인사 탑승현황 및 Meal Loss현황
- 생산량 추이 및 예측
- 세척기물 잔량 및 현장상황 종합분석

㉯ Daily Flight 스케줄 정리

- CHTR/EXTRA 스케줄, 보세 Flight 스케줄
- A/C Connection Flight 정리 및 Menu 관련 협조공문 접수 현장 전파

㉰ 예약현황 : Meal 생산에 근간이 되는 예약현황의 등 정보를 현장에 신속하게 전달 공유하게 된다.

2) 기내식, 기물 세팅

(1) 기내식 세팅업무 Flow

세팅업무는 Packing Manual 및 Meal Order에 따라 〈그림 3-11〉과 같은 절차로 이루어진다.

〈그림 3-11〉 기내식 Setting업무 Flow

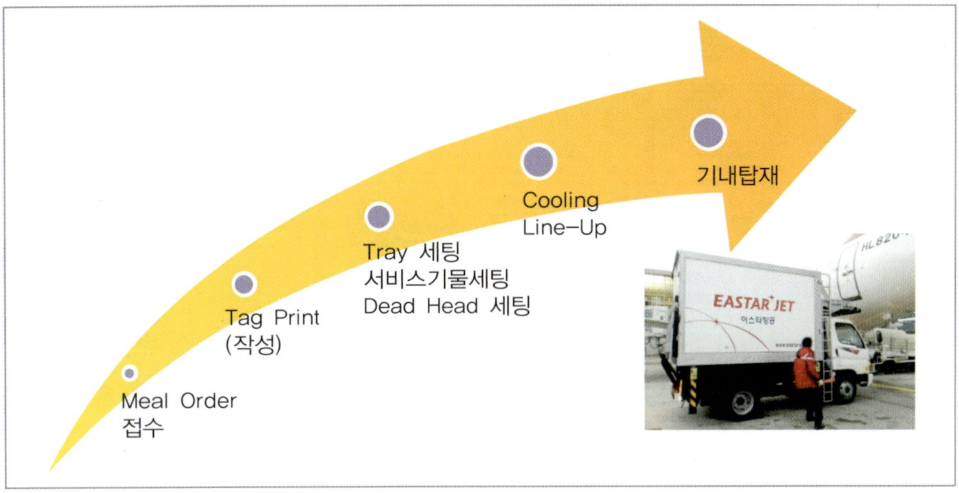

㉮ 기내식 세팅은 상황실에서 발주한 Meal Order에 따라 조업원이 Packing Manual에 의거 Meal Cart 및 Carrier Box에 기내식 및 기물을 세팅하는 업무를 말한다.

㉯ 기내식 및 기물 세팅을 위해 Meal Order 내용이 기입된 기내식 적재 목록서를 확보하여 기종, 운영 Class, 그리고 기내식 수량을 확인한다.

㉰ 탑재 현황 Tag(Meal Tag)은 FLT별 수량과 탑재 위치를 사전에 작성하여 Cart 및 Carrier Box에 부착하여 Tray 세팅을 하게 된다. Meal Tag에는 Packing 정보와 탑재 위치가 표기되어 있어 세팅 시 Missing을 방지하고, 탑재 시에는 정위치 탑재를 위한 지침서 역할을 한다.

㉱ Add Meal 세팅은 상황실 근무자가 Check-In 현황을 Monitoring하여 No-Show 및 Go-Show 승객에 따라 기내식을 최종 조정하게 된다.

(2) 기내식 세팅

항공사에서 주문한 Meal Order에 따라 조업원이 Packing Manual에 의거 항공사의 고유 기물을 사용하여 Cart 및 Carrier Box에 음식(Tray & Bulk Meal)을 세팅하는 업무를 말한다.

(3) 기물 세팅

기물은 Chinaware, Glassware, Serving Tool 등의 3가지로 구분할 수 있다. 각 기물에 대한 종류와 용도를 알아보자.

Chinaware는 음식을 Dish-Up하는 사기류를 총칭하는 것으로 Plate류, Bowl류, Cup류 등이 있고 Glassware는 주류나 음료서비스 시 사용하는 컵류로 Tumbler glass, Wine glass, Brandy glass 등이 있다. Serving Tool은 승무원이 음식서비스 시 필요한 도구로써 Coffee Pot, Casserole Tong, Milk Pitcher 등이 있다.

기물은 Chinaware, Glassware, Serving Tool의 3종류로 구분

Chinaware

Glassware

Serving Tool

(4) 기내식 보관

다음은 완성된 기내식을 보관하는 과정으로 완성된 기내식이 Meal Order 내용과 동일하게 세팅되었는지 최종 점검을 실시하고 작업장에서 4℃의 Cooling Room으로 운반하여 노선별로 정돈한 후 보관한다. 보관 시에는 Cart 및 Carrier Box 문을 열어 기내식이 Chilling되도록 한다.

완성한 기내식은 규정된 절차에 따라 운반하여 4°C 이하로 보관

완성된 기내식 점검

운반과정

Cooling Room 보관

3) 소모품 세팅 & 보관

재고관리업무 Flow 내용으로 우선 기용품 세팅업무를 살펴보고 업무 절차를 알아본다.

(1) 재고관리업무

㉮ 기용품 세팅업무는 기내에서 서비스되는 모든 주류, 음료, 스낵, 각종 Dry Item을 Manual에 의거 해당 Unit에 정량을 세팅한다.

㉯ 항공기에 탑재되는 물품은 Service 기획 Part에서 작성 배포한 Manual에 의거 산출한 기적량을 Main 창고에서 불출 및 입고하여, 운항 SKD에 따라 해당 항공기에 탑재할 수 있도록 세팅하여 항공기 운항 종료시간까지 Open 운영한다.

㉰ 또한 Inventory는 기용품의 ICN 보유수량 또는 포장 파손 내용물의 이상

유무와 물품의 유효기간 선입선출 등을 파악하고 일평균 또는 월평균 사용량을 감안하여 과부족을 판단, 분석하고 언제 반송 또는 공급 요청해야 할 것인지를 결정해야 한다.

㉣ 적정재고의 관리 유지는 품목별로 적정 보유 재고량을 정하여 재고부족에 따른 문제가 발생하지 않도록 관리하고 있다.

〈그림 3-12〉 소모품 업무영역

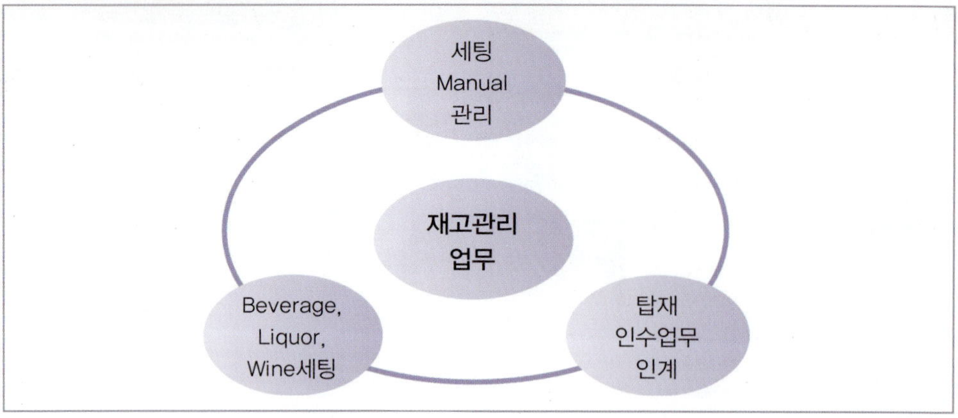

(2) 소모품 세팅 Flow

〈그림 3-13〉은 소모품 세팅장을 중심으로 한 세팅업무의 흐름을 나타낸다.

〈그림 3-13〉 소모품 세팅 Flow

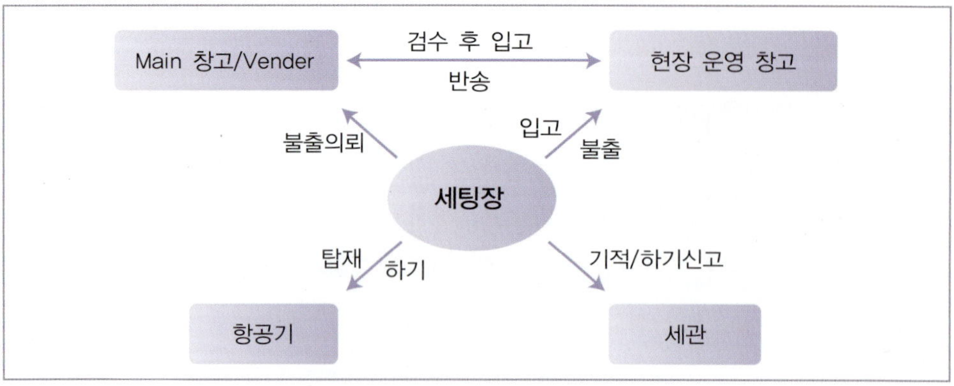

(3) 소모품 운영

㉮ Main창고와 운영창고가 멀리 떨어져 운영되는 경우에는 주말의 운영량을 감안하여 운영창고는 약 3일분 재고기준으로 물량이 운영관리되는 것이 일반적이지만 현장에는 최소물량으로 운영하며 운영량 부족 시 Main창고로 물품 불출의뢰를 하면 익일 의뢰한 물품은 현장 운영창고로 이송되도록 한다.

㉯ 운영창고에 입고된 물품은 Packing Manual에 의거하여 항공기 출발 6시간 전까지 작업을 종료한 후 주류와 음료는 냉장고에 이송하고, Dry Item류는 지정된 시간에 Out-Bound Dock에 Line-Up하여 정리한다.

㉰ 항공기에 탑재되는 소모품은 기적 시 재고에서 마이너스되고, 하기되는 소모품은 수량을 확인하여 재고에 플러스 처리하고 있다.

(4) 소모품 운반 보관

완성된 소모품류는 조업원이 규정된 시간에 FLT별로 지정된 장소까지 운반하여 보관하게 된다.

주류 및 음료는 Cooling Room에 노선별로 정리하여 보관하고 기내에서 사용되는 각종 소모품은 지정된 Out-Bound Dock에 FLT별로 정리하여 보관 후 탑재원에게 인계하여 기내서비스로 연결된다.

완성된 소모품

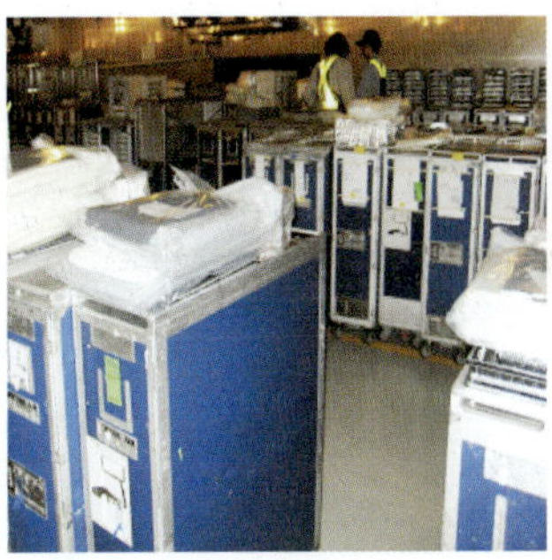
냉장고 입고

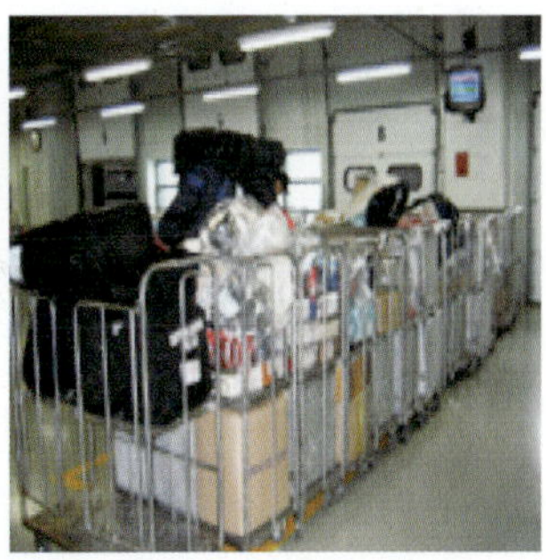
Line-Up되는 소모품

4) 기내식 탑재

기내식 탑재업무의 주요 업무는 기내에서 제공되는 기내식, 소모품, 기물, 기판품 등을 Loading Manual에 의거하여 표준조업공정에 따라 항공기 내 지정된 위치에 탑재, 하기하는 업무이다.

탑재
(기내식/소모품
/기물 기판품)

(1) 탑재 Item 준비 및 확인

냉장고에 Flight별로 보관되어 있는 기내식을 먼저 Out-Bound Dock에 정리되어 있는 기용품과 함께 Flight별로 재구분 정리한다.

(2) Out-Bound Dock Line-Up

각 작업장에서 작업 완료된 기용품은 지정된 Out-Bound Dock에 Flight별로 Line-Up한다.

(3) In-Door Check 및 Food Truck 탑재

슈퍼바이저 및 탑재원은 Check List에 의거하여 탑재되어야 할 품목을 최종 점검 후 Food Car에 적재한다.

(4) 탑재 지원의 3원칙

Catering Item의 원활한 지원으로 대 고객서비스를 향상시키기 위해 탑재 지원의 3원칙을 수립하여 탑재업무를 수행하고 있다.

〈표 3-16〉 탑재 지원의 3원칙

3원칙	정시탑재	항공기가 정시에 출발할 수 있도록 조업공정에 따라 항공기 출발 1시간 전까지 탑재
	정량탑재	각종 Manual에 의거 정량 세팅된 기용품을 빠뜨리지 않고 항공기에 탑재
	정위치탑재	승무원들이 승객에게 서비스할 때 기용품을 찾기 용이하도록 기내의 지정된 장소에 탑재

❶ 정시탑재

항공기가 정시에 출발할 수 있도록 조업공정에 따라 항공기 출발 1시간 전까지 탑재하는 것을 의미한다.

❷ 정량탑재

각종 Manual에 의거 정량 세팅된 기용품을 빠뜨리지 않고 항공기에 탑재함을 뜻한다.

❸ 정위치탑재

승무원들이 승객에게 서비스할 때 기용품을 찾기 용이하도록 항공기의 지정된 장소에 탑재함을 의미한다.

5) 기내식 하기

항공기가 주기장에 도착하면 조업절차에 따라 Food Truck이 항공기에 접현하여 기내식 및 기용품을 하기하며 하기된 기물은 In-Bound Dock으로 이송하여 세척이 이루어지고, 잔반은 규정에 의하여 전량 소각 처리한다. 세척이 필요치 않은 소모품류는 세팅창고로 이송 후 재분류하여 사용한다.

A/C 도착(Ramp)

하기
(기내식/소모품
/기물 기판품)

세척장

(1) 이동지역 내 차량 제한속도

Food Truck이 Ramp 내 이동지역을 이동할 경우 이동 시 속도를 제한하고 있으며 속도를 준수하여 안전을 확보해야 한다.

항공기 주위 30m 외곽지역은 35km/시이고, 항공기 주위 20m 이내는 15km/시이며, 기타 Ramp 내 일반 주행속도는 35km/시~5km/시이다.

〈표 3-17〉 Ramp 내 차량 제한속도

• 일반 GSE 도로 : 35km	• 외관 GSE 도로 : 50km
• 지하차도 경사구간 : 25km	• 지하차도 직선구간 : 40km
• 저시정 운영 절차 시 계류장 지역 내 : 20km	

6) Supervisor

Supervisor업무는 탑재원이 기내에 탑재된 기내식 및 기용품을 최종적으로 확인하여 기내 승무원에게 인계하는 업무를 수행하게 되는데 Supervisor의 주요 업무는 다음과 같다.

㉮ Duty FLT현황(FLT특성, A/C특성, Class 운영, Menu특성, PAX 예약현황, 각종 업무숙지)

㉯ Menu Check List 출력

㉰ FLT별 A/C Type 기용품 Check List 출력

㉱ Final Check/ADD Meal 수량 확인

㉲ 관련 현장 세관업무 확인

㉳ 모든 사항을 확인 후 기내 승무원과 탑재되어 있는 각종 기내식 기용품의 탑재 위치와 수량 등을 인계한다.

㉴ FLT가 종료되면 사무실로 복귀하여 금일 FLT상황 등을 종합 정리하고 필요한 건의사항을 포함한 Supervisor Report를 작성한다.

03 | 고객사 기용품관리

1) 업무 소개

Catering Center에서 고객사에 제공 중인 기내식 SVC에 필요한 기용품 운영현황을 알아보고 전반적인 이해를 돕고자 한다.

고객사란 기내식을 항공기에 탑재, 하기 Handling하는 항공사를 지칭하며 고객 항공사 기용품을 각 항공사의 지침에 따라 위탁관리하고 있다.

2) 업무 Flow

고객사는 자국 항공기에 탑승한 승객에게 Catering SVC를 제공하기 위해 기용품을 항공기나 선박을 이용하여 기내식 Center로 송부하고 있으며 항공기로 송부되는 물품은 선박에 비해 운송시간이 단축되어 대부분의 고객사는 이 방법으로 송부하고 있으나 일부 고객사는 선박으로도 송부하고 있다.

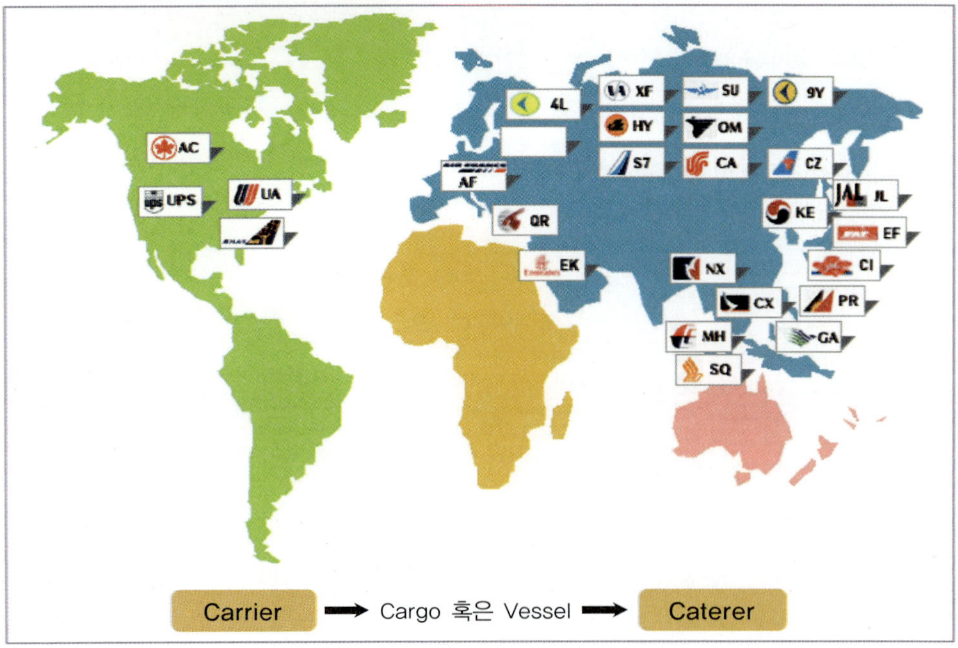

3) 창고업무

고객사가 항공기 혹은 선박으로 송부한 물품은 세관의 허가를 득한 후 Main 창고로 반입된다. 반입된 물품은 자국 항공기에 탑재하기 위해 기용품을 운영하는 운영창고로 불출되고, 반복되는 반입/불출이 이루어진 후 남은 Main 창고물품을 정확하게 관리하는 재고관리업무가 Main창고의 주된 업무라고 할 수 있다. 즉 메인창고의 업무는 크게 반입, 불출, 재고관리로 구분할 수 있다.

〈그림 3-14〉 고객사 Main창고업무

1. 반입업무 → 2. 불출업무 → 3. 재고관리업무

(1) 반입업무

항공기나 배로 입항된 기용품은 적절한 세관 절차를 거쳐 김포 Main창고로 반입되며 반입된 기용품은 Invoice에 기록된 Items 수량 및 포장상태를 확인 후 세관에 반입신고를 실시해야 한다.

반입신고를 마친 후 동일 품목별로 물품을 정리하고, 반입수량 및 반입일자를 기록하는 Items Card에 입출고 및 사용근거를 유지하도록 되어 있다.

기록 완료 후 시스템에 반입관련 사항을 입력함으로써 반입업무가 종료된다.

〈그림 3-15〉 반입업무

- 화물 Container 수량, 포장 확인
- Invoice와 실물 확인
- 세관 반입신고, 수입신고

(2) 불출업무

불출 절차는 운영창고에서 불출의뢰하며, 메인창고로 불출의뢰한 사항에 대해서는 Main창고로부터 승인을 득해야 한다, 승인 후 Main창고에서는 물품을 불출하며, Box단위로 불출하는 방법과 De-Boxing 후 Bin에 담아 불출하는 2가지 방법이 있다.

Main창고에서 운영창고까지는 세관에 보세운송 구간으로 신고되어 있어 반드시 세관의 허가를 득해야 하므로, Main창고에서 현장 운영창고로 불출 전에 보세운송신고서를 작성한다. 현행 운송방법은 보세차량을 이용하여 운송하고 있으며 운송 시 봉인을 하고, 차량 운행일지에 봉인번호를 기록해야 한다.

〈그림 3-16〉 불출업무

- 품목별 Box, Bin으로 분류
- 보세운송 신고서 작성, 청인
- 보세운송 실시(선입선출)

(3) 재고관리업무

재고관리의 Main창고업무는 반복되는 반입/반출 물품의 수량을 정확하게 관리하는 업무로서 반입일자, 반입수량, 반출일자, 반출수량 그리고 현재 보관하고 있는 재고수량 등이 일치하도록 관리하는 업무이다.

이를 위해 Items Card에 의한 재고를 Check하고 있으며, 모든 고객사는 매월 1회 지정된 일자에 재고현황을 통보토록 요구하고 있으며 1개월 동안의 소모량과 현 재고량 등을 파악하여 고객사에 통보하고 있다. 특히 유효기간이 있는 품목은 특별히 관리하고 있으며, 냉장으로 관리되어야 하는 물품은 냉장고에 별도 관리하고 있다.

〈그림 3-17〉 재고관리

- 반입물품에 대한 재고정리
- 지정된 날짜에 Inventory 실시
- 유효기간 관리 및 냉장품목 관리
- 품목별 정리정돈 구분관리

04 품질관리

1) 목적

운영부문의 품질관리 목적은 다음과 같다.

㉮ 철저한 공정관리하에서 제조된 기내식 및 기용품이 승객에게 안전하게 제공될 수 있도록 하는 세팅작업과 이러한 기내용품을 항공기로 운반하여 기내의 지정된 위치에 탑재하고 서비스가 끝난 기내용품을 하기하는 작업과 사용한 기물을 세척하고 보관하는 전체적인 조업과정에서 오류가 발생치 않도록 작업공정을 사전관리하는 데 목적이 있다.

㉯ 또한 고객에게 신뢰받는 최상의 서비스가 지속적으로 제공될 수 있도록 고품질의 조업수준을 유지, 향상시키는 데 그 목적이 있다.

2) 관리 대상

기내식 운영부문의 주요 품질관리 대상으로는 세팅부문, 탑재 & 하기부문, 세척 및 기물관리의 3개 부문으로 크게 나눌 수 있다.

〈그림 3-18〉 운영부문 품질관리 대상

(1) 세팅

세팅부문의 품질관리는 생산이 완료되어, 냉장실에서 적정온도 이하로 보관중인 기내식을 카트나 캐리어박스에 세팅하는 밀 세팅부문과 이러한 기내식을 서비스하기 위해 필요한 각종 식기류, 글라스류, 커틀러리 등을 세팅하는 기물 세팅부문 그리고 기내식을 제외한 각종 소모품을 세팅하는 기용품 세팅이 있다.

(2) 탑재 & 하기

세팅이 완료된 케이터링 아이템을 항공기의 정해진 위치에 탑재하고, 승객에게 서비스가 완료된 기내용품을 완전히 하기하는 작업인 탑재, 하기부문이다.

(3) 세척 및 기물관리

하기된 각종 기물을 세척하고 보관하여 생산부문이나 해당 세팅장에서 기물을 원활히 사용할 수 있도록 관리하는 세척, 기물관리 부문이다.

3) Meal Setting부문의 세부 점검사항

(1) 세팅조업 절차준수

세팅 시 지켜야 할 업무 절차가 준수되고 있는지 확인하는 것으로 이러한 준수사항으로는 해당편 세팅 전에 최종 밀 오더를 확인하는지, 카트나 캐리어 박스에 붙이는 Meal Tag(전산 택)이 작업하려는 해당 기종에 맞는지 세팅 전에 기물의 세척 및 파손상태를 확인하는지 등이 이에 해당된다.

(2) 항공사별 세팅 Manual에 의한 작업

항공사별로 지정된 세팅 매뉴얼에 의해서 작업하는지를 확인한다. 매뉴얼에는 항공기의 기종 및 편명에 따라 사용하는 기물들의 종류와 수량, 승객숫자 및 노선에 따라 세팅되어야 할 음식의 양, 그리고 특정 위치에 어떠한 음식이 얼마큼 세팅되어야 하는지 등이 명시되어 있으므로 반드시 이를 준수하여 작업해야 한다.

(3) Meal 온도 유지, 유효기간 관리

HACCP에 의거 위생 절차를 준수하는지 여부를 확인한다. 개인 위생관리뿐만 아니라 밀 온도 유지 및 유효기간 관리 등이 정확히 준수되고 있는지를 점검한다.

4) 기물 Setting부문의 세부 점검사항

기물 세팅의 세부적인 점검사항으로 주요 점검대상으로는 Chinaware류, Glassware류, Cutlery류 및 Serving Tool이 해당된다.

(1) 기물의 세척상태 및 파손 여부 확인

이물질이 묻어 있거나 물자국이 많이 있는 것은 별도로 분류하여 재세척작업을 하도록 요청한다. 특히 파손된 기물이 있는지 철저히 확인하여 세팅하도록 지도한다.

(2) Manual에 의한 정량 세팅

항공사의 정해진 매뉴얼에 의하여 지정된 Cart나 Carrier Box에 정확한 수량이 세팅되어 있는지 확인한다. 재고부족 등의 사유로 인하여 매뉴얼대로 정량을 세팅할 수 없을 경우에는 항공사별로 지정된 Tag에 정확한 세팅 수량을 기록하여 승무원과 인계인수가 원활히 되도록 한다.

5) 기용품 Setting부문의 세부 점검사항

(1) 항공사별로 정해진 세팅 매뉴얼에 의한 작업 확인

앞서 설명된 밀 세팅과 마찬가지로 매뉴얼에는 항공기의 기종 및 편명에 따라 세팅되어야 할 기용품의 수량과 세팅 위치 등이 명시되어 있으므로 반드시 이를 준수하여 작업해야 한다.

(2) 선입선출 및 유효기간 관리 확인

음료수, 스낵류, 차류 등 다수 및 다량의 기용품이 탑재되고 하기되기 때문에 엄격한 선입선출과 유효기간 관리가 요구되며, 이러한 기용품을 적절히 컨트롤하는 재고관리가 되고 있는지 점검한다.

(3) 하기된 기용품의 처리 절차 준수 여부

기용품 대부분이 인천에서 세팅되어 탑재되지만, 해외에서 탑재되는 경우도 있기 때문에 하기물품에 대해서 재사용할 수 있는 것과 없는 것들을 용도별로 정확히 선별하는지 확인한다.

6) 탑재, 하기 부문의 세부 점검사항

탑재, 하기 부문의 세부적인 주요 점검사항은 다음과 같다.

(1) In-Door Check 실시

아웃바운드 도크에서 인도어 체크를 실시하는지 확인한다. 세팅 완료된 밀, 기물 및 기용품들이 한자리에 집결되어 푸드카(food car)에 탑재되기 전 최종적으로 확인하여 미싱되는 아이템이 없도록 확인하는지를 점검한다.

(2) Food Car 항공기 접현 및 이현 절차

이동지역 운행 절차, 항공기에 푸드카를 붙이는 작업인 접현 및 떼어내는 이현 시의 절차, 항공기 도어를 열고 닫는 절차를 준수하는지 확인한다. 특히 항공기로의 접현, 이현 및 Door Open 작업은 항공기 안전운항에 막대한 영향을 끼칠 수 있기 때문에 반드시 규정과 절차를 준수해야만 한다.

(3) 탑재, 하기 Manual 준수

탑재, 하기 Manual에 의해서 완벽한 Catering작업을 수행하는지 점검한다. 기내식, 기용품, 기물 등 각종 물품을 항공기의 지정된 위치에 안전하게 탑재하는지, 빠진 물품 없이 완전히 하기작업이 이루어졌는지 그리고 케이터링에 도착 후 지정된 위치에 기용품이 반납되었는지 여부를 확인한다.

7) 세척, 기물 부문의 세부 점검사항

세척, 기물관리 부문의 세부적인 점검사항은 다음과 같다.

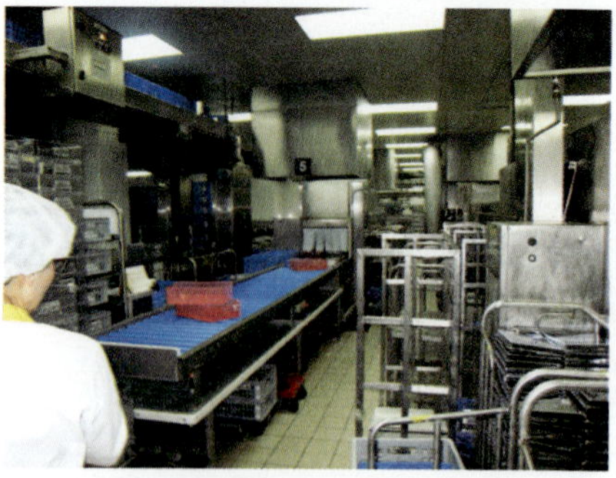
세척장

(1) 세척장비 관리 유지

기물이 깨끗이 세척될 수 있도록 세척장비가 항상 최상의 상태를 유지하고 관리되는지 점검한다. 적절한 양의 세제가 투입되고 있는지 세척 시 물의 온도는 적당한지, 건조는 완전히 되는지 등의 여부를 확인한다.

(2) 세척 조업 절차 준수 및 재활용품 수거와 청결 유지

세척작업 시 절차를 준수하는지 점검한다. 점검사항으로는 세척 완료 후 불량 기물을 선별하여 재세척하는지, 수(手) 세척물품에 대한 수 세척 실시여부, 파손 기물 선별작업 여부 및 재활용품을 정확히 수거하고 청결히 관리하는지 등을 확인한다.

(3) In-Bound Dock 정리정돈

항공기에서 하기한 물품이 집결되는 In-Bound Dock의 관리상태를 점검한다. 자사 및 고객사의 기용품들이 따로 구분되어 있는지 세척되지 않고 오랫동안 보관되는 물품은 없는지, Cart나 Carrier Box에 부착된 Tag을 사전제거하는지 등을 확인한다.

8) 운영 품질검사 절차

운영부문에 대한 품질관리 절차는 점검 항목별 체크리스트에 의거 현장점검 → 개선 요청사항의 정리 → Daily Monitoring Report를 작성하여 해당 섹션으로 통보 → 조치내용(계획) 및 개선여부를 Follow up → 개선되지 않거나, 중요한 안건에 대해서는 매월 개최되는 품질관리실무위원회에 회의 안건으로 상정하여 지속 관리한다. 점검 항목별 체크리스트는 〈표 3-18〉과 같다.

〈표 3-18〉 운영 품질검사 Check List

Performance Audit Report Checklist

Date of Audit : 4월

Audit Check	Max Points	Score	Remarks
2. Meal Setting			
〈Meal Setting - 자사부문〉			
2.1 Setting Area			
a. Manual, 절차서, 지침서의 작업장별 비치 및 Update			
• First class setting	3	3	
• Prestige class setting	3	3	
• Economic class setting	3	×	
b. 세팅 조업 절차 준수			
• Cart나 Carrier Box에 붙일 전산 Tag 확인	3	3	
• 시간대별 Flight에 대한 적정 기물, 소모품 및 음식 준비	3	×	
• 작업장 주변에 사용치 않는 Cart, Tray 등의 기물 비치 여부	2	×	

Chapter

5 기내식 위생

01 HACCP(해썹)의 이해

1) HACCP의 정의

HACCP이란 'Hazard Analysis Critical Control Points'의 머리글자로 우리나라에서는 이를 '식품위해요소 중점관리기준'으로 해석하고 있으며, 보통 '해썹'이라고 한다.

〈그림 3-19〉 HACCP 이해도

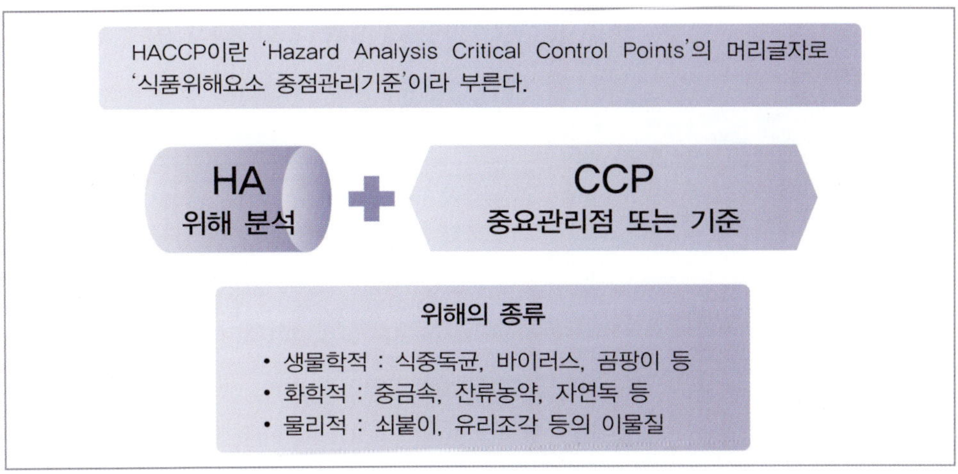

'해썹'이란 식품의 원료 선택, 보관, 제조, 가공을 거쳐 유통의 전 과정에서 위해물질이 해당식품에 혼입되거나 오염되는 것을 사전에 예방하기 위하여 각 작업공정에서 발생할 수 있는 위해요소를 사전에 철저히 분석하고 이를 토대로 분석된 위해요소를 사전에 예방함으로써 안전한 식품을 제조하기 위한 위생관리 제도이다.

2) HACCP제도의 도입배경

HACCP의 도입배경은 미국 NASA의 아폴로우주선 비행사들에게 100% 안전한 식량을 제공하기 위하여 1960년대에 최초로 고안된 제도이며, 식품 위해발생 가능성 'Zero(제로)'를 목표로 개발이 시작된 후 많은 연구를 거쳐 세계 각국에서 가장 과학적인 식품위생관리기법으로 높이 평가받고 있다.

우리나라에서도 1995년 12월 29일 「식품위생법」을 개정하여 HACCP제도의 도입 근거를 마련하였으며, 향후 2012년까지 식품 종류에 따라 매출액 및 종업원 수에 따른 단계별 의무적용 대상을 확대하고 있다.

3) HACCP 도입에 따른 효과

HACCP제도 도입에 따른 효과로는 위해요소 사전예방, 위생적이고 안전한 식품제조, 위생관리 집중화, 효율성 도모, 기업 경쟁력 강화 등이 있다.

〈그림 3-20〉 HACCP 효과

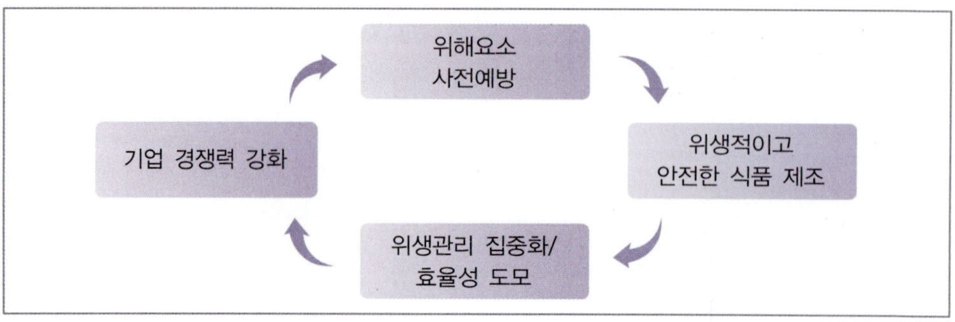

(1) 위해요소 사전 예방사항

식품제조 각 공정에서 발생할 수 있는 생물학적, 화학적, 물리적 위해요소를 사전에 분석·제거함으로써 위해요소를 예방하는 효과가 있다.

(2) 위생적이고 안전한 식품제조

식품제조과정에서 예상되는 위해요소를 사전에 과학적으로 규명하고 이를 효과적으로 제어함으로써 보다 안전한 식품생산이 가능하다.

(3) 위생관리 집중화 및 효율성 도모

제품생산의 모든 공정을 관리하는 것이 아니라, 위해가 발생할 수 있는 공정을 사전에 선정하여 집중 관리함으로써 보다 효율적인 위생관리를 도모할 수 있다.

(4) 기업의 경쟁력 강화

안전성이 보증된 제품생산으로 소비자들의 구매촉진에 의한 매출 증가, 불량품 발생률 저하, 사고에 따른 손해배상 등의 위험성이 낮아져 기업의 경쟁력을 한층 강화시킬 수 있는 장점이 있다.

(5) 고객과의 신뢰

4가지 효과 외에 가장 큰 효과로는 고객들에게 만족을 느끼게 하여 신뢰를 높일 수 있다는 점을 꼽을 수 있다.

4) HACCP System의 7원칙

HACCP System 운영을 위해 반드시 규정·관리되어야 하는 7가지의 원칙이 있는데 이는 다음과 같다.

〈표 3-19〉 HACCP System의 7원칙

원칙	HACCP System	위해요소	내용
제1원칙	위해 분석	생물학적 위해, 화학적 위해, 물리적 위해	• 위해요소 : 식품 섭취 시 인체에 해를 유발시킬 수 있는 모든 생물학적, 화학적, 물리학적 특성
제2원칙	CCP 결정	세균 Zero	• CCP(중요 관리점) : 위해요소가 예방 또는 제거되거나 안전한 수준까지 감소될 수 있는 식품 생산공정 중 특정 지점
제3원칙	한계기준 설정	• 육류 : 68°C 이상 • 가금류 : 74°C 이상 • 어패류 : 65°C 이상	• 한계기준 : 위해요소의 관리가 한계치 설정대로 충분히 이루어지고 있는지 여부를 판단하는 기준
제4원칙	모니터링 방법 설정	측정, 관찰, 기록	• 모니터링 CCP 또는 기준에 대하여 정확한 기록을 얻도록 측정, 관찰을 행하는 것
제5원칙	개선조치 방법 설정	• 육류 : 68°C 이상 • 모니터링 결과 : 63°C 이상 • 개선조치 결과 : 재가열	• 개선조치 : 모니터링 결과가 중요관리점의 한계기준 미만으로 확인
제6원칙	개선조치 방법 설정	연간 검정 계획표	• 검증 : HACCP시스템이 적정하게 실행되고 있는지 여부 확인
제7원칙	기록 및 문서화	Blast Chiller 사용 일지	• 기록 및 문서화 : 계획의 수립 및 이행에서 발생한 각종 기록은 반드시 문서화하여 일정기간 유지

(1) 위해 분석

위해 분석은 원재료 및 기내식 제조 각 공정에서 발생할 우려가 있는 위해에 대한 사전 분석을 실시하는 절차로 위해의 종류는 크게 3가지로 분류된다.

㉮ 세균 · Virus(바이러스), 원생동물 기생충 등의 감염에 의해 문제를 일으키는 생물학적 위해이다.

㉯ 독버섯 · 패류 등의 천연독, 잔류농약 및 중금속 등에 의한 건강피해를 일으킬 수 있는 화학적 위해이다.

㉰ 금속, 유리, 기타의 이물질 등에 의한 건강피해를 일으키는 물리적 위해이다.

(2) CCP 결정

CCP란 위해요소를 예방하거나 안전한 수준까지 낮추기 위해 집중적으로 관리해야 할 공정이나 대상을 말한다.

예를 들면, 기내식 제조공정 중 가열공정이 CCP 공정에 해당되는 것으로 식중독, 세균 등 위해 세균에 오염되었을 가능성이 있는 돼지고기를 규정된 온도에서 충분한 시간 동안 익히지 않은 상태에서 기내식으로 서비스된다면 위해 세균 잔존 또는 미제거에 의해 식중독을 유발할 수 있기 때문이다.

(3) 한계기준 결정

한계기준이란 위해요소를 기준 이하로 관리하기 위해 설정한 기준이며, 즉 중요 관리점으로 결정된 공정 및 관리대상에서 위해요소를 안전한 기준 이하로 낮추기 위한 관리기준이며 일반적인 경우 가열공정에 대한 한계기준 설정은 다음과 같다.

육류의 기준은 중심온도가 68℃ 이상이며, 닭, 칠면조 등 가금류의 경우는 중심온도가 74℃ 이상, 어패류의 경우 중심온도는 65℃ 이상이 되게 가열하도록 한계기준을 설정, 운영하고 있다.

(4) 모니터링 방법 설정

모니터링이란 HACCP 또는 기준에 대하여 정확한 기록을 얻도록 측정 및 관찰을 행하는 것으로 앞서 가열공정에서 식재별 가열온도 범위에 대한 한계기준을 설정한 바 있듯이 모니터링이란 이 한계기준이 적절히 준수되고 있는지를 확인하기 위한 방법으로 가열공정에서 모니터링 대상은 온도이다.

(5) 개선조치방법 설정

개선조치란 중요 관리점에 대한 모니터링 결과 한계기준 미만으로 확인되었을 때 취하는 개선방법인데, 이는 가열공정에서 육류의 경우 한계기준을 68℃로 설정하였는데 식재의 중심온도를 모니터링한 결과 한계기준 미만인 경우 그대로 사용하는 것이 아니라 중심온도가 68℃ 이상 되게끔 식재를 재가열하는 것을 의미한다.

(6) 검증방법 설정

검증이란 기설정된 한계기준에 대한 유효성 및 적합성 여부를 확인하는 것이다. 가열공정의 예로 기설정된 한계기준의 온도에서 위해 세균이 관리기준 이하로 관리되는지 여부를 확인하기 위해 연 1회 이상 가열조리된 제품에 대한 미생물검사를 실시한다.

〈표 3-20〉 검증 계획서

(200)년 검증 계획서

결재	HACCP [illegible]	HACCP 팀장

양식번호 : IDHUC-HP-RE-A-01-11

작성일자 :	작성자 :

검증대상	1월	2월	3월	4월	5월	6월	7월	8월	9월	10월	11월	12월

(7) 기록 및 문서화 작업

HACCP 계획의 수립 이행 및 모니터링 결과에 대한 각종 기록은 반드시 문서화하여 일정기간 유지해야 한다. 이러한 기록자료는 HACCP제도 운영의 증거가 됨은 물론 고객사 및 승객이 제기하는 각종 컴플레인 관련 기내식의 무결함을 입증할 수 있는 유효한 자료로 활용된다.

02 HACCP 운영

1) 기내식 7개 공정 및 관리항목

Caterer는 자체적으로 품질관리를 위한 작업공정별 CCP를 설정하여 각 항목을 관리하고 있다.

〈그림 3-21〉 기내식 7개 공정 및 관리항목

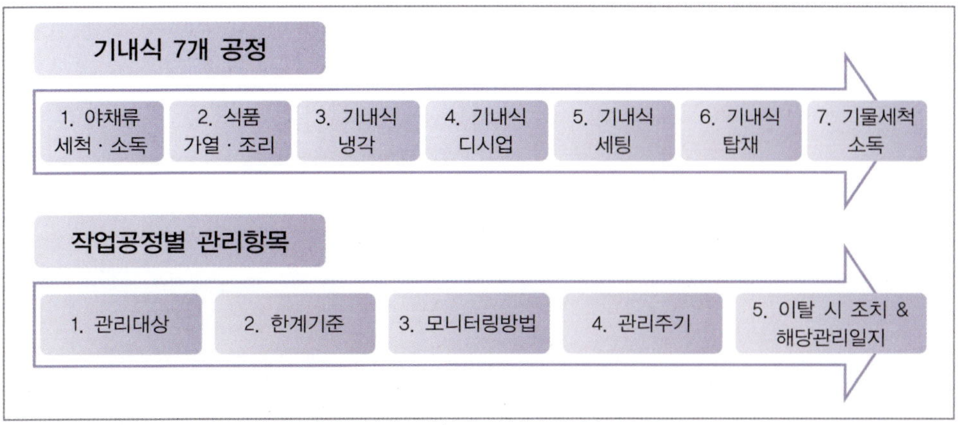

2) CCP 관리대상 기내식 7개 공정

CCP 관리대상은 〈야채류 세척 · 소독공정〉, 〈식품 가열 · 조리공정〉, 〈기내식 냉각공정〉, 〈기내식 디시업공정〉, 〈기내식 세팅공정〉, 〈기내식 탑재공정〉, 〈기물 세척 소독공정〉 등 7개의 기내식 공정으로 나누어 관리하고 있으며 작업공정별 CCP 관리는 설정된 CCP에 대한 관리대상, 한계기준, 모니터링방법, 한계기준 이탈 시 조치사항 및 검증대상 일지내용 등이다.

우선 CCP 1으로 설정된 야채류에 대한 세척, 소독 공정은 5단계의 과정을 거치게 되는데 5단계 세척, 소독과정은 다음과 같다.

㉮ 야채류에 묻어 있는 이물질을 제거하는 헹굼과정단계
㉯ 세척제를 사용한 야채류 세척과정단계
㉰ 야채류에 묻어 있는 세척제를 제거하기 위한 헹굼과정단계
㉱ 야채류 소독 시 염소계 소독제를 사용하는 소독단계
㉲ 마지막 5단계는 야채류에 잔존하는 소독제를 제거하기 위한 최종단계인 헹굼과정을 거치게 된다.

그러면 7개의 기내식 공정이 어떻게 관리되고 있는지 CCP 관리대상을 자세히 확인해 보도록 하자.

(1) CCP 1 : 야채류 세척 · 소독공정

㉮ 한계기준 : 야채류 세척 · 소독 대상은 가열, 비가열 야채이며 공정에서 설정된 한계기준은 이물질 완전제거 및 염소 소독수 100ppm 농도에서 10분간 침지시키는 것이다.

㉯ 모니터링방법 : 이물질 혼입상태를 육안으로 확인하며 야채류 소독 전에 Test Paper를 이용하여 적정농도를 확인하는 것이다.

㉰ 모니터링 주기 : 야채류를 세척 · 소독할 때마다 실시하며 한계기준 이탈 시, 즉 이물질 발견 시 재세척을 실시해야 하며 염소의 농도가 부적합할 때에는 소독수 농도를 조절한 후 재소독해야 한다.

㉱ 검증방법 : 야채류 세척 · 소독에 대한 검증방법으로는 세척 · 소독 기록일지 기록상태 등을 통해 확인할 수 있다.

(2) CCP 2 : 식품 가열 · 조리

CCP 2는 식품 가열 · 조리공정으로 기내식 제조공정에 있어 매우 중요한 공정이다. 가열 · 조리대상은 원식재이며 설정된 한계기준 온도를 반드시 준수할 수 있도록 관리해야 한다.

㉮ 한계기준 : 식품 가열 · 조리공정에서 설정된 식품별 중심온도 한계기준은 육류의 경우 68℃ 이상, 가금류의 경우 74℃ 이상이며 어패류의 경우는 65℃ 이상으로 설정되어 있다.

㉯ 모니터링방법 : 조리 완료시점에서 탐침 온도계를 사용하여 식품의 중심온도를 측정하는 방법이다.

㉰ 모니터링 주기 및 빈도 : 식재 가열 · 조리 시마다 실시하며 한계기준 이탈 시 중심온도가 한계기준 이상을 유지할 수 있도록 재가열해야 한다.

㉱ 식품 가열 · 조리는 가열 · 조리 기록일지에 대한 기록상태를 확인하는 것으로 검증할 수 있다.

(3) CCP 3 : 기내식 냉각

CCP 3는 냉각공정으로 대상은 가열 · 조리된 식품이며 규정된 시간 이내에 신속하게 저온으로 냉각시키는 공정이다.

㉮ 한계기준 : 가열 · 조리식품의 급속냉각 공정에서 설정된 한계기준은 4시간 이내로 60℃ 이상에서 5℃ 이하로 냉각시켜야 한다.

㉯ 모니터링방법 : Blast Chiller 입고 시에는 식품 표면온도를, 출고 시에는 식품 중심온도를 측정해야 한다.

㉰ 모니터링 주기 및 빈도 : 가열 · 조리식품을 급속 냉각할 때마다 실시한다.

㉱ 한계기준 이탈 시 조치사항 : 냉각된 식품 중심온도가 한계기준에 미달되는 경우 재냉각해야 하고 냉각시간이 초과된 식품은 폐기처분해야 한다.

㉲ 가열 · 조리식품 급속냉각에 대한 검증은 Blast Chiller 기록일지의 기록상태를 확인하는 것이다.

(4) CCP 4 : 기내식 디시업

CCP 4는 기내식 Dish-Up공정으로 대상은 Dish-Up작업 중인 Meal이며 냉장식품은 저온을 유지하면서 Dish-Up작업을 실시해야 한다.

㉮ 한계기준 : 기내식 Dish-Up공정에서 설정된 한계기준은 Meal 표면온도를 15℃ 이하로 유지하는 것이다.

㉯ 모니터링방법 : 작업 전 Meal 온도 및 작업시간을 기록하고 Dish-Up이 완료 후에는 밀에 대한 온도 및 작업 종료시간을 확인 후 기록해야 한다.

㉰ 모니터링 주기 : Flight 및 Class별 Meal에 대해 Dish-Up작업 시마다 기록을 유지한다.

㉱ 조치사항 : 한계기준 이탈 시 Dish-Up 대기 Meal은 폐기토록 조치해야 한다.

㉲ 기내식 Dish-Up에 대한 검증은 Dish-Up 기록일지에 대한 기록상태를 확인하는 것이다.

(5) CCP 5 : 기내식 세팅

CCP 5는 기내식 세팅공정으로 대상은 세팅작업 중인 Meal이며 Dish-Up 완료된 Meal은 저온을 유지하면서 Setting작업을 실시해야 한다.

㉮ 한계기준 : 기내식 세팅공정에서 설정된 한계기준은 Meal 표면온도를 15℃ 이하로 유지하는 것이다.

㉯ 모니터링방법 : 작업 전 Meal 온도 및 작업시간을 기록하고 세팅 완료 후에는 Meal에 대한 온도 및 작업 종료 시간을 확인 후 기록해야 한다.

㉰ 모니터링 주기 : Flight 및 Class별 Meal에 대해 세팅작업 시마다 기록을 유지한다.

㉱ 한계기준 이탈 시 세팅 대기 Meal(밀)은 폐기토록 조치해야 한다.

㉲ 기내식 세팅에 대한 검증은 세팅 기록일지에 대한 기록상태를 확인하는 것이다.

(6) CCP 6 : 기내식 탑재

CCP 6는 기내식 탑재공정으로 대상은 Food car 탑재 Meal이며 세팅이 완료된 Meal은 저온을 유지하면서 탑재작업을 실시해야 한다.

㉮ 한계기준 : 기내식 탑재공정에서 설정된 한계기준은 Meal 표면온도를 10℃ 이하로 유지하는 것이다.

㉯ 모니터링방법 : 탑재 전 밀 온도 및 작업시간을 기록해야 한다.

㉰ 한계기준 이탈 시에는 드라이아이스를 추가로 채워 Meal의 온도를 기준 이하로 낮춰야 한다.

㉱ 검증은 탑재 기록일지에 대한 기록상태를 확인하는 것이다.

(7) CCP 7 : 기물 및 용기 세척 · 소독

CCP 7은 기물 및 용기에 대한 세척 · 소독 공정으로 다음과 같은 공정을 거친다.

㉮ 기물 및 용기류의 세척소독공정에서 설정된 한계기준은 최종 세척 · 소독된 최종 헹굼수 온도가 71℃ 이상을 유지하도록 작업을 완료해야 한다.

㉯ 모니터링방법 : 온도 측정 용지인 서모라벨(Thermolabel)을 세척대상 용기에 부착하여 세척기를 통과시킨 후 서모라벨이 흑색으로 변색되었는지를 확인하는 것이다.

㉰ 모니터링 주기 및 빈도는 각 세척기별로 매일 오전, 오후에 측정해야 한다.

㉱ 한계기준 이탈 시에는 작업 중단 후 장비수리를 받아야 하며 이때 기준 온도 이하에서 세척 · 소독된 기물 및 용기는 재세척해야 한다.

㉮ 검증방법 : 기물 및 용기 세척 · 소독에 대한 검증은 세척온도 기록일지에 대한 기록상태를 확인하는 것이다.

03 일반 위생관리

1) 목적

일반 위생에 대한 관리 목적은 식품위생법규에 의거한 원자재 입고부터 보관 전처리, 제조공정, Dish-Up, Setting 및 탑재까지 설정된 위생관리 기준 준수를 통해 안전한 기내식을 생산하여 고객에게 제공하는 데 있다.

2) 개인 위생관리

일반 위생관리 중 개인 위생관리에 대해서 알아보자.

〈표 3-21〉 채용 시 건강기준

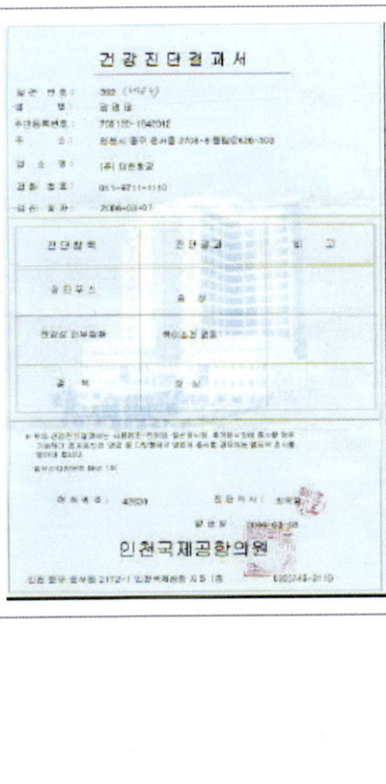
건강진단결과서

인천국제공항의원

직원 채용 시 건강기준

전염병예방법에 의거한 질병 감염자 및 기타 식품 취급 시 문제를 유발시킬 수 있는 직원 채용 금지

건강진단

식품을 취급하는 사람은 법적으로 연 1회 건강진단(보건증) 실시

(1) 직원 채용 시 건강기준

기내식을 직접 취급 및 제조하는 인력 채용 시 전염병 예방법 제2조 제1항 규정에 의한 1종 전염병 중 소화기전염병, 결핵, 성병, 전염성 피부질환 및 B형 간염에 걸린 자는 채용을 금지하도록 법에 규정되어 있다.

(2) 건강진단

직원의 건강상태를 체크하기 위하여 법적으로 연 1회 건강진단을 실시해야 하며 건강진단 항목은 장티푸스, 결핵 및 전염성 피부질환이다. 건강진단 검사 결과 한 항목이라도 부적합 판정 시에는 식품 취급에서 제외시키는 것을 원칙으로 하고 있다.

(3) 손 위생관리

손 위생관리는 개인 위생관리 중 제일 중요한 사항이라 할 수 있다. 이유는 공정별 모든 작업은 작업자의 손을 거쳐 이뤄지기 때문이다. 식품이 100% 안전하다고 해도 이를 취급하는 작업자의 손 위생관리에 문제가 발생한다면 바로 식품에 위해세균들이 전이 오염될 수 있기 때문이다.

❶ 손 세척시기

손 위생관리 중 손을 씻어야 하는 경우는 다음과 같다.

출근 후, 화장실 다녀온 후, 작업에 임하기 전 및 사무실에서 업무상 통화나 컴퓨터 사용 후이다. 또한 날식품 취급 후, 신체의 일부를 만졌을 경우, 코를 풀거나 흡연 후, 쓰레기 처리 등 오염이 의심되는 행위 및 기구 등을 접촉하였을 때 반드시 손을 씻어야 한다.

❷ 손 씻는 방법

손 씻는 방법은 다음과 같다.

㉮ 온수 세척 : 더운물(37~43℃)로 손을 씻는 경우 세척 · 살균제의 활성도가 높아져 손에 잔존하는 세균을 잘 제거할 수 있다.

㉯ 물비누 세척 : 소독제가 함유된 물비누를 손에 충분히 묻혀서 세척하며 고형비누보다는 액상비누가 더욱 효과적이므로 액상비누의 경우 3~5㎖ 정도로 충분히 사용한다.

㉰ 손톱 브러시 이용 : 손톱 브러시를 이용하여 손톱 주위를 문질러서 손톱 밑에 서식하는 세균들을 제거한다.

㉱ 거품 세척 : 손가락 사이와 손목 부위까지 30초 이상 충분히 비비면서 닦는다.

㉲ 헹굼 : 온수로 손을 깨끗하게 헹군다.

㉳ 건조 : 1회용 페이퍼 타월이나 온풍기로 손을 건조시킨다.

❸ 작업 중 경미상처 발생 시 처리지침

㉮ 컬러밴드 부착 : 상처 부위를 소독하고 손상처 발생 여부를 쉽게 구별하기 위하여 피부색과 다른 컬러밴드를 부착해야 한다.

㉯ 고무골무 씌움 : 상처 부위 손가락에 고무골무를 사용하여 추가 보호조치를 한다.

㉰ 라텍스장갑 착용 : 라텍스장갑을 착용한 후 작업에 임해야 하며 손에 상처가 심한 경우에는 식품을 취급해서는 안된다.

(4) 위생보호구 착용관리

위생보호구 착용 및 관리에 대해 알아보자.

❶ 위생모

위생모 착용 시에는 머리카락이 노출되지 않도록 귀 밑까지 착용한다. 위생모의 착용대상은 생산지역을 출입하는 모든 사람들이며 각 키친, 세팅장, 세척장 및 기물장에 근무하는 모든 직원은 반드시 Hair net을 착용 후 그 위에 지정된

Hair cap을 쓰도록 되어 있다.

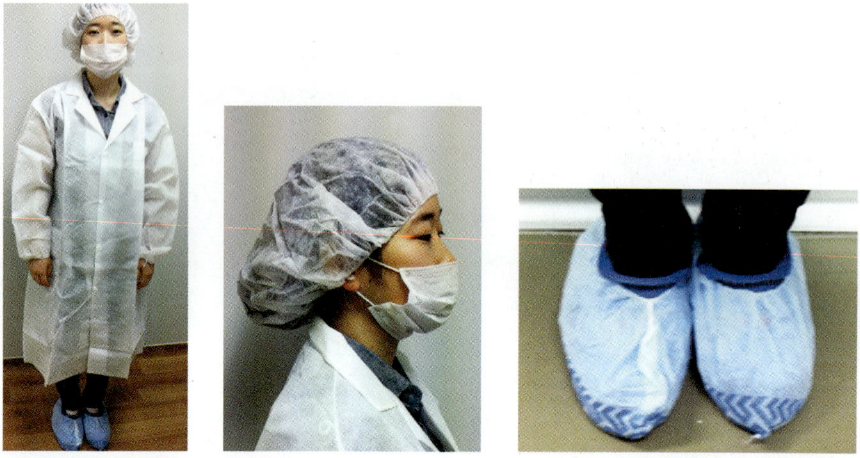

- 헤어넷 : 머리카락이 외부로 노출되지 않도록 착용
- 위생모 : 헤어넷 외부로 노출된 머리카락의 유입 방지를 위해 얼굴에 밀착되도록 타이트(tight)하게 착용
- 덧신 : 신발이 완전히 덮이도록 착용

❷ 위생마스크

위생마스크 착용 대상은 각 키친 및 어셈블리 지역에서 근무하는 직원 및 업무상 생산현장 출입자에게 모두 해당된다. 단, 키친 중 Hot Kitchen 가열공정 조리작업자 및 세팅지역 근무자는 의무착용 대상이 아니며 마스크는 입, 코 등에 상재할 수 있는 황색포도상구균의 오염 방지를 위해 콧등까지 착용해야 한다.

❸ 위생복

㉮ 위생복 착용대상 : 위생복 착용대상은 생산현장 상주 근무자 및 업무상 생산현장을 임시로 출입하는 모든 직원이며, 규정된 위생복 또는 일회용 위생복을 착용한 후 출입해야 하며 위생복은 항상 청결상태를 유지해야 한다.

㉯ 이물질 유입 방지를 위한 유의사항 : 위생복 착용 시 잠재적 이물질 유입

방지를 위해 주머니에 불필요한 물건을 넣지 않도록 하고 생산현장 출입 시에는 끈끈이 롤러를 사용하여 위생복에 부착된 머리카락 등 이물질을 철저히 제거해야 한다.

❹ 위생장갑

위생장갑 착용 대상은 식품 취급자이며 관리기준은 장갑착용 전 손 세척 및 소독을 실시해야 하며 비위생적인 기물 및 신체의 일부를 만졌을 때에는 교체해야 한다. 또한 취급 식재 품목 변경 시와 동일한 식재를 연속으로 작업할 때에도 20~30분 간격으로 교체 착용해야 한다.

❺ 위생화

위생화 착용 대상은 생산현장에서 근무하는 자로서, 지정된 위생화를 착용해야 하며 생산지역, 세척장, 기물장 및 커틀러리 세팅지역을 임시 출입하는 출입자는 지정된 위생화나 덧신을 착용 후 출입해야 한다.

(5) 개인위생 준수사항

㉮ 두발은 짧게 청결을 유지하며, 식품취급자는 시계, 반지, 목걸이, 귀걸이 등의 장신구 착용 금지. 손에 의한 식품 전이오염 예방을 위해 작업장 내에서 휴대전화 사용 금지. 기내식 내 이물질 유입예방을 위해 여직원의 경우 인조눈썹 및 인조손톱의 부착 금지 및 과도한 화장 및 음식에 냄새가 배일 수 있는 향수의 사용 등을 금지한다.

㉯ 관리자는 개인위생상태에 대해 매일 점검을 실시하며 손톱 청결상태, 손 상처나 피부질환 여부, 위생보호구 착용상태 등을 작업 전에 세심하게 점검한 후 결과를 개인 위생점검 기록표에 기록 유지해야 한다.

(6) 방문자 준수사항

업무상 생산현장을 출입하는 방문자 준수사항이다.

〈표 3-22〉 방문자 건강문진

외부방문자에 대한 건강문진 HEALTH QUESTIONAIRE FOR VISITORS			
성명(Name)		회사(Company)	
방문 목적(Purpose)	□ 납품(Delivery) □ 수리(Repair) □ 교육(Education) □ 방문(Visite)		

1. 아래와 같은 식품매개질환에 걸린적이 있습니까? (Have you ever been diagnosed with any of the following diseases, which can betransmitted through food handling ?)	Yes	No	언제 (when)
A. Hepatitus A Virus (A형간염)			
B. Norwalk and Norwalk-like virus (노르워크 바이러스)			
C. Salmonella typhi (장티푸스)			
D. Shigella spec (이질균)			
E. Staphylococcus aureus (식중독:황색포도상구균)			
F. Streptococcus pyogenes (식중독:연쇄상구균)			
G. E. Coli Pathogenic (병원성 대장균)			

Visitor (방문객): 날짜(Date): ________ 서명(Signature): ________

Person in Charge(책임자): 날짜(Date): ________ 서명(Signature): ________

㉮ 외부 방문자 및 견학자는 사전에 출입 허가를 득해야 하며 외부 방문자 동의서를 작성한 후 생산현장에 출입해야 한다.

㉯ 생산현장 출입 시에는 규정된 복장을 착용하고, 가급적 조리작업장에 근접하지 않도록 담당자가 인솔해야 한다.

㉰ 또한 공사 목적으로 생산현장에 출입하는 경우 공사 전, 후 상황에 대해 철저히 감독하여 기내식 제조 시 이물질이 혼입되지 않도록 해야 한다.

04 | 식품위생관리

1) 검수관리

(1) 식자재 검수 시 점검사항

㉮ 유효일자, 식자재 온도, 법적 표시사항 및 포장상태를 포함한 이취·이물질 혼입 등에 대한 관능검사도 병행해야 하며 식자재 운반용기에 대한 청결상태도 확인해야 한다.

㉯ 식자재에 대한 온도기준으로 냉장 식자재는 5℃ 이하, 냉동 식자재는 -18℃ 이하이다.

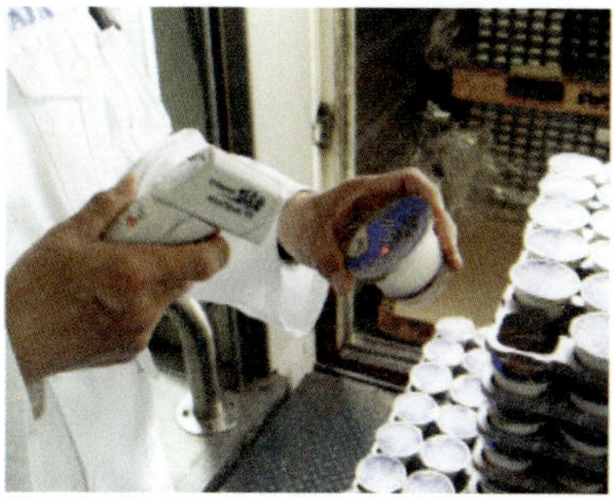

온도 측정

(2) 식자재 검수 시 반품조치

식재별 온도기준 미준수, 법적 표시사항 부적합, 유효일자 초과 또는 도래, 기타 포장상태 파손, 관능검사 부적합의 경우는 반품조치해야 하며 특히 캔제품의 경우 녹이 슬었거나 팽창된 경우와 외관이 찌그러진 것은 반품시켜야 한다.

(3) 운반차량 점검사항

차량에 대한 온도상태를 점검해야 하며 차량 내 외부에 대한 청결상태도 정밀히 점검 후 개선조치를 취해야 한다.

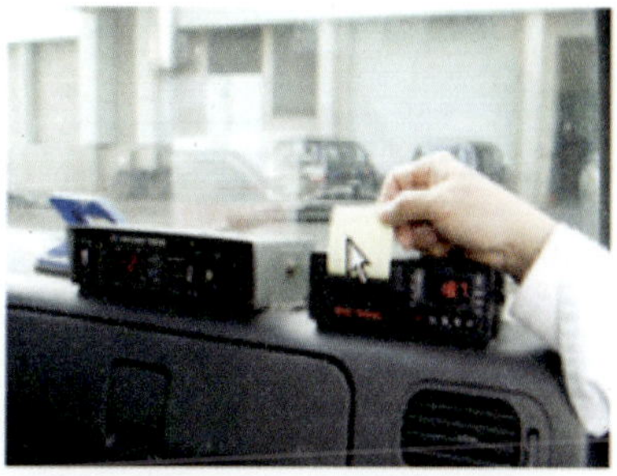

차량 온도점검

2) 식자재 보관방법

㉮ 식자재 보관 시에는 상호 교차오염 방지를 위해 성상별로 분리 · 보관해야 한다. 예를 들면, 육류, 생선류, 야채류는 분리 보관해야 하며 가공된 식재와 미가공식재 역시 분리 보관해야 한다.

㉯ 식자재 보관 시 냉장고는 5℃ 이하, 냉동고는 -18℃ 이하를 유지해야 하며 냉장식재는 냉장고 내, 냉동식재는 냉동 내에 보관해야 한다. 다만 냉동식재를 해동의 목적으로 냉장고 내에 보관 시에는 해동 개시 일시와 종료 일시를 기재한 Tag을 부착하여 보관할 수 있다.

㉰ 식자재 보관 시 규정된 커버를 씌워야 하고 전이오염 예방을 위해 냉각팬 하단에 보관해서는 안되며, 식자재는 요일 택 및 입고일 택을 부착하여 선입선출이 용이토록 관리해야 한다.

일자 Tag

요일 Tag

3) 전처리 관리

(1) 품목별 구분 보관

전처리 대상인 육류, 생선 및 야채류 냉장 보관 시에는 구분하여 보관해야 한다.

(2) 작업대기 식자재 온도관리

전처리 대기 식재작업 시 식자재 표면온도가 15℃ 이하를 유지할 수 있도록 냉장고 내에서 적정량 불출 후 작업해야 한다.

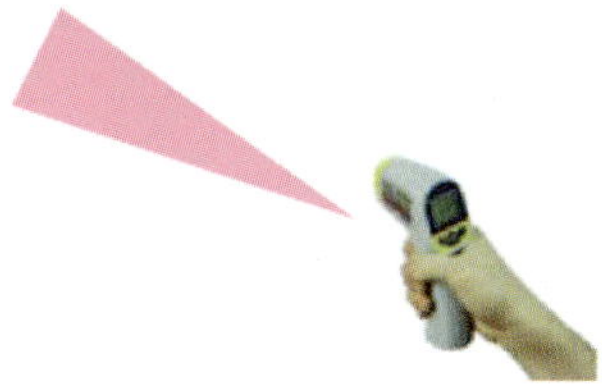

(3) 식자재 비닐커버관리

전처리작업이 완료된 제품은 냉장고로 신속히 이동·보관해야 하며 전처리가 완료된 제품은 비닐커버 등을 씌워 관리해야 한다.

4) 냉동 식자재 해동방법

냉동 식자재는 해동실 내에서 해동하는 방법과 냉장고 내에서 해동 및 흐르는 물에서 실시하는 유수 해동방법이 있다.

(1) 해동실 내 해동방법

해동실 온도는 8～10℃를 유지해야 하고 냉장고 온도는 5℃ 이하를 유지해야 하며 해동실 및 냉장고 내 해동시간은 48시간이다. 냉동 식자재 해동 시에는 해동택에 개시일시 및 종료일시를 기재하여 부착해야 하며 해동이 완료된 식자재를 재냉동하면 안된다.

(2) 유수 해동방법

유수 해동 대상품목은 냉동 어패류에 대해서 실시하는 것을 원칙으로 하고 있으며 유수 해동 시에는 흐르는 찬물의 온도가 21℃ 이하를 유지하는 조건에서 2시간 이내, 식자재 표면온도가 8℃ 이하를 유지할 수 있도록 해동하는 것을 원칙으로 하고 있다. 또한 포장된 제품은 포장을 벗기지 않고 해동함을 원칙으로 하고 있으며 유수 해동된 식자재는 신속히 냉장고로 이동 · 보관해야 한다.

5) 조리공정

식재별 중심온도 기준에 따른 조리공정에 대해 알아보도록 하자.

(1) 식자재 중심온도 기준

육류는 68℃ 이상, 가금류는 74℃ 이상, 어패류는 65℃ 이상이 되도록 가열하여야 하며 튀김작업 시 튀김유 온도는 180℃ 이하를 유지해야 한다.

(2) 조리된 식자재 처리

조리된 식자재는 표면온도가 60℃ 이상을 유지한 상태에서 4시간 이내에 5℃ 이하로 신속히 냉각시켜야 하며 조리된 식품은 원재료와 접촉되지 않도록 분리 보관해야 하고 손을 비롯한 개인위생으로 인해 전이 · 오염되지 않도록 각별히 주의해야 한다.

6) 디시업(Dish-Up)공정

(1) Meal 유효기간

디시업 작업 시 Hot Meal의 유효기간은 48시간이며 Cold Meal의 유효기간은 24시간이다. 디시업 작업 전 반드시 Meal의 유효기간을 확인해야 하며 유효기간이 초과된 Meal은 즉시 폐기처분해야 한다.

(2) Meal의 온도 유지

디시업 작업 시 Meal 표면온도가 15℃ 이하를 유지해야 하며 온도유지를 위해 냉장고 내에서 적정량 불출 후 작업 실시 및 작업대기 Meal은 이물질 및 공기 중의 세균오염 예방을 위해 반드시 비닐커버를 해야 한다.

7) 세팅 및 탑재공정

(1) 유효기간 확인

디시업 완료 후 Food Car에 탑재 시까지 Meal 유효기간은 Hot Meal과 Cold Meal 동일하게 24시간이며 세팅작업 전 반드시 Meal의 유효기간을 확인해야 하며 유효기간이 초과된 Meal은 즉시 폐기처분해야 한다.

(2) 온도

세팅작업 시 Meal 표면온도가 15℃ 이하를 유지해야 하며 온도 유지를 위해 적정량만 냉장고 내에서 불출 후 세팅작업을 실시해야 한다.

세팅

Final Holding Room

Dock

탑재

(3) 보관

세팅 완료된 Meal은 신속히 냉장고에 5℃ 이하를 유지한 상태에서 보관해야 하며 냉장보관 시 Meal 저온유지를 위해 Cart 양쪽 문을 열어야 한다.

(4) 탑재

Meal을 Food Car에 탑재 시 표면온도가 10℃ 이하를 유지해야 하며 이를 위해 Meal이 Dock에 대기되는 시간을 최소화할 수 있도록 관리해야 하고 탑재 전 온도상승이 우려되는 경우 적정량의 Dry ice를 채워 Meal 온도를 낮게 유지해야 한다.

8) 위생법규 미준수 시 행정처분

식품위생법규 미준수 시 행정처분 대상 및 내용은 〈표 3-23〉과 같다.

〈표 3-23〉 위생법규 미준수 시 행정처분 내용

위생법규 대상	행정처분
건강진단 미실시	• 영업자 : 30만 원 과태료 & 종사자 : 10만 원 과태료
개인위생 미준수	• 위생모 미착용 : 20만 원 과태료
유통기한 초과제품 사용	• 영업정지 15일 또는 과징금 3천3백만 원 부과 대상
표시기준 위반제품 사용	• 제품명, 식품의 유형 및 내용량 전부 미표시제품 사용 시 - 품목제조 정지 1개월 또는 과징금 6천6백만 원 부과 대상 • 제조연월일 또는 유통기한 미표시제품 사용 시 - 품목제조 정지 15일 또는 과징금 3천3백만 원 부과 대상
보존 및 보관방법 미준수	• 영업정지 7일 또는 과징금 1천5백4십만 원 부과 대상 위반 내용 - 모든 식품을 비위생적으로 취급 - 냉장, 냉동식품을 냉장, 냉장고 내에 보관하지 않은 경우 - 해동된 제품을 재냉동하는 경우 - 냉동, 냉장식품의 운반을 냉동, 냉장 차량으로 하지 않는 경우 - 제품의 운반 포장과정에서 용기·포장지 파손 - 관제품 외부에 녹 발생 시 - 제조연월일 및 유통기한 표시부분에 다른 인쇄물을 부착하여 표시사항이 가려진 경우
제조·가공 기준 미준수	• 시정명령 • 위반내용 - 냉동제품 해동규정 미준수 - 육류 가열 조리 시 중심온도 기준 미준수 - 채소 및 과실류 소독규정 미준수 - 냉각규정 미준수

9) 식중독 세균의 주요 특징

식중독을 일으키는 주요 세균의 종류, 원인식품, 잠복기, 주요 증상이 각각 달라 특징을 구분할 수 있다.

〈표 3-24〉 세균의 종류별 특징

종류	원인식품	잠복기	주요 증상
병원성 대장균	햄, 치즈, 소시지, 도시락, 소고기 등	• 위장염(EPEC, ETEC) : 10~12시간 • 이질형(EIEC) : 2~48시간 • 출혈성 대장염형(EHEC) : 불명	설사, 복통, 발열, 구토, 혈변 설사
황색포도 상구균	어육 연제품, 김밥, 떡, 우유, 크림 등	1~6시간	설사, 복통, 구토, 구역질
살모넬라	달걀, 식육, 가공품	12~24시간	복통, 발열, 점혈변성 설사
바실러스 세레우스	육류, 쌀밥, 볶음밥	• 설사형 : 8~12시간 • 구토형 : 1~6시간	• 설사형 : 복통, 설사 • 구토형 : 구역질, 구토
장염 비브리오	어류, 어패류, 가공품	10~18시간	복통, 설사, 발열
리스테리아	우유, 치즈, 식육	12일~6주	미열, 감기증상, 발열, 오한
캄필로박터	육류 및 가금류	2~10일	설사, 복통
웰치균	돼지고기, 닭고기	8~24시간	복통, 점혈변성 설사

05 | 고객 Feedback관리

1) 목적

In-flight Service 현황에 대한 체계적인 기초자료 구축을 통해 기내서비스 개선 도모 및 전략적 Tool로 활용하는 데 목적이 있다.

2) 기능

㉮ Station별로 발생한 기내식 관련 각종 Feedback(from passenger or cabin

crew)을 체계적으로 관리/분석하는 데 있다.

㉯ Feedback 내용에 대한 유관 부서 및 지점의 경위 파악과 조치사항을 등을 기록하여 기내식 관련 서비스개선을 도모하는 데 있다.

3) Feedback Handling Procedure(기본 처리 절차)

기본 처리 절차를 간략하게 설명하면 Feedback 접수-내용 검토-입력-Photo Information 등록 Sample 송부-Reply-결과 보고의 단계를 거치게 된다.

〈그림 3-22〉 Feedback 기본 처리 절차

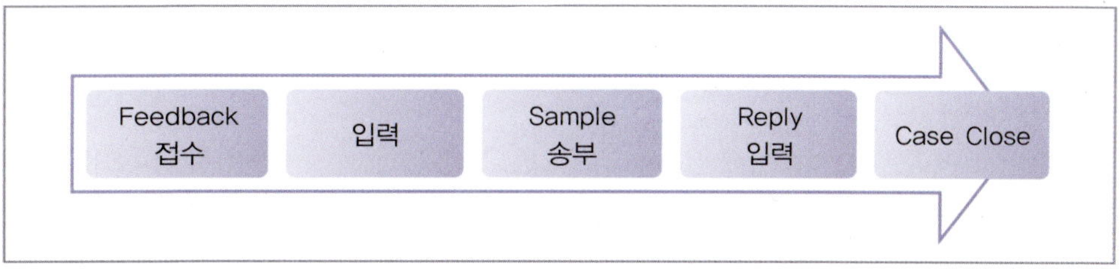

(1) Feedback 접수

Customer Feedback 접수단계는 먼저 Passenger 또는 Cabin Crew에 의해 발생되고 있다. 승객뿐만 아니라 승무원들도 기내식과 관련한 여러 문제나 개선방안 등을 Report를 통해 접수시키고 있다는 의미이다. Feedback은 Cabin Crew, 승객, Call center, 공항 근무직원 등에 의해 작성되고 있으며 Cabin Report, VOC, 업무 연락 등의 형태로 접수되고 있다.

(2) 분류 & 분석

㉮ Customer Feedback이 접수되면 일차적으로 내용 검토가 이루어지고 유형에 맞추어 분류를 하게 된다. 이후 Feedback 내용에 대한 경위 파악 후 귀책 지점/부서 불만유형 등 세부내용에 대해 수정작업이 뒤따르기도

하며 해당 지점 또는 부서에서 Reply를 등재하게 된다. 단, 입력은 Writing Auth.를 부여받은 직원에 한해 가능하며 Fault Station, Occurred Date, Flight Number, Class, Code 등이 필수입력 항목으로 되어 있다.

㉯ Cabin Report가 접수되면 분류 및 경위 파악이 이루어지는데, 일반적인 경우 STN은 귀책 Station을 의미하며 대부분의 경우 출발지가 귀책지점이 된다. 다만 출발지에서 구매된 Ready-made item이나 왕복 탑재된 Meal 등은 출발지가 귀책 Station으로 분류되기도 한다.

(3) Sample 송부

편명과 발생일, 이물질 Sample 유무 등이 확인되면 이물질로 인한 고객 불만인 경우 사진 촬영 및 기본 검사 후 해당 해외지점으로 송부하고 있다. Feedback으로 관리되고 있는 고객 불만 중 가장 비중이 높은 부문은 이물질 유입이다. 승무원으로부터 전달받은 이물질 Sample은 내용 확인 및 사진 촬영 후 귀책지점으로 Co-mail로 송부되어 Feedback되도록 한다.

(4) Reply

Reply는 등재된 Feedback에 대한 조치 또는 회신이 해당 Station별 담당자에 의해 이루어지는데 Writer, Action 유형, Subject, 내용 부분은 Mandatory 입력사항이다.

(5) Case Close

Feedback사항이 완료되면 먼저 Station/Department의 Action에 의거 대 고객 회신을 하고 정기적으로 분석 및 보고를 하여 전체적인 추의 등을 파악하게 된다.

PART

4

부 록

01 | 인천공항

1) 인천공항 배치도

〈그림 4-1〉 공항 배치도

2) 인천공항 규모

〈표 4-1〉 인천공항 규모

구분	1단계	2단계	합계
부지 조성	355만 평	290만 평	645만 평
활주로	2본(3,750×60m)	1본(4,000×60m)	3본
탑승교	44개	30개	74개
화물지역	4만 평	4만 평	8만 평
국제업무지역	5만 평	10만 평	15만 평

구분	1단계	2단계 완료 시
운항횟수	24만 회	41만 회
연간 여객처리능력	3,000만 명	4,400만 명
	(국내선 300만 명 포함)	(국내선 300만 명 포함)
시간당 여객처리능력	8,940명	15,480명
	270만 톤	450만 톤

3) 카운터 및 주기장

〈그림 4-2〉 공항 카운터 및 주기장

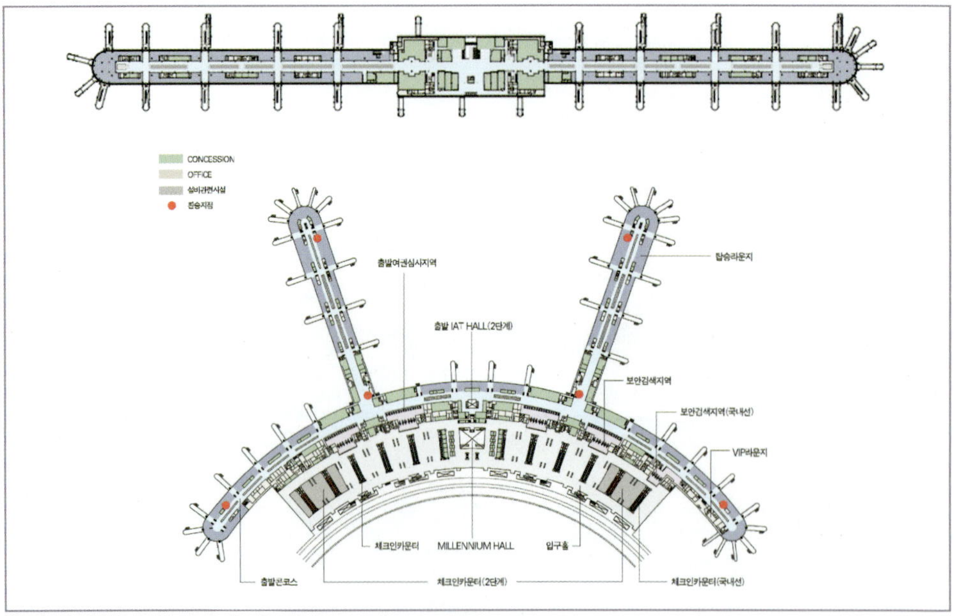

4) 승객 자동 수송시스템(Starline)

〈표 4-2〉 수송시스템 제원

구분	2단계
운행거리	0.9km
운행속도	70km/h
운행시격	2.37분
보유차량 수	9량(3량1편성)

**시간당, 편당 수송능력 : 5,340명
(편당 수송인원 : 204명)

02 인천대교

• 총연장 : 21.4km(교량 12.4km, 사장교)

03 | 항공 약어 및 도시 CODE

1) AIRLINE

IATA	ICAO	COUNTRY	AIRLINE
SU	AFL	RUSSIAN	AEROFLOT
KC	KZR	KAZAKHSTAN	AIR ASTANA
AC	ACA	CANADA	AIR CANADA
CA	CCA	CHINA	AIR CHINA
PE	PEC	ITALY	AIR EUROPE
AF	AFR	FRANCE	AIR FRANCE
AI	AIC	INDIA	AIR INDIA
NX	AMU	CHINA	AIR MACAU
NZ	ANZ	NEW ZEALAND	AIR NEW ZEALAND
AZ	AZA	ITALY	ALITALIA
QH	LYN	KAZAKHSTAN	ALTYN
NH	ANA	JAPAN	ALL NIPPON AIRWAYS
AA	AAL	U.S.A	AMERICAN AIRLINES
OZ	AAR	KOREA	ASIANA AIRLINES
6K	RIT	PHILIPPINES	AIR APRIT
BA	BAW	U.K	BRITISH AIRWAYS
CX	CPA	CHINA	CATHAY PACIFIC AIRWAYS
5J	CEB	PHILIPPINES	CEBU PACIFIC AIR
CI	CAL	TAIPEI	CHINA AIRLINES
MU	CES	CHINA	CHINA EASTERN AIRLINES
HU	CHH	CHINA	CHINA HAINAN AIRLINES
CJ	CBF	CHINA	CHINA NORTHERN AIRLINES
CZ	CSN	CHINA	CHINA SOUTHERN AIRLINES

CO	COA	U.S.A	CONTINENTAL AIRLINES
HB	KHB	RUSSIAN	DALAVIA FAR EAST AIRWAYS
DL	DAL	U.S.A	DELTA AIRLINES
EK	UAE	UAE	EMIRATES AIRLINES
BR	EVA	TAIPEI	EVA AIRLINES
EF	FEA	TAIPEI	FAR EASTERN AIR TRANSPORT
FX	FDX	U.S.A	FEDERAL EXPRESS
GA	GIA	INDONESIA	GARUDA INDONESIA
IR	IRA	IRAN	IRAN AIR
JD	JAS	JAPAN	JAPAN AIR SYSTEM
JL	JAL	JAPAN	JAPAN AIR LINE
K4	KZA	KAZAKHSTAN	KAZAKHSTAN AIRLINES
KL	KLM	NETHERLANDS	KLM-ROYAL DOUCH AIRLINES
KE	KAL	KOREA	KOREA AIR
K2	KGA	KAZAKHSTAN	KYRGYZSTAN AIRLINE
JT	LNI	INDONESIA	LION AIR
LH	DLH	GERMANY	LUFTHANSA GERMAN AIRLINES
MH	MAS	MALAYSIA	MALAYSIA AIRLINES
OM	MGL	MONGOLIA	MITA-MONGOLIAN AIRLINES
KZ	NCA	JAPAN	NIPPON CARGO AIR LINES
NW	NWA	U.S.A	NORTHWEST AIRLINE
OX	OEA	THAILAND	ORIENTAL THAI AIRLINES
PR	PAL	PHILIPPINES	PHILIPPINES AIRLINE
9R	VAP	THAILAND	PHUKET AIRLINES
PO	POL	U.S.A	POLAR AIR CARGO
QF	QFA	AUSTRALIA	QANTAS AIRWAYS
QR	QTR	QATAR	QATAR AIRWAYS
RK	PMT	CAMBODIA	ROYAL KHMER AIRLINES

S7	SBI	RUSSIAN	S7 AIRLINES
HZ	SHU	RUSSIAN	SAKHLINSKE AVATION
SC	CDG	CHINA	SANDONG AIRLINES
SV	SVA	SAUDI ARABIA	SAUDI ARABIA AIRLINES
SK	SAS	SWEDEN	SCANDINAVIAN AIRLINES SYS
FM	CSH	CHINA	SHANGHAI AIRLINES
ZH	CSZ	CHINA	SHENZHEN AIRLINES
3U	CSC	CHINA	SICHUAN AIRLINES CO. LTD
SQ	SIA	SINGAPORE	SINGAPORE AIRLINE
BC	SKY	JAPAN	SKYMARK AIRLINES
XT	SKT	THAILAND	SKYSTAR AIRWAYS CO.LTD
SR	SWR	SWISS	SWISS AIR
TG	THZ	THAILAND	THAI AIRWAYS INTERNATIONAL
9I	TKY	THAILAND	THAI SKY AIRLINES
P6	SRT	U.S.A	TRANS AIR
TK	THY	TURKISH	TURKISH AIRLINES
B7	UIA	TAIPEI	UNI AIRWAYS CORP
UX	UPS	U.S.A	UNITED PARCEL SERVICE
UA	UAL	U.S.A	UNITED AIRLINE
HY	UZB	UZBEKISTAN	UZBEKISTAN AIRWAYS
VP	VSP	BRAZIL	VASP
VN	HVN	VIETNAM	VIETNAM AIRLINES
VS	VIR	U.K	VIRGIN ATLANTIC
XF	VLK	RUSSIAN	VLADIVOSTOK AIR
MF	CXA	CHINA	XIAMEN AIRLINES

2) MEAL

AVML	Asian Vegetarian Meal
AVLML	Asian Lacto Vegetarian Meal
AVSML	Strict Asian Vegetarian Meal
IVML	Indian Vegetarian Meal
IVSML	Strict Indian Vegetarian Meal
IVLML	Indian Lacto Vegetarian Meal
BBML	Baby/Infant Meal
BLML	Bland DIET/Soft Meal
CHML	Child Meal
CHHAML	Child Hamburger
CHHOML	Child Hot Dog
CHSPML	Child Spaghetti
DBML	Diabetic Meal
DYML	Diary Meal
FPML	Fruit Plate
FSML	Fish Meal
GFML	Gluten Free Meal
HFML	High Fiber Meal
HNML	Hindu Meal
KSML	Kosher Meal
KSCML	Kosher Meal/CHX
KSBML	Kosher Meal/Beef
SKML	Strictly Kosher Meal
MMML	Mealmart Brand Meal
LCML	Low Calorie Meal
LFML	Low Fat/Cholesterol

LPML	Low Protein Meal
LSML	Low Salt/Sodium Meal
MOML	Moslem Meal
NLML	No Diary/No Milk Meal
OVML	Oriental Vegetarian Meal
OVLML	Oriental Lacto Vegetarian Meal
ORML	Oriental Meal
PRML	Low Purine
PWML	Post Weanling Meal
RVML	Raw Vegetarian Meal
SFML	Sea Food Meal
VGML	Pure Vegetarian/No Dairy N Egg
WVML	Western Vegetarian Meal
WVLML	Western Vegetarian Lacto Meal
VLML	Lacto Vegetarian Meal(Dairy-Egg Ok)
MAML	Anniversary Cake
MBML	Birthday Cake
MHML	Honeymoon Cake
MVML	Von Voyage Cake
NBML	No Beef Meal
NSML	No Salt Meal
NFML	No Fried Food
NEML	No Egg Meal
NMML	No Red Meat Meal
NOML	No Oil Food
NPML	No Pork Meal
NGOML	No Garlic/Onion

04 | 항공 및 객실용어

A/C	Aircraft	항공기
ACK	Acknowledge	승인하다
ACL	Allowable Cabin Load	최대 허용 중량
ADMO	Adjust Meal Order	밀 주문량 오더 조정
AVOD	Audio Video On Demand	영화장비(컴퓨터 파일방식)
AFT	After	항공기 뒤쪽
AMO	Additional Meal Order	추가 밀 오더
AGT	Agent	대리점
APO	Airport	공항
APU	Auxiliary Power Unit	항공기 보조동력장치
APRON	Apron	항공기 주기장
ARR	Arrival	도착
ARS	Audio Response System	전화 자동응답 장치
ASAP	As Soon As Possible	가능한 조속히
ASST	Assist	보조
ATC	Air Traffic Control	항공교통 통제
ATA	Actual Time of Arrival	항공기 도착시간
ATD	Actual Time of Departure	항공기 도착시간
ATTN	Attention	주의
AUTH	Authorize	허가
AWB	Air Way Bill	항공기 운송계약서
BC	Business Class	비즈니스 클래스
BSCT	Bassinet	유아용 침대
BRDG	Boarding	탑승
BRFT	Breakfast	아침식사

CBN	Cabin	객실
CFG	Configuration	항공기 배열
CFM	Confirm	확인
CGO	Cargo	화물
CHD	Child	어린이
CHTR	Charter	전세
CLS	Class	클래스
CMPLN	Complain	불만
CMPT	Compartment	탑재공간
CPN	Coupon	쿠폰
CPY	Copy	복사
CRS	Computer Reservation System	예약 전산시스템
CTC	Contact	접촉
DBL	Double	더블, 중복
DCS	Departure Control System	출발 통제시스템
DEMO	Demonstration	데모, 시현
DEPT	Department	과, 부서
DEST	Destination	도착지
DFS	Duty Free Sales	면세품
DIVT	Divert	목적지 변경 착륙
DLY	Delay	지연
DNR	Dinner	저녁
DVD	Digital Video Disk	이동식 개인용 비디오 영화장비
E/D	Card Embarkation Card	출입국신고서
EDI	Electronic Data Interchange	전자 DATA 송신
EMK	Emergency Medical Kit	비상의료함
EMP	Employee	직원
ENG	Engine	엔진

ETA	Estimated of Arrival	도착 예정시간
ETD	Estimated of Departure	출발 예정시간
EXB	Excess Baggage	초과 수화물
EY	Economy Class	이등석
FAA	Federal Aviation Administration	미연방 항공국
FAK	First Aid Kit	구급처치 의약품함
F/E	Flight Engineer	항공기관사
FOC	Free Of Charge	무료
FR	First Class	일등석
FMO	Final Meal Order	기내식 최종주문
FWD	Forward	항공기 내부 앞쪽
FRAG	Fragile Baggage	취급주의 수화물
GLY	Galley	항공기 내 주방
G/D	General Declaration	항공기 출항 및 도착지 입항허가
G/H	Ground Handling	지상조업
G/A	Give Away	탑승기념품
GMT	Greenwich Mean Time	세계표준시
GOSH	Go Show	미 예약대기
GOVT	Government	정부
GRP	Group	그룹
GPU	Ground Power Unit	지상동력장치
GTR	Government Transportation Request	공무출장
HQ	Head Quarters	본부 및 주사무실
HTL	Hotel	호텔
IATA	International Air Transportation Association	국제항공협회
ICAO	International Civil Aviation Organization	민간항공기구
ICH	IATA Clearing House	항공사/Cater 비용 일괄 정산방법
IFS	Inflight Sales	기내 판매

IMM	Immigration	법무 출입국사무소
INDV	Individual	개인
INF	Infant	만 2세 이하 유아
INFO	Information	정보, 통지
INTL	International	국제적인
INV	Invoice	운송장
IRR	Irregular	비정상적인
I/U	Involuntary Up Grade	기내 상위 클래스 변경
IVS	Individual Video System	개별 비디오 시스템
L/O	Lay Over	모기지 휴식 후 비행
L/F	Load Factor	탑재 허용량
LP	Loading Plan	탑재 계획
LIQ	Liquor	주류
M/A	Meet Assist	영접, 지원
MAINT	Maintenance	고장, 정비
MAS	Meet & Assist Service	공항 영접
M/D	Main Deck	메인 덱
MED	Medical	의료적인
MAX	Maximum	최대
MIN	Minimum	최소
MSG	Massage	메시지
NO SUBLO	Not Subject to Load	예약가능조건
NBR	Number	수량, 수
NRC	No Record	기록이 없는
OAG	Official Airline Guide	비행정보 수록책자
OBD	On Board	탑승된
OJT	On the Job Training	수습 중인
PA	Public Address	기내 승객 안내방송

PAX	Passenger	승객
PMO	Pre-Meal Order	기내식 사전주문
PNR	Passenger Name Record	승객 예약기록
PO	Purchase Order	구매주문
PSU	Passenger Service Unit	승객서비스 장치
PTN	Portion	구간
P/P	Passport	여권
PR CLS	Prestige Class	프레스티지 클래스
PTV	Personal TV	개인TV
RC	Ramp Control	지상관제
RPT	Report	보고
RSVN	Reservation	예약
SHR	Special Handling Request	승객정보 List
SKD	Schedule	스케줄
SPML	Special Meal	특별 기내식
STD	Scheduled Time of Departure	시간표상의 출발시간
STD	Standard	표준
STF	Staff	직원
STN	Station	지점, 도착장
STCR	Stretcher	침상
S/W	Sandwich	샌드위치
T/S	Transit	경유지 항공사 교체탑승
THRU	Through	통과
TIM	Travel Information Manual	항공여행 정보
TKT	Ticket	항공권
TTL	Total	합계
TWOV	Transit Without Visa	무비자 통과 여객
UM	Unaccompanied Minor	미동반 유아(5~13세 이하)

ULD	Unit Loading Device	항공기 화물탑재 Box
U/D	Upper Deck	상층 객실
U/G	Up Grade	상위 Class 등급 변화
VG	Vegetable	야채
VIP	Very Important Person	특별 고객
W/B	Weight & Balance	항공기 중량 중심

05 기물의 종류

1) Carrying Equipment(운반용 기물)

종류	용도
ML CART(FULL CART)	음식류, TRAY MEAL 및 BULK ITEM 등을 세팅
LIQ CART	각종 술 & 음료수, 믹서류를 세팅(문이 앞뒤 4개)
SALE CART	기내 판매품을 세팅, CART 내부가 보이게 되어 있음
CHILLER CART	737기종에 사용하며, Door 위와 아래 Air 구멍이 있음
HALF CART	FULL CART의 절반 크기의 Meal CART 용도와 같음
CARRIER BOX	MEAL, TRAY, GLASS, 소모품, 음료수 등을 세팅
OVEN RACK/PAN	HOT MEAL이 세팅된 캐서롤을 담는 용기로서 기내에 장착된 OVEN에 세팅 HEATING하는 것
글라스 홀더	GLASS를 세팅하는 망으로 GLASS 파손 방지용

2) Chinaware(음식을 담는 도자기류)

품명	이름	용도
SOUP BOWL	수프볼	SOUP, CEREAL, 밥 등 SVC
CASSEROLE	캐서롤	ENTREE를 담는 용기
3"PLATE	3인치 플레이트	버터, 레몬, 티백, 단무지, 한식양념류
6"PLATE	6인치 플레이트	BREAD, CAVIAR, CHEESE, FRUIT
8"PLATE	8인치 플레이트	오드볼, 앙트레 SVC시
TEA CUP	티컵	커피, 각종 차 종류 SVC
CUP SAUCER	컵소서	컵 받침대
SALAD PLATE	샐러드 플레이트	샐러드 SVC용
우동 BOWL	우동 볼	라면, 비빔밥, 온면 등의 SVC
한식용 BOWL	한식용 볼	한식 반찬류
한식용 SOUP BOWL	한식용 수프 볼	무국(미역국) SVC
수정과 BOWL	수정과 볼	수정과, 오미자화채 SVC
수정과 SAUCER	수정과 소서	수정과 볼의 받침대

3) Glassware(주류 및 음료를 담는 컵)

품명	이름	용도
TUMBLER GLASS	텀블러 글라스	물, 주스, 맥주 등 음료 SVC
WINE GLASS	와인 글라스	와인, 샴페인, 칵테일 SVC
CHAMPAGNE GLASS	샴페인 글라스	샴페인 SVC
BRANDY GLASS	브랜디 글라스	브랜디, 코냑 SVC
LIQUEUR GLASS	리큐어 글라스	리큐어류, 보드카 SVC

4) Linen(기내식 기용품을 SVC할 때 사용하는 Cloth류)

품명	이름	용도
COTTON NAPKIN	코튼 냅킨	냅킨, 커틀러리, 바스켓 SVC용
TRAY MAT	트레이 매트	한/양식 PR TRAY, 음료수 SVC용
TABLE CLOTH	테이블클로스	FC, PR테이블, FC TRAY SVC용
CART MAT	카트매트	FC, PR 서빙카트 덮개
HAND TOWEL	핸드타월	물수건(FC, PR, EY)

참고문헌

김명신 · 박영식 · 정주영 공저, 항공업무론, 학문사
대한항공 기내식 운영업무 매뉴얼
대한항공 신입 교육교재 세팅 업무
대한항공 신입 교육교재 재고관리 업무
대한항공 신입 심화교육 교재
박혜정 저, 항공객실업무, 백산출판사
심종수 · 원동헌 공저, 항공기 객실구조 및 안전장비, 기문사
아시아나 기내 판매 현장업무 교육교재
아시아나 업무 매뉴얼
이병선 저, 항공기 객실서비스 실무, 백산출판사
이스타항공 객실 업무 매뉴얼
이스타항공 승무원 교육교재
이영희 · 신상태 저, 최신 항공기 객실업무, 연경문화사
이향정 · 고선희 · 오선미 공저, 최신 항공업무론, 새로미

저자약력

이인희

영남대학교 정치외교학과 학사

【경력】

㈜대한항공 기내식 사업본부 운영부 : 운영팀장
㈜대한항공 객실본부 객실업무부 : 계획팀장, 기내용품팀장, 기내판매팀장
㈜대한항공 미주지역 본부 : 앵커리지공항 객실담당
㈜대한항공 구주지역 본부 : 객실 보좌역 겸 파리공항 객실담당
㈜동승 : 뉴스프링빌 골프클럽 : 운영본부장
Eastar Jet㈜ 객실본부 : 객실업무팀장

【수상】

제31회 항공의 날 공로상 수상(국토해양부 장관상)

기내서비스 지상운영

2012년 11월 20일 초판 1쇄 인쇄
2012년 11월 25일 초판 1쇄 발행

저 자 이 인 희
발행인 寅製 진 욱 상
발행처 백산출판사

저자와의 합의하에 인지첩부 생략

서울시 성북구 정릉3동 653-40
등록 : 1974. 1. 9. 제 1-72호
전화 : 914-1621, 917-6240
FAX : 912-4438
http://www.ibaeksan.kr
editbsp@naver.com

값 25,000원
ISBN 978-89-6183-648-7